Peter Kammerer / Ekkehart Krippendorff
Reisebuch Italien

Peter Kammerer
Ekkehart Krippendorff

Reisebuch Italien

Von Rom bis nach Sizilien – der Süden

Mit einem Nachwort von Cesare Cases

Überarbeitete Neuausgabe

Rotbuch Verlag

Im Programm »für den Armchair Traveller und für unterwegs« erschienen bereits:

Hans Christian Andersen, »In **Spanien**«
Peter Costello, »Die Pubs der Dichter. Literarische Kneipen-Tour durch **Dublin**«
Horst Laube, »Doppelgänger auf **Borneo**. Auf den Spuren von Almeyers Wahn«
Peter Kammerer/Ekkehart Krippendorff, »Reisebuch **Italien**. Von Südtirol bis zur Toskana – der Norden«
Tim Kelsey, »Gesichter der **Türkei**. Von Istanbul bis Kurdistan«
Nagib Machfus, »Mein **Ägypten**. Mohammad Salmawy im Gespräch mit dem Nobelpreisträger«
Ursula Rütten (Hg.), »**Belgrad**, mein Belgrad. Sechs Autoren porträtieren ihre Stadt«
Paolo Tullio »**Nördlich von Neapel, südlich von Rom**«
Peter-Paul Zahl, »Geheimnisse der karibischen Küche. Geschichte, Gegenwart, Genuß. **Von Jamaica bis Curaçao**«

Die Deutsche Bibliothek – CIP-Einheitsaufnahme

Reisebuch Italien / Peter Kammerer; Ekkehart Krippendorff. –
Überarb. Neuausg. – Hamburg : Rotbuch Verlag
Von Rom bis nach Sizilien – der Süden /
mit einem Nachwort von Cesare Cases. – 1999
ISBN 3-434-53012-6

Erstausgabe 1979 und 1981

Umschlaggestaltung: Groothuis + Malsy, Bremen
Herstellung: Das Herstellungsbüro, Hamburg
Satz: H & G Herstellung, Hamburg
Druck und Bindung: Druckerei Wagner, Nördlingen
Printed in Germany

ISBN 3-434-53012-6

Inhalt

Vorwort

Der erste Teil der Neuausgabe unseres Reisebuchs führte – exemplarisch, wie es eine, den Leser zum eigenständigen Auffüllen der vielen Lücken fordernde Methode will – den Norden vor, die Landschaften und Städte »nördlich von Rom«. Das Italienbild der meisten Reisenden und vielleicht auch der meisten Italiener ist von diesem Teil Italiens geprägt. Für viele beginnt südlich von Florenz bereits »Afrika«, ein Süden mit einer, abgesehen von einigen Enklaven (die Innenstadt Roms mit ihren Museen und eleganten Boutiquen, Feriendörfer und Luxushotels auf Sardinien oder Sizilien usw.), vor-modernen und auf jeden Fall unberechenbaren Gesellschaft. Als Camillo Cavour, der »piemontesische Bismarck«, vor nunmehr 150 Jahren seine Einigungspolitik betrieb, hatte er vor allem Norditalien vor Augen. Die Entdeckung des »archaischen« Südens begann erst nach der Einigung Italiens und meist unter außergewöhnlichen Umständen: im bürgerkriegsähnlichen Einsatz gegen bäuerliche Briganten und Banditen, während der Uniformierung des Landes durch den Ersten Weltkrieg, in Haft oder Verbannung durch den faschistischen Staat (Carlo Levis *Christus kam nur bis Eboli*, ein Klassiker der italienischen Literatur, ist dafür ein unübertroffenes Dokument).

Heute, nachdem die begeisterte Hoffnung der Nachkriegszeit auf Fortschritt, Wohlstand und Demokratie für alle und überall, sich verflüchtigt hat, gilt es, auch den Süden wieder neu zu entdecken, nicht nur in seinen modernisierten Fragmenten und in seiner ebenso trostlos wie großartig verstreuten Hinterlassenschaft von Natur und Geschichte, sondern als Ganzes, als Herausforderung, »den Süden nicht im Licht der Moderne, sondern die Moderne im Licht des Südens« kritisch zu überdenken (Franco Cassano, *Il pensiero meridiano*, Bari 1996). Das ist eine etwas unbescheidene Ergänzung der Goetheschen Perspektive, die Goethe sicher nicht fremd gewesen wäre, der Italien eigentlich erst von Rom aus wirklich entdeckt und alles, was zwischen Venedig und Rom lag, ungeduldig »übersprungen« hat. In Sizilien endlich glaubte er »den Schlüssel zu dem Ganzen« gefunden zu haben – wobei die Philologen sich bis heute nicht so recht einig sind, ob er damit das Sizilien einer bis in vorgriechische Zeiten zurückreichenden Geschichte oder das der dort von ihm gefundenen »Urpflanze« oder letztlich »nur« geologische Formationen des Kalksparts gemeint habe. Für uns ist der Süden alles das, einschließlich der Kritik an der Moderne. Die Palmengrenze verschiebt sich nach Norden, schrieb Leonardo Sciascia, die »dritte Welt« sickert ein, überall im Süden landen »auf Schiffen mit Segeln und Rudern« die Körper aus dem Reich des Hungers, »in Crotone oder Palmi, zu Millionen, bekleidet mit asiatischen Lumpen und amerikanischen Hemden« (Pasolini, 1962). Militär wird eingesetzt, Menschen stranden und ertrinken zu Hunderten im Jahr an den Küsten Italiens, und das »zivilisierte Europa« will sich in eine ebenso törichte wie unglückliche Festung verwandeln. Doch bleibt diese Achillesferse des Südens auch als Chance: Es bleiben, immer noch kenntlich im allgemeinen Raubbau am Raum und an der Zeit, die mythischen Orte des Mittelmeers.

Unsere »Reise«, unternommen am Ende der 70er Jahre, ist nur leicht überarbeitet. Wir haben es vorgezogen, den damaligen Stand der Dinge zu überliefern und es dem Leser zu überlassen, auf diesem Hintergrund das »Neue« zu entdecken. Hier einige Fingerzeige: In Rom sind die Museen neu geordnet. Es ist ein Genuß, die neue Villa Borghese oder den Palazzo Altemps und den Palazzo Massimo mit ihren Antikensammlungen zu besuchen. Der Palazzo Barberini soll im Jahre 2000 vollständig zugänglich sein, und ganz außergewöhnlich ist die Aufstellung der kapitolinischen Antikensammlung im ehemaligen Elektrizitätswerk an der Via Ostiense 106. Im Jahre 1912 war dieses E-Werk als moderner Betrieb im neu erschlossenen Industriegebiet der Stadt eröffnet worden, noch in den 50er Jahren wurden riesige Turbinen und Kessel eingebaut, Mitte der 60er Jahre wird die Energieproduktion verlagert, und dreißig Jahre später ist die Zeit reif, daß die alten, marmornen Götter eine neue Symbiose mit dem ebenfalls veralteten, aber glänzend restaurierten Maschinenpark eingehen können. In Neapel wurde in den 90er Jahren die Via Roma zurückgetauft in Via Toledo. Im Kontext des erfolgreichen Risorgimento, aber vor allem unter dem Faschismus, war eine »Via Roma« möglichst vielen Kommunen als patriotische Pflichtübung aufgezwungen worden (vgl. das Kapitel »Straßennamen« in Band I). Die Rückkehr der an die spanische Geschichte des Südens erinnernden »Via Toledo« ist Hinweis auf ein neues Verständnis von Autonomie, das Neapel und insgesamt dem Süden nur gut tun kann. Die beiden Hauptstädte des Südens, Neapel und Palermo, die bis zum Ende des 18. Jahrhunderts als Metropolen Städte wie Köln oder Berlin in den Schatten stellten, leiden zwar unter ihrer heute wirtschaftlich peripheren Position, erfreuen sich jedoch einer kulturellen Vielfalt und Vitalität, die nicht nur für Italien, sondern auch für Europa zu lebenswichtigen Ressourcen werden können. Apulien gehört zu den ökonomisch »aggressiven« Regionen des Südens und ist nicht nur Einfallstor für von der Globalisierung entwurzelte, moderne »boat people«, sondern auch eine Brücke zum Osten, zu Griechenland und zur Levante insgesamt. Sizilien bleibt schließlich die große Metapher der europäischen Vergangenheit und, warum soll das keine Arbeitshypothese sein, auch ein Schlüssel unserer Zukunft. Ein Teil der beschriebenen alten Eisenbahnen auf Sardinien ist inzwischen stillgelegt. Der Reisende wird neue Auswege finden.

Das ist Teil seines Abenteuers.

Urbino und Lucca, 1998

Peter Kammerer
Ekkehart Krippendorff

Rom

Rom ist die größte Ansammlung von historischem Material aus drei Jahrtausenden, die man sich vorstellen kann. Ich schlage ein paar Spaziergänge und Aussichtspunkte vor, von denen sich diese Stadt besonders glücklich erschließen läßt: der **Aventin**, der **Monte Testaccio**, die Kuppel der **Peterskirche**, der **Pincio** und die **Via Appia Antica**. In einem schönen Aufsatz hat sich Herrmann Peter Piwitt ganz in die Vogelschau erhoben und beschreibt, wie sich Rom, dieser Riesenkrake, in die altehrwürdige Landschaft Latiums eingefressen hat (in: *Boccherini*). Zusammen mit Henning Klüver habe ich für *Anders Reisen* mehr und ausführlicher zu Rom geschrieben. Aber zu den großen Leseerlebnissen, die ich empfehlen möchte, gehören: Kapitel aus dem Plutarch (*Leben der Gracchen* oder *Caesar*), aus Brechts *Die Geschäfte des Herrn Julius Cäsar,* aus Gregorovius' *Geschichte der Stadt Rom im Mittelalter* oder aus Gibbons *Verfall und Untergang des römischen Reiches*. »Fertig« wird man mit solchen Monumentalwerken genauso wenig wie mit Rom. Man kann Spaziergänge machen, hier in ein Kapitel hineinschlendern und dort aus dem Viertel wieder heraus ...

Auf dem Aventin. Ein Spaziergang zu den Klöstern, zur Cestius-Pyramide, auf den protestantischen Friedhof

Im Dezember gibt es in Rom überraschende Frühlingstage mit kurzen, warmen Regen, Sonne, späten Rosen und Erdgeruch in den Gärten. Heute ist man in Rom, wie in fast allen Großstädten, relativ klimaunabhängig, relativ, denn im November regnet es in Strömen, Januar bis März ist es naßkalt. September-Oktober ist die beste Reisezeit, und diese Monate sind berühmt für ihr schönes, warmes Licht. In den alten Baedekern gibt es Hinweise, welche Hotelzimmer mit welchen Fenstern in welche Himmelsrichtung man zu nehmen habe, um den Malariawind oder dem Scirocco zu entgehen und um Kühle aufzufangen. Das ist heute natürlich Unsinn, aber die Information mit dem Licht im September/Oktober ist noch brauchbar und selbst für unsensible Naturen nachvollziehbar.

Heute morgen saß ich im Rosengarten auf dem **Aventin**, zu Füßen des Mazzinidenkmals (Piazzale Romolo e Remo, unter dem Protest vieler Römer im Mai 1980 umgetauft in **Piazza Ugo La Malfa**, Antifaschist und Nachkriegspolitiker, Gründer der Republikanischen Partei. Mit der Umbenennung wollte die damals »rote« Stadtverwaltung die Aktualität der Tradition Mazzini-La Malfa unterstreichen. Vgl. Das Kapitel »Straßennamen« in Band 1 »Der Norden«). Unter mir der **Circo Massimo**, gegenüber der Kaiserpalast des **Palatin**. Der Circus zu meinen Füßen soll, als er noch ganz war, 300 000 Zuschauerplätze gehabt haben. Caesar veranstaltete 46 vor Christus eine Schlacht mit angeblich 1 000 Soldaten, 600 Reitern und 40 Elefanten. Sandkastenspiele fürs Militär und fürs Volk.

Von meinem Platz aus ein weiter Blick: die Albanerberge, im Vordergrund der häßliche Komplex der FAO (die Food and Agriculture Organisation der UNO), daneben der Obelisk von Axum, die Pinien der Passeggiata Archeologica, der Hügel des **Celio** und zwischen den Bäumen die Villa Celimontana; am Hang das romanische Kloster der SS. Apostoli Giovanni e Paolo; das Tal zwischen Celio und Palatin, durch das die Triumphzüge, am Kolosseum vorbei, auf das Forum und **Kapitol** zogen; der Palatin mit den riesigen Trümmern; das Kapitol und Santa Maria in Cosmedin mit einem der schönsten romanischen Kirchtürme; die Synagoge neben der Tiberinsel und schließlich die Kuppel von Sankt Peter.

Es gibt mehrere solcher strategischer Punkte, die eine Übersicht erlauben: der Pincio, am Morgen mit dem Licht im Rücken; der **Gianicolo** schräg gegenüber am Abend; die Peterskuppel und die Engelsburg, das Kapitol und andere, die man selbst entdeckt. Die **Torre delle Milizie**, einer der wenigen erhaltenen Geschlechtertürme im Zentrum Roms, über dem **Traiansforum**, ist derzeit, und wahrscheinlich noch für lange unzugänglich. Die Aussicht ist einzig. Der Turm steht schief und wurde in den letzten Jahren nur noch kleinen Gruppen ausnahmsweise geöffnet.

Der Blick, hier vom Aventin über drei der sieben Hügel (Celio, Palatin, Kapitol), schweift über eine Landschaft, die über ein Jahrtausend lang reine Ruinenlandschaft war, in der Klöster und Gärten, aber keine Wohnviertel standen. Nach der Jahrhundertwende wurde der Aventin zu einem, noch im Grün liegenden Villenviertel, und erst der Faschismus und die Spekulation nach dem Zweiten Weltkrieg haben den Hügel ruiniert. Der Kasten, in dem sich die FAO und eine riesige Zahl (8 000) von privilegierten internationalen Bürokraten um den Hunger der Welt sorgen, wurde vom Faschismus als Afrikaministerium geplant und 1951 fertiggestellt (ein nicht unbedeutender Teil der faschistischen Baupläne wurde erst nach dem Fall des Faschismus realisiert!).

Neben dem begonnenen Bau ließ Mussolini den 1937 als Siegestrophäe aus Äthiopien verschleppten Obelisk von Axum aufstellen. Axum, einst die Hauptstadt des äthiopischen Reichs, soll von Abraham selbst gegründet worden sein und war auch nach der Zerstörung im Mittelalter eine heilige Stadt, »wo auch heute noch alle Fehden ruhen müssen« (Brockhaus 1895. Englische und italienische Kolonialisten haben in wenigen Jahren das Brockhaus-Idyll gründlich zerstört). Der Obelisk stammt aus dem vierten Jahrhundert nach Christus und steht heute als sonderbarer Stein, im Gegensatz zu anderen Obelisken, völlig unbeachtet da. Die gewollte Symbolik hatte diesen ungünstigen Standort erfordert, den Ort, wo früher die Via Appia begann, auf der die römischen Legionen ihre Siegeszüge (oder Raubzüge) in die südliche Mittelmeerregion antraten. Von hier aus wollte Mussolini eine neue Prachtstraße zum »mare nostrum« nach Ostia führen (die heutige Via Cristoforo Colombo).

Die Passeggiata Archeologica, das Gelände um diesen ersten Teil der Via Appia, der noch innerhalb der aurelianischen Mauern verläuft, wurde kurz vor dem Ersten Weltkrieg als Park angelegt und führt, im Tal zwischen Celio und kleinem Aventin, nach ein paar hundert Metern zu den **Caracallathermen**, die zu den großartigsten Badeanlagen der Antike gehörten. Die Thermen waren große, volkstümliche Bildungsanstalten und umfaßten neben den Bädern und Sporthallen auch Aufenthaltsräume und Bibliotheken. Die Caracallathermen waren noch im 7. Jahrhundert in Betrieb, bis die Goten die komplexe Anlage der Wasserzufuhr zerstörten, so daß der Riesenbau verfiel und schließlich ausgeschlachtet wurde.

Rom war nicht nur Stadt, sondern zu weiten Teilen bis zum Ersten Weltkrieg eine Hügel-, Ruinen- und Gartenlandschaft. Vor allem dieser südliche Teil um die Caracallathermen bot zahlreiche Möglichkeiten zu »klassischen« Spaziergängen, die nachzuvollziehen heute Energie, Glück und Umsicht erfordert (um den Autos, der Hitze, der »Durststrecke« zwischen Zementblöcken etc. zu entgehen).

Lassen wir den Mazzini auf seinem Denkmal von der römischen Republik träumen, und nehmen wir die **Via S. Sabina** zum Park des ehemaligen Castello Savelli hoch über dem Tiber, zu den Basiliken **S. Sabina, S. Alessio** und **S. Anselmo**, zur vor allem in der Dämmerung phantastischen, von Piranesi entworfenen **Piazza dei Cavalieri di Malta** (mit dem perspektivischen Witz des Blicks zur Peterskuppel durch das Schlüsselloch des Gartentors), von hier zur nahen Porta S. Paolo, zur Cestiuspyramide, zum protestantischen Friedhof und zum Scherbenhügel des **Testaccio.**

Dieser Spaziergang führt uns, wie alle römischen Spaziergänge, quer durch die Jahrhunderte. Im Gebiet der Klöster hatte Otto III., der im Jahre 1002 zweiundzwanzigjährig starb, eine Kaiserpfalz gebaut. Er ließ sich von einem deutschen Papst, dessen Wahl er entscheidend beeinflußt hatte, Himmelfahrt 996 in der Peterskirche zum Kaiser krönen. Sein Anspruch auf die Kontrolle Roms und des Papsttums brachte ihn jedoch in Konflikt mit den mächtigen römischen Geschlechtern. So ließ er zwölf Angehörige der Familie Crescenzi nach einem Aufstand 998 auf dem Monte Mario hinrichten (vom Haus der Crescenzi finden sich Reste zwischen Kapitol und S. Maria in Cosmedin, gegenüber dem Fortunatempel). Er holte seinen Freund, den Bischof Adalbert von Prag in das Kloster auf den Aventin. Adalbert schlug jedoch alle Würden aus, wählte als Tätigkeitsfeld nicht Italien, sondern die Kolonisierung des Ostens und wurde bei der »Missionierung« der Polen bei Gnesen erschlagen. Ihm zu Ehren gründete Otto die Kirche **S. Bartolomeo** auf der *Tiberinsel*, wo auf den Stufen zum Hochaltar der Rest eines Brunnens steht, mit den Bildnissen von Christus, dem heiliggesprochenen Adalbert, dem hl. Bartolomäus und Otto III. Das ist das einzige, was an Otto III. in Rom noch erinnert. Er starb auf einer Burg im Norden von Rom, bedrängt von einem erneuten Aufstand des römischen Adels. Seine Begleiter schlugen sich nach Deutschland durch und brachten den Leichnam in den Dom von Aachen.

Otto II. liegt im Petersdom, Otto I., der Große, in Magdeburg. Die Geographie der Kaisergräber versinnbildlicht die Kontinuität zu Karl dem Großen und die Expansionspolitik nach Süden und Osten. Im Magdeburger Dom stehen, wenn ich mich recht erinnere, antike Porphyrsäulen, die von Rom an die Ostgrenze des Reichs transportiert worden waren. Bernward von Hildesheim, der Otto III. im Jahre 1001 in Rom besucht hatte, ließ nach seiner Rückkehr in Hildesheim die Christussäule als Erinnerung an die Trajanssäule errichten. Gräber, Steine und Bilder waren Kommunikationsmittel zur Propagierung bestimmter Ideen.

Welches waren die materiellen Grundlagen dieser Begeisterung für Rom? Zu einem Besuch in Rom gehört zumindest eine Ahnung dessen, was die Romidee einmal bedeutete und aus welchem materiellen Stoff sie gemacht war, gerade weil sie in den Jahrhunderten nach den Bauernkriegen von christlich-reaktionären Abendländern gründlich mißbraucht wurde.

Die frühe Bildung eines relativ starken Königtums an der Spitze des deutschen Staates hat ihre Ursache nicht zuletzt in dessen Verbindung mit der Reichskirche, die so eine stützende Funktion ausübte. Die Kirche legitimierte mit der Kaiserkrönung die Machtstellung des Herrschers gegen die Herzöge. Der Versuch, diese Quelle der Legitimation zu kontrollieren, ist eine der Wurzeln der deutschen Italienpolitik und Ursache der Auseinandersetzungen zwischen Kaiser und Papst. Finanziert wurde diese Italienpolitik mit der Ausplünderung der reichen, oberitalienischen Handelsstädte, die an Wohlstand und Ausmaß der Handelsverbindungen die deutschen Städte weit übertrafen.

Vom Aventin erreicht man in wenigen Minuten die **Porta San Paolo**, in deren Bau sich das Museum der **Via Ostiense** befindet. Die Via Ostiense war als Verbindung zum Hafen nach **Ostia** eine der wichtigsten Ausfallstraßen gewesen, und das Museum dokumentiert die Geschichte dieser Straße. Die Idee ist gut, das Museum aber, wie viele andere auch, wegen Personalmangels geschlossen. Überreichlich entschädigt wird man durch das neue Museum in der Via Ostiense 106 (etwa auf der Hälfte zwischen Porta San Paolo und Basilica San Paolo), eine kühne Symbiose von klassischer Archäologie und moderner Industriearchäologie: antike Götter im Elektrizitätswerk (Centrale Montemartini). An der Porta San Paolo kam es, nach dem Frontwechsel Italiens vom 8. September 1943, zum ersten bewaffneten Widerstand gegen die Besetzung Roms durch die deutschen Truppen. Mehrere Tafeln erinnern daran, und es war keine zufällige Ortswahl, als im Juni 1960 die große Demonstration gegen die von den Faschisten unterstützte Regierung Tambroni auf den Platz an der Porta San Paolo einberufen wurde. (Nicht in Rom, aber in anderen Städten wurden bei diesen Demonstrationen mehrere Menschen getötet, und Tambroni mußte zurücktreten.)

Tor, erhaltene Mauer, **Cestiuspyramide** und protestantischer Friedhof bilden eine ästhetische Einheit, die durch die heutige Bebauung der Gegend nicht mehr zum Ausdruck kommt, aber vom Hügel des Testaccio aus noch Eindruck macht.

Auf dem **protestantischen Friedhof** sind viele Berühmtheiten versammelt, auch Tote, die man hier nicht suchen würde. Antonio Gramsci, der als Verfemter hier bestattet wurde, und *Wilhelm Waiblinger*, ein fast Vergessener.

Wie Hegel, Hölderlin und Schelling, hatte auch Waiblinger in Tübingen, im Stift, studiert, blieb mit dem umnachteten Hölderlin und mit Mörike befreundet, auch als er wegen rebellischen Verhaltens das Stift und Deutschland verlassen mußte. Er zog im Herbst 1826 nach Rom, verkrachte sich mit den modischen Deutschrömern, fristete sein Leben mit dem Erlös kleiner Schriften, lebte mit einer römischen Freundin und einem Kind und starb im Januar 1830, noch nicht 26 Jahre alt, im Haus an der Ecke Via Giulia – Via del Mascherone. Unter seinem Fenster der Brunnen, der im Film *Geschichtsunterricht* von Straub-Huillet (nach Brechts *Die Geschäfte des Herrn Julius Caesar*) eine Rolle spielt.

Am anderen Ende des Friedhofs liegt der nach langen Jahren der Haft 1937 gestorbene Kommunist *Antonio Gramsci*. Ihm und seinem Grab hat Pier Paolo Pasolini eines seiner schönsten Gedichte gewidmet: *le ceneri di Gramsci*, die Asche Gramscis (1954), in dem Pasolini lange Zwiesprache mit dem Toten hält und die großen Probleme anrührt, die den Dichter das ganze Leben lang beschäftigt haben. Gramsci ist der Führer eines Proletariats, das in die Geschichte tritt und, indem es Geschichte macht, schuldig wird, im Gegensatz zum elenden, aber unschuldigen Dasein des Volkes, das Pasolini liebt und »dessen Freude, und nicht dessen tausendjähriger Kampf für mich Religion ist, seine Natur, und nicht sein Bewußtsein«. Welches Engagement verlangt der »schmucklose Tote« von dem suchenden Dichter? Im ersten Teil des Gedichts beschreibt Pasolini den Ort des Zwiegesprächs:

Du hast mit Deiner mageren Hand
(nicht für uns: Du, Toter für uns,
die auch wir tot sind, mit Dir, in diesem
feuchten Garten) das Ideal umrissen,
das dieses Schweigen erhellt. Du kannst
– siehst Du? – ruhen nur an diesem fremden
Ort, noch immer verbannt. Vornehme
Langeweile um Dich herum. Verblaßt nur
erreicht Dich der Klang eines Amboß
aus den Werkstätten des Testaccio, verschluckt
vom Abend: zwischen armseligen Schuppen,
nackten Blechbergen, Schrotthaufen, wo
singend ein müßiger Lehrbub sein Tagwerk
schon schließt, im Regen der aufhört.

(Pier Paolo Pasolini, *Gramscis Asche*. Gedicht, übersetzt von T. u. S. Kienlechner; hier Übersetzung von P. K.)

Auf dem Hügel des Testaccio

Von der **Porta S. Paolo** (Piazzale Ostiense) erreicht man, am protestantischen Friedhof oder der aurelianischen Mauer entlang Richtung Tiber, einen bereits im Altertum entstandenen Scherbenhügel, während die Mauer sich auf einem verwahrlosten Industriegelände verläuft. In der Nähe, am Fuße des Aventin, lagen die Großmarkthallen des antiken Rom (Reste in der Via Franklin), und am nahen Tiber wurden die großen Amphoren mit Öl, Wein und Korn gelandet. Aus dem beschädigten und zerbrochenen Material entstand nach und nach dieser Hügel.

An seinem Fuß stehen noch einige alte Behausungen der »Plebs«, die, wie Pasolini schrieb, »ringsum das Rom der Macht belagert« und auch in den zentralen Vierteln die Stadt »in unreine Umarmungen verstrickt«. Es weht ein kalter Wind, und kaum jemand ist auf den Straßen zu sehen. An der Ecke Via Zabaglia/Via Galvani führt ein Pfad auf den Hügel. Ein Tor verwehrt den Zutritt. Ein Schild erklärt, welches Amt einen Besuch ermöglicht und untersagt etwaigen Amateurarchäologen das Herumgraben. Denn daß die Anhöhe tatsächlich aus alten Scherben besteht, wird beim Aufstieg klar. Die Grasnarbe ist nur dünn, und an einigen Stellen sieht man in die aus geschichtetem Schutt bestehenden Eingeweide des Bergs. Im Mittelalter war diese heidnisch anmutende Stätte Ziel alljährlicher Prozessionen, an die ein Kreuz auf dem Gipfel erinnert.

Von hier, glaube ich, hat man den freiesten Rundblick, den man über Rom haben kann. Man sieht bis zur Hügellandschaft im Norden, die Sabiner- und Albanerberge, Trastevere, den Monteverde, den Gianicolo und im Süden, wo man das Meer sehen müßte, riesige Neubauviertel, die es verdecken und aus deren Chaos die Hochhäuser des EUR herausragen. Direkt unterhalb des Hügels der verlassene Schlachthof, die Gasometer des um die Jahrhundertwende gegründeten Industriegebiets, der Aventin mit dem restaurierten Benediktinerkloster **S. Anselmo** und schließlich die Häuserblöcke des in Verbindung mit dem Industriegebiet gebauten Arbeiterviertel **Testaccio** mit einer scheußlichen Pfarrkirche, der man einen für ein Proletarierviertel passenden Namen gegeben hat: »S. Maria Liberatrice«, Muttergottes der Befreiung.

Das Rom, das man von hier aus sieht, ist das Rom, der drei Millionen Einwohner, und dieser Blick hat nichts mit dem zu tun, den man hier vor 50 Jahren noch hatte, als man in die freie Campagna blickte, mit den Augen dem Lauf des Tibers folgen konnte, das Meer, die Villen und Parkanlagen auf den Hügeln sah. Vor 50 Jahren bildeten die *aurelianischen Mauern* noch die Stadtgrenze. Vor 100 Jahren waren sie ein viel zu großer Gürtel für die 200 000 Einwohner (1870). Auch andere Weltstädte sind rasch gewachsen, aber wenige so rasch wie Rom und nur Großstädte der Dritten Welt wuchsen, wie Rom, ohne Großindustrie und großes Handelskapital (die Börse in Rom ist notdürftig an der **Piazza di Pietra** in einem alten Tempel untergebracht). Schließlich hat selten die Ausdehnung einer Stadt im Lauf der Geschichte so oft und stark variiert. Rom ist gewachsen und geschrumpft im Durcheinander und Übereinander verschiedener

Stadtschichten, deren letzte, die heutige Zementschicht, die Vergangenheit unwiderruflich zuzudecken droht. Maxima und Minima der Bevölkerungsentwicklung waren: zur Zeit des Kaisers Aurelian (270–275) etwa eine Million Einwohner, zur Zeit der avignonesischen Gefangenschaft der Päpste (1309–1377) nur 20 000–30 000 Einwohner, die sich, einzig in der Stadtgeschichte, nicht von den Steuern und Tributen verwalteter Völker, sondern als redliche Wollproduzenten nähren mußten.

Die Feststellung, daß sich das Bild der Stadt in den letzten Jahrzehnten entscheidend gewandelt hat, ist nicht harmlos, sondern zielt auf folgende, provozierende These: die »klassische« Reise in die »ewige Stadt« ist unmöglich geworden, zumindest als unmittelbares Erlebnis. Die Einzigartigkeit dieser Stadt hatte darin bestanden, daß sie als offenes Geschichtsbuch dalag, daß sie »ewig« war in dem Sinne, als sie Zeugnisse der frühen Kulturgeschichte genauso enthielt wie die Gegenwart. Diese »Ewigkeit« war also strukturiert, war geschichtet und gegenüber einer

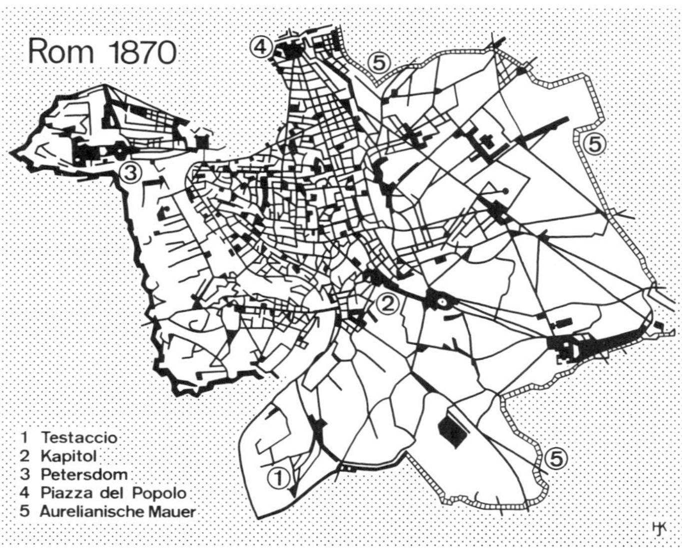

Man erkennt die Konzentration der Bevölkerung in wenigen Vierteln und die großen unbebauten Flächen innerhalb der Stadtmauern.

Zukunft offen, die diese Zeugnisse nicht nur konservativ, als physische Objekte bewahrte, sondern immer wieder in die eigene Tätigkeit integrierte. Rom war eine lebendige Ruinenstadt und in diesem Sinne einzigartig auf der Welt. Lebendige Ruinenstadt heißt, daß die Trümmer der Vergangenheit als kontinuierliche, wenn auch vielfach unterbrochene Struktur das Stadtbild bestimmten; daß sie benutzt wurden, nicht nur als Behausung oder als Steinbrüche, sondern auch als vollwertige Bauelemente und als Modell für neue Bauten: man vergegenwärtige sich z. B., mit welcher Kultur die Päpste die elf Obelisken an strategischen Punkten aufstellten und zueinander in Beziehung setzten (während der Axum-Obelisk tatsächlich auf verlorenem Posten steht), und man erinnere sich, wie die Architekten der Renaissance diese Ruinen studierten und wie der **Petersdom** mit seiner Kuppel als Synthese aus **Maxentiusbasilika** und **Pantheon** entstand.

Die Ruinen waren Warnung (vor der heidnischen Megalomanie), Zeugnisse einer großen geschichtlichen Kontinuität (zu Stein geronnene Information über Technik und Kultur der Vergangenheit) und waren Verheißung einer Zukunft, die diese glänzende Vergangenheit in den Schatten stellen würde. Jede Epoche errichtete in der Ruinenlandschaft ihre Bauplätze und hinterließ ihre Schicht und ihre Zeichen (z. B. das frühe Mittelalter eine Vielzahl von romanischen Kirchtürmen, die zu einem großen Teil noch erhalten sind, aber nicht mehr ins Auge fallen, während das Dutzend Kuppeln des Barocks alle Blicke auf sich zieht), ohne die vorigen Schichten total zerstören oder total konservieren zu wollen, was im heutigen Städtebau die einzige Alternative zu sein scheint. Bis zu dem, was der Faschismus und seine christdemokratischen Nachfolger aus Rom gemacht haben, gab es nur einen Versuch totaler Veränderung, der als Wahnsinnstat in die Geschichte einging: die von Nero veranstaltete Stadtsanierung mittels Abbrennen der Altstadt.

Die heutige Konzeption der Ruine als Verkehrshindernis bzw. als einzuhegendes Denkmal hat sich nicht nur bei denen durchgesetzt, die in den letzten hundert Jahren Rom verändert haben, sondern auch bei den Besuchern. Diese eilen von Einzelobjekt zu Einzelobjekt (den sogenannten Sehenswürdigkeiten) und haben tatsächlich nicht mehr die Möglichkeit, die Gesamtanlage der Stadt und die in ihrer Struktur enthaltene abendländische Geschichte herauszulesen, wie das noch ein gebildeter Reisender des 18. und 19. Jahrhunderts unmittelbar tun konnte. Wir lesen, mit Hilfe des Führers oder der eigenen, meist ratlosen Sensibilität Dinge in die Monumente hinein, anstatt Informationen herauszuholen. Doch gerade die Funktion Roms als lebendiges historisches Archiv abendländischer Geschichte, hatte den Rombesuch einzigartig gemacht. Nur so ist zu verstehen, was Goethe am 29. Dezember 1786 in der *Italienischen Reise* schreibt:

»Ich will Rom sehen, das bestehende, nicht das mit jedem Jahrzehnt vorübergehende. Hätte ich Zeit, ich wollte sie besser anwenden. Besonders liest sich Geschichte von hier aus ganz anders als an jedem Ort der Welt. Anderwärts liest man von außen hinein, hier glaubt man von innen hinaus zu lesen: es lagert sich alles um uns her, und geht wieder aus von uns. Und das gilt nicht allein von der Römischen Geschichte, sondern von der ganzen Weltgeschichte. Kann ich doch von hier aus die Eroberer bis an die Weser und bis an den Euphrat begleiten, oder wenn ich ein Maulaffe seyn will, die zurückkehrenden Triumphatoren in der heiligen Straße erwarten: indessen habe ich mich von Korn- und Geldspenden genährt, und nehme behaglich Theil an aller dieser Herrlichkeit.« In einer unmittelbar folgenden Eintragung vom 2. Januar 1787 setzt er sich mit Rom und dem Wert der Stadt für die Kenntnis der Weltgeschichte noch einmal auseinander und weist auf die besondere materielle Dimension dieses römischen Geschichtsunterrichts hin:

»Man mag zu Gunsten einer schriftlichen und mündlichen Ueberlieferung sagen, was man will, in den wenigsten Fällen ist sie hinreichend: denn den eigentlichen Charakter irgend eines Wesens kann sie doch nicht mittheilen, selbst nicht in geistigen Dingen. Hat man aber erst einen sicheren Blick gethan, dann mag man gerne lesen und hören: denn das schließt sich an den lebendigen Eindruck; nun kann man denken und beurtheilen.«

Die Möglichkeit, einen sicheren Blick auf die in Rom versammelte Historie zu werfen, besteht und besteht nicht mehr. Sie besteht, weil die Monumente meistens noch vorhanden sind, und sie besteht nicht mehr, weil ihr Kontext, ihr Verhältnis zueinander und auch die Art, sie zu sehen, sich völlig gewandelt haben. Nicht nur Rom, sondern viele Teile Italiens sind so zu einer Art optischer Täuschung geworden, und die *Italienische Reise* wird ungenießbare Lektüre, wenn man die Dinge nicht wieder erkennt, von denen die Rede ist. Der Romreisende muß sich daher in einem doppelten Sinne als Archäologe oder Historiker betätigen. Er muß, bevor er überhaupt seinen Blick werfen kann, mühsam einen geeigneten Standpunkt suchen, mühsam die Sehenswürdigkeiten aus dem Verkehr, dem Zement und aus dem Museum herausschälen und in den richtigen Zusammenhang setzen. Die letzten hundert Jahre haben Rom als Archiv für Weltgeschichte aus dem Zustand einer leicht entzifferbaren, naturwüchsigen Unordnung in ein verschmiertes Chaos versetzt. Natürlich haben die Erkenntnis von der Beschränktheit der römischen »Weltgeschichte« und die Tatsache, daß das versammelte Anschauungsmaterial auf dem Stand des 18. Jahrhunderts geblieben ist, während sich die Neuentwicklungen anderswo vollzogen, das Interesse an Rom vermindert. Aber das wäre noch lange keine Grund gewesen, dieses einzigartige Archiv so zu zerstören.

Der Verlust der historischen und der städtebaulichen Qualität begann mit der Einigung Italiens und der Erklärung von Rom zur Hauptstadt (1871). Die zu rasche Bevölkerungsentwicklung als Ursache des Qualitätsverlustes anzuzeigen, ist zu einfach und sagt nichts über die Art der Bevölkerungszunahme und die ihr entsprechenden Wachstumsschäden aus. Es ist ein Unterschied, ob eine Stadt durch Bodenspekulation oder durch industrielle Entwicklung zerstört wird. Massimo Birindelli beschreibt in seinem Buch *Roma italiana* die Folgen der »Italianisierung«. In das feine Netz der Straßen, Plätze, Gebäude und Gärten wurden riesige Löcher gerissen zum Bau von Ministerien, neuen Durchgangswegen und gutbürgerlichen Mietskasernen für das Heer von Beamten, das die Hauptstadt zu bevölkern begann. Krönung dieser Eingriffe war die Zerstörung des Kapitols und der Bau des **Denkmals für Vittorio Emanuele**, das von nun an Rom beherrscht. Mit dieser Brutalität verfahren gewöhnlich nur Eroberer, und die neue Architektur dokumentiert tatsächlich den Charakter des Anschlusses Süd- und Mittelitaliens an das neue Königreich. Kaisertum und Papsttum, die beiden großen Interessenten am Erhalt der Stadt Rom als einem Dokument, das seinen Inhaber als universalen Herrscher legitimiert, waren längst entmachtet (der letzte Träumer dieser Art war Napoleon gewesen). Das »Dokument« änderte seine Funktion und wurde zum Symbol nationaler Geschichte, eine Symbolik, die erst aufgepfropft werden mußte. Der schlechte Geschmack dieser Bauten und Eingriffe war nicht einfach Ausdruck des Zeitgeistes, denn bedeutende Zeitgenossen haben diese Zerstörung Roms wohl gesehen und angeprangert, sondern er war logischer Ausdruck einer provinziellen, nationalistischen Ideologie.

Auch die Mussolinische Romkonzeption ist nur scheinbar »imperial«, denn sie bleibt ganz in der engen nationalistischen und daher größenwahnsinnigen Tradition (die Straße für Aufmärsche Mussolinis vom **Kolosseum** zur **Piazza Venezia** und die **Via della Conciliazione**, die zum Petersplatz führt, reihen sich würdig an das Vittorio Emanuele auf dem Kapitol und an den **Justizpalast**). Ein bisher feingliedriges System von Verkehrsadern wird durch diese und andere Schneisen, die auch später zu den »großen« Ereignissen des heiligen Jahres (1950) und der Olympiade (1960) gehauen wurden, auf wenige Arterien reduziert, die alle auf die Piazza Venezia zulaufen. Diese brutalen Kahlschläge haben den Zusammenbruch des Autoverkehrs in der Stadt um ein Jahrzehnt hinausschieben können, sind also von einem längerfristigen Gesichtspunkt her ein Fehlschlag, genau wie der Abriß ganzer Häuserblocks weder die sanitären Verhältnisse der Altstadt, noch das Angebot an Wohnraum verbesserte. (Italo Insolera, *Roma moderna*; Einaudi, ist ein leicht zu lesendes, aber Italienischkenntnisse voraussetzendes Standardwerk über die moderne Stadtentwicklung Roms.)

Insolera und Birindelli zeigen in ihren Analysen, welche groben, städtebaulichen Fehlplanungen bei einer anderen Konzeption, bei einem anderen Verständnis der Stadt hätten vermieden werden können. Aber die Frage, was sollte das moderne, fortschrittshungrige Italien mit diesem historischen Archiv anfangen – ein Frage, die uns ähnlich schon in Venedig beschäftigte (und die sich in Deutschland auch stellt, obgleich viele unserer Städte im Zeitraum von zwei Jahren in Schutt und Asche gelegt wurden; was das für das historische Bewußtsein der Massen und ihre Weltanschauung bedeutet, wird einem erst in Italien klar) –, diese Frage liegt außerhalb ihres Arbeitsplans. Darüber Gedanken nachzuhängen, begann ich erst, als ich mehrere Male den **Monte Testaccio** aufgesucht hatte.

Rom als Krönung einer nationalen Geschichte ist eine Fälschung. So sehr der Verwaltungsapparat sich auch aufblähen mag, sichtbar wird nur, daß das moderne Rom zu einem Parasit ohne Legitimation geworden ist. Produziert werden in Rom Verwaltung und Ideologie, mit ihrer Symbolik und ihren Apparaten. Der eine Teil der Bevölkerung arbeitet in den Büros und Ministerien, der andere Teil ist damit beschäftigt, für den ersten Kleidung und Nahrung herbeizuschaffen, Paläste und Häuser zu bauen etc.

So weit hier, vom Monte Testaccio, das Auge reicht, reihen sich Wohnblock an Wohnblock. Die Industriezone zu unseren Füßen ist eine moderne, archäologische Enklave. Im wesentlichen umfaßt sie Versorgungsbetriebe: Gas, Wasser, öffentliche Transportunternehmen, daneben Schlachthof, Großmarkthalle und einen kleinen Güterbahnhof. Alle drei traditionellen Arbeiterviertel (**S. Lorenzo, Porta Maggiore – Santa Croce** und der **Testaccio**) entwickeln sich in der Nähe von Güterbahnhöfen. »Arbeiter« sind in Rom die Bauarbeiter, die Eisenbahner und die Beschäftigten der Versorgungsbetriebe.

Regierung, Kirche und die sich in der Hand der Großgrundbesitzer befindende Stadtverwaltung haben nach der Einigung Italiens alles getan, um die Entwicklung von Industrien in und um Rom zu verhindern. Nicht um den Charakter und die ästhetischen Werte dieser einzigartigen Stadt zu retten, sondern aus Sorge um die Erhaltung der »öffentlichen Ordnung«. Die Hauptstadt sollte verschont bleiben von den Tumulten eines organisierten Proletariats. Das war der Tenor der politischen Sonntagsreden über die Zukunft der »ewigen« Stadt. Im Jahre 1888, nach dem Ausbruch der Krise, die dem Baufieber notwendig folgen mußte, wurden 29 000 arbeitslose Bauarbeiter mit Polizeimaßnahmen in ihre Herkunftsorte zurückgeschickt. Man befürchtete Unruhen.

1871–1888 hatte sich die Bevölkerung der Stadt verdoppelt. Mit dem Zuzug einer umfangreichen »Ministerialbourgeoisie« kamen auch Zehntausende von Bauern und bevölkerten als Bauarbeiter und Dienstleister die Peripherie. Das ist die Wachstumslogik Roms bis heute geblieben mit dem Zusatz, daß seit ein paar Jahren in den Untergeschossen der Wohnblocks an der Peripherie sich auch Kleinunternehmen der Textil- und Elektroindustrie eingenistet haben, die ein unüberschaubares, ständig sich veränderndes Netz von Heimarbeit und Schwarzarbeit bilden. Das Wachstum dieser Peripherie erfolgte in verschiedenen Schichten, von denen wir einige vom Hügel des Testaccio aus erkennen können.

Der Plan, für etwa 10 000 Arbeiter und ihre Familien das Viertel des Testaccio zu bauen, das durch die Trümmerlandschaft des Aventin von der Stadt getrennt ist, wurde stückweise und mit großen zeitlichen Unterbrechungen in der Periode 1883–1907 realisiert. Zunächst wurden die Wohnkasernen gebaut, dann erst die Straßen, die Kanalisation, die Stromzufuhr und zuletzt (1907!) eine Schule, ein Kindergarten, ein Ambulatorium. Die Kindersterblichkeit in diesen zwei Jahrzehnten betrug 51,8 %.

Eine moderne Parallele zu dieser Art von Baugeschichte bildet die **Magliana**, deren Wohnblocks wir sehen, wenn wir mit dem Auge dem Lauf des Tibers Richtung Meer folgen. Das Gelände der Magliana liegt in einer Schleife des Flusses, teilweise unter dem Niveau des Wasserspiegels, ein Umstand, der das Gebiet als Bauland entwertet und damit zum Gelände einer Proletariersiedlung prädestiniert. In den 50er Jahren bot der Besitzer einen Teil der Fläche dem sozialen Wohnungsbau an, damit unter dem Deckmantel dieser nützlichen und öffentlichen Funktion die erforderlichen Bauerlaubnisse und Infrastrukturen besorgt werden würden, was dann den Wert der restlichen Grundstücke enorm erhöhen würde. Doch diese Vorsicht erwies sich als überflüssig, in den 60er Jahren erhielten die Grundbesitzer und Baulöwen von der Stadtverwaltung alle nötigen Genehmigungen und bauten in den Jahren 1965–75 auf 43 Hektar eine Stadt mit 7 800 Wohnungen für 30 000 Einwohner. Das realisierte Bauvolumen von über drei Millionen Kubikmeter übertrifft um fast ein Drittel die Angaben des eingereichten und genehmigten Plans. Entgegen den Vorschriften wurde auch das Niveau des Bodens nicht angehoben, so daß der Tiber bei Hochwasser über die Kanalisation in die Häuser dringt und die Abflüsse nur selten funktionieren. In den 70er Jahren wurde die Magliana Schauplatz radikaler Häuserkämpfe gegen die Stadtverwaltung und Spekulanten und zum wichtigsten Versuch, die römische Peripherie als »Subjekt« zu organisieren (vgl. *La Magliana. Vite e lotte di un quartiere proletario*, Milano 1977). Die seit 1976 rote Stadtverwaltung hat diese Kämpfe nicht unterstützt und letztlich deswegen in den 80er Jahren die Gemeinde und selbst ihre Stammwähler an der Peripherie verloren.

Links von der Magliana sehen wir die Hochhäuser des sogenannten **EUR** aufragen, unter ihnen das »viereckige Kolosseum«, ein Würfel, dessen Arkaden bei guter Sicht von hier leicht zu sehen sind. Er wurde noch unter Mussolini fertiggestellt und bezeugt, wie eine Inschrift besagt, daß das italienische Volk ein »Volk von Helden, Heiligen und Seefahrern« sei. Mitte der 30er Jahre begann die Planung eines neuen, modernen Rom auf der Strecke der **Via Imperiale** von der Stadt zum Meer. Eröffnet werden sollte dieses Wunderwerk faschistischer Architektur zur Weltausstellung 1942 (daher der Name EUR, d. h. Esposizione Universale di Roma). Am 28. April 1937 pflanzte Mussolini auf dem vorgesehenen Gelände die erste Pinie, die Bauarbeiten begannen, wurden aber während des Krieges unterbrochen, so daß das Gelände 1945 den Anblick eines riesigen, modernen Trümmerfeldes bot, auf dem einsam einige wenige, bereits fertiggestellte Gebäude standen. Zum größten Teil die gleichen Bürokraten, Planer, Architekten und Spekulanten führten dann in leicht geändertem Stil den Bau des Viertels in der Nachkriegszeit zu Ende. Das EUR ist heute das einzig wirkliche luxuriöse Wohn- und Verwaltungsviertel Roms, mit Villen, einem künstlichen See, Hochhäusern neben dem Kern der faschistischen, an die Plätze De Chiricos erinnernden Architektur und mit einer vorteilhaften U-Bahn-Verbindung zum Zentrum.

Mit der faschistischen Romkonzeption eng verbunden ist der Begriff der *»Borgate«*, in sich abgeschlossene, in die Campagna eingestreute Siedlungen, die, bis sie von der Zementflut der 60er Jahre (vom Typ **Magliana, Tiburtina** usw.) eingeholt wurden, völlig isoliert lagen und einen besonderen Ring der römischen Peripherie bildeten. In diese Siedlungen wollte Mussolini vor allem die Bevölkerung einquartieren, deren Wohnungen der Sanierung des alten Rom zum Opfer fielen. Halb Stadt, halb Land, hat sich hier ein besonderer Proletariertyp entwickelt, der der eigentliche Held der frühen Pasolinischen Romane und Filme geworden ist. Es handelt sich um buchstäblich an den Rand der bürgerlichen Existenzweise gedrängte und in besonderen Vierteln isolierte Menschenmassen, die, um überleben zu können, ihre eigene »Unterwelt« aufbauten, sich autonom von der übrigen Gesellschaft organisierten und dementsprechend von der Polizei kriminalisiert und drangsaliert wurden.

Der Fortschritt der 60er Jahre erstickte diese eigene Welt und ihre Kultur der Überlebens, des Menschseins unter der Decke einer einförmigen, unmenschlichen Welle von Konsum und Zement, unter der die Einsamkeit und Existenzunsicherheit dieses Proletariats weiter leben, aber nicht sein Widerstand und seine Phantasie. Im Namen dieses »Volkes« spricht Pasolini, wenn er im Dialog mit dem toten Gramsci jene vom Kapitalismus gezeichnete Konzeption des Fortschritts, die das Industrieproletariat sich anscheinend zu eigen gemacht hat, in Frage stellt.

Der Blick vom Testaccio unterscheidet die Borgate heute nicht mehr. Deutlich sichtbar hingegen sind die Zeichen der 60er und 70er Jahre: die Masse der gutbürgerlichen Wohnblocks auf dem **Monteverde** (der Verlängerung des Gianicolo) und die riesigen Appartementhäuser, die vor wenigen Jahren auf die letzten freien Flächen in **Trastevere** hingestellt wurden.

Blick von der Peterskuppel

Erst bei dem Spaziergang auf dem Dach der Kirche und beim Aufstieg zur Kuppel erlebt man die grandiose Masse dieses Bauwerks, überblickt man die Weite des vatikanischen Palastbezirks und begreift, daß diese Kuppel adäquater Ausdruck der Romideologie ist, d. h. der Idee einer universalen Religion und eines universalen Reichs. Im Gegensatz zu Goethe, der sich gerne als Maulaffe in diesem weltgeschichtlichen Theater von den Kornspenden aushalten ließ, stellte *Martin Luther* zwar nicht die Frage des lesenden Arbeiters, aber doch die des aufstrebenden nationalen Bürgertums nach der Finanzierung der Romidee. Um den Bau der Peterskirche zu bestreiten, waren sogar besondere Steuern und Ablässe eingeführt worden. Die Kosten der »Hofhaltung« des Papstes trugen dazu bei, den Druck zu verstärken, unter dem vor allem die deutschen Bauern litten, bis sie zum großen Aufstand getrieben wurden.

»Wie über den Fürsten und dem Adel der Kaiser, so stand über den hohen und niederen Pfaffen der Papst. Wie dem Kaiser der ›gemeine Pfennig‹, die Reichssteuern, bezahlt wurden, so dem Papst die allgemeinen Kirchensteuern, aus denen er den Luxus am römischen Hofe bestritt. In keinem Land wurden diese Kirchensteuern – dank der Macht und Zahl der Pfaffen – mit größerer Gewissenhaftigkeit und Strenge eingetrieben als in Deutschland. So besonders die Annaten bei Erledigung der Bistümer. Mit den steigenden Bedürfnissen wurden dann neue Mittel zur Beschaffung des Geldes gefunden: Handel mit Reliquien, Ablaß- und Jubelgelder etc. Große Summen wanderten so alljährlich aus Deutschland nach Rom« (Friedrich Engels, *Der deutsche Bauernkrieg*).

Dem Blick von der Plattform der Kuppel in die vier Himmelsrichtungen bieten sich vier völlig verschiedene Bilder von Rom: vor uns, in der großen Schleife des Tiber, das Rom der Renaissance; so wird mit einigem Recht das Viertel zwischen Tiber und **Via del Corso** genannt; zur Linken, im Norden, das Rom der Piemontesen (das Viertel **Prati** mit den Kasernen); zur Rechten, gegen Süden, der **Gianicolo**, mit dem Tal der **Via delle Fornaci** und den Villen im Hintergrund; und rückwärts gewandt, gegen Westen, das neue Rom der christdemokratischen Verwaltung und Korruption, das sich in großem Halbkreis vom **Gianicolo** bis zum **Monte Mario** erstreckt. Diese vier Bilder entsprechen verschiedenen Phasen der nationalen Geschichte.

Im Rom der Renaissance, dem universalen, »ewigen« Rom, leben, wie in allen alten Städten, die Proletarier eingenistet zwischen den großen Palästen, ja z. T. in den Palästen selbst, in den Poren der Keller und Erdgeschosse. Die Symbiose von reich und arm war funktional, denn die Reichen brauchten eine Vielfalt von Dienstleistungen, und die Armen lebten direkt von den Reichen. Im Rom von 1870 lebten von den 200 000 Einwohnern ca. 60 000 von der »Mildtätigkeit« der Klöster und Paläste. Mit deren Verarmung im Zuge der Entwicklung einer neuen, der bürgerlichen Gesellschaft, wurde dieses Band zwischen reich und arm zerrissen, und die Paläste, aber vor allem natürlich die Behausungen der Armen, verkamen zusehends.

Um den sozialen und architektonischen »Knoten« von Palästen und Häusern aufzulösen, d. h. um physisch und sozial im Stadtzentrum Fuß fassen zu können, machte sich das Bürgertum, unter dem Slogan der »Sanierung«, an den Abbruch ganzer Häuserblocks. Diesem Zweck diente auch der Bau zweier Verkehrsadern, des **Corso Vittorio** und des **Corso Rinascimento** (für unsere unsensiblen Augen sind das heute kleine Straßen), die zunächst das Zentrum dem Verkehr erschlossen und es mit dem neuen Stadtteil **Prati** verbanden. Zum Glück hat das zugereiste Bürgertum bis vor wenigen Jahren die Neubauten dem alten Gemäuer, in dem nichts funktioniert, vorgezogen, so daß der Großteil der Abbruchpläne auf dem Papier blieb. Erst vor etwas mehr als einem Jahrzehnt begann die systematische und kostspielige Restaurierung alter Palazzi im Stadtzentrum auf privater Grundlage. Die Mieten stiegen, und der Auszug der Proletarier aus dem Zentrum wurde nicht mehr, wie unter Mussolini, durch die Polizei, sondern sehr viel umfangreicher und stiller durch die Marktgesetze erzwungen.

Von der Kuppel sind ganz deutlich zwei, vom Faschismus geplante, aber erst in der Nachkriegszeit wirklich vollzogene Abbrüche zu sehen; rechts von der Engelsbrücke liegt die Brücke Vittorio Emanuele und rechts von ihr, für uns unsichtbar hinter den Ausläufern des Gianicolo, die Brücke Amedeo, die auf die Kirche **S. Giovanni dei Fiorentini** hinführt, deren Fassade und Kuppel wir sehen. Die Verbindung zwischen Brücke und **Corso Vittorio** ist ein Durchstich durch ein Gewirr alter Häuser. Aus der Nähe wirken die Abbruchstellen wie Zerstörungen durch einen Bombenangriff. Säuberlich abgerissen wurde hingegen der Mittelteil des Borgo, um den Bau der **Via della Conciliazione** (Straße der Versöhnung) zu ermöglichen, ein Produkt der Versöhnung von Kirche und Staat.

Am 11. Februar 1929 war der Lateranvertrag, das neue Konkordat zwischen dem italienischen Staat und der Kirche unterzeichnet worden. Damit wurde der fast 60jährige Streit um die Einnahme des Kirchenstaates, um die »Gefangenschaft« des Papstes und die Konfiszierung bestimmter kirchlicher Güter beendigt. Das faschistische Regime wurde gestärkt, der Vatikan erhielt erheblichen Einfluß auf das öffentliche und politische Leben eingeräumt und eine Zahlung von drei Milliarden Lire (für die damalige Zeit eine riesige Summe, die z.T. zur Finanzierung großer, kirchlicher Bauten diente, die mit dem gleichen Geist wie die Bauten des Regimes in das Grün des Gianicolo und anderer Hügel geklotzt wurden). Die Abbrucharbeiten an der Via della Conciliazione wurden 1937 begonnen (am gleichen Tag, an dem Mussolini im EUR eine Pinie pflanzte), während des Kriegs, etwa nach einem Drittel der Arbeiten, unterbrochen und zum heiligen Jahr

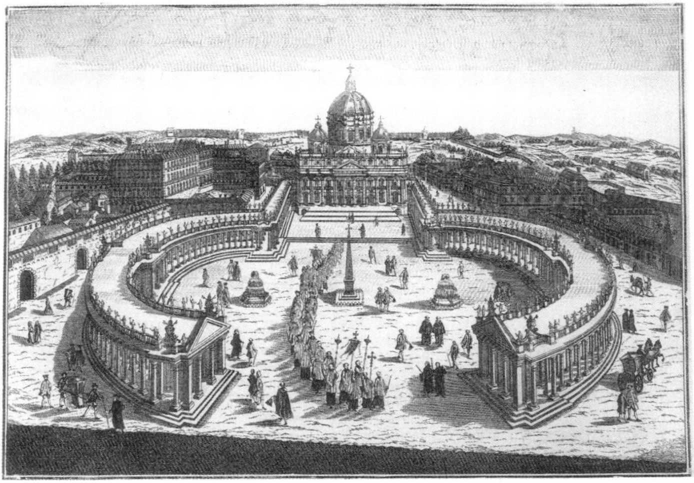

Die Peterskirche mit den Kolonnaden und dem Petersplatz.
Kupferstich, der als Guckkastenbild diente;
Anfang des 18. Jahrhunderts

1950 vollendet. (Man beachte an den obeliskartigen Säulen die römische Zahl VII: Bekanntlich führte das faschistische Regime eine neue, zweite Zeitrechnung ein – 1923 = I –, auf die man bei genauerem Hinsehen immer wieder stoßen wird, übrigens auch bei Kirchenneubauten aus jener Zeit.)

Links von der Via della Conciliazione erkennen wir das Dächergewirr des erhalten gebliebenen **Borgo Pio**, wiederum ein »quartiere popolare«, d.h. ein Viertel des »niederen Volks« (und daher wie die meisten derartigen Viertel trotz der Nähe des Vatikans »rot«), und weiter links **Prati**, ein großer, rational angelegter Stadtteil, dessen Bau nach der Einigung Italiens begonnen und in der Zeit nach dem Ersten Weltkrieg fertiggestellt wurde. Im Hintergrund der weiße Würfel des Außenministeriums, von hier relativ harmlos, aus der Nähe aber ein idealer Bau für Kafka'sche Bürokratie.

Prati ist offensichtlich ein völlig unrömisches Viertel; regelmäßige Straßenzüge und Platanenalleen, homogene soziale Zusammensetzung der Bevölkerung, die überwiegend aus kleinen Beamten und Angestellten besteht, in der Mitte weitläufige Kasernen. So stellten sich eben die Piemontesen eine Stadt vor. Obgleich dieser geschlossene Fremdkörper nichts mit dem ästhetischen und sozialen Charakter Roms zu tun hat, bleibt dieses Viertel zusammen mit dem EUR doch der beste Beitrag, den das neue Italien Rom gegeben hat. Wir brauchen uns nur weiter nach links zu drehen, um den Unterschied zwischen dem Viertel des alten, kleinkarierten Bürgertums und dem Viertel der Spekulanten nach dem Zweiten Weltkrieg zu sehen. Es entbehrt nicht der Ironie, daß der rückwärts gewandte Blick von der Peterskuppel so scheußlich ist. Es handelt sich um Scheußlichkeiten, für die der Vatikan indirekt durch seine massive Unterstützung der römischen Christdemokraten und direkt durch seine Beteiligung an großen Immobilienfirmen verantwortlich ist.

Bis zum Beginn der 60er Jahre war die Hügellandschaft hinter dem Vatikan eine Peripherie der Ziegeleien und der großen Viehherden, die von den Abruzzen im Winter hierher getrieben wurden. Eine der ältesten Ziegeleien, die »Fornace Veschi« in der **Valle Aurelia**, war bis 1963 in Funktion. 1979 wurde sie endlich unter Denkmalschutz gestellt und sollte ein Museum für die Kultur der römischen Bauarbeiter, aber auch für Material und Technik des Bauens in Rom werden. 1983 stellte die Stadt 2,5 Millionen DM für die Renovierung zur Verfügung, und 1983/84 erklärte ein Regionalgesetz die ganze, über 300 Hektar große Zone, wegen ihrer besonderen Flora und Fauna zum Regionalpark. Die Stadtverwaltungen nach 1985 ließen das ganze Gebiet und die Bauten verwildern und verfallen. Das Tal, zugänglich von der **Via Ubaldo degli Ubaldi**, ist für Freunde einer verrückten Peripherie unbedingt sehenswert.

Auf dem **Monte Mario** und an den Hängen des **Gianicolo** sehen wir die Neubauviertel für das »bessere« Bürgertum des qualifizierten Dienstleistungsbereichs. Aber die städtebauliche Qualität ist hier wesentlich geringer als in dem nach dem Ersten Weltkrieg für das »Kleinbürgertum« gebauten Prati. Der »signorile« (herrschaftliche) Charakter des Viertels wird nicht durch Verfügbarkeit von Raum, Luft und Licht dokumentiert, sondern durch Verwendung teuren Materials bei der Ausstattung der Eingangshallen, der Pförtnerlogen, der Aufzüge, Treppenhäuser usw. Das Bürgertum, dessen Ausdruck diese Neubauviertel sind (auch andere Viertel, vor allem **Parioli**, das wir hinter dem Pincio im Nordosten sehen, **Monteverde**, hinter dem Gianicolo im Südwesten, usw.), ist nicht einmal mehr entfernt Abglanz einer universalen oder Träger einer vitalen nationalen Idee, sondern Ausdruck eines reinen, selbst den Schein einer Legitimation entbehrenden Parasitentums. In der materiellen Situation dieser Funktionslosigkeit liegt die Erklärung für das asoziale Verhalten dieses Bürgertums, für seine tiefe Frustration und schließlich für die völlige Ineffizienz des Verwaltungsapparats, dessen Träger es ja ist. Wie soll sich auch in einer Stadt ohne Industrie, ohne moderne Hochfinanz, ohne moderne Forschung, also ohne Impulse aus der Entwicklung dieser Zweige, ein moderner Staatsapparat bilden können? Kein Zufall, daß diese Viertel Hochburgen der konservativen Christdemokraten oder der Faschisten sind und daß die Nahtstelle des Neubauviertels mit dem alten, kleinbürgerlichen Prati (nämlich die **Via Ottaviano** und die **Piazza Risorgimento**, direkt neben dem roten Borgo) strategische Sammelplätze der faschistischen Veranstaltungen und »Expeditionen« waren. Die ursprünglich unterschiedlichen politischen Färbungen der römischen »quartieri« verwischen sich zunehmend, sind aber für den aufmerksamen Touristen auch heute noch wahrnehmbar – nämlich durch die Spraydosen-Slogans an den Häuserwänden.

Schließlich der Blick nach Süden, auf den **Gianicolo** und das Gelände der **Villa Abamelek** und der **Villa Doria Pamphili**. Hier, zwischen Pinien und Lusthäusern, verteidigte vor 140 Jahren der beste Teil des aufstrebenden, jungen Bürgertums unter dem Befehl von Garibaldi die römische Republik.

Im November 1848, während in ganz Europa und, was Italien betrifft, vor allem in Sizilien und im damals österreichischen Venetien und der Lombardei Kämpfe für die verfassungsgebende Versammlung und gegen die Fremdherrschaft stattfanden, wurde in Rom ein Minister der päpstlichen Regierung ermordet. Wenige Tage darauf floh der Papst nach Gaeta. Im Februar wurde unter der Führung Mazzinis die römische Republik ausgerufen. Im April landete Frankreich ein Expeditionskorps in Civitavecchia, das dem Papst zu Hilfe eilen sollte. Unter der Führung Garibaldis, der nach der Niederlage in Oberitalien hierher geflohen war, bereitete die Republik ihre Verteidigung vor. Der Gianicolo und der Park der Villa Doria Pamphili wurden im Juni zum Schlachtfeld gegen die Franzosen, die nach diesem Sieg, also von 1849 bis zum deutsch-französischen Krieg und zur Schlacht von Sedan Anfang September 1870 Rom besetzt und die weltliche Herrschaft des Papstes aufrecht hielten. Die Schlacht bei Sedan veränderte das internationale Kräfteverhältnis so, daß die italienischen Patrioten nur noch der Form halber eine Bresche in die aurelianische Mauer bei der **Porta Pia** schlagen mußten, um Rom zu erobern (20. September 1870).

Italien und Deutschland sind diejenigen unter den größeren Ländern, die als letzte die kleinen Fürstentümer beseitigten und einen Nationalstaat schufen. Beide in den Jahren 1870/71, beide nicht durch eine vom Volk getragene Revolution, sondern durch eine »Revolution von oben« unter Führung einer inneren Hegemonialmacht, hier Piemont, dort Preußen.

Mir ist der Blick von der Kuppel auf den Gianicolo besonders lieb, nicht nur weil er ahnen läßt, wie die Hügel- und Parklandschaft der römischen Peripherie noch vor ein paar Jahrzehnten ausgesehen haben mag, sondern auch aus folgendem Grunde: wie man den Bau der Peterskirche im Gegenlicht der Bauernkriege sehen kann und sollte, läßt sich die römische Republik und ihre Verteidigung auf dem Gianicolo (im historischen Roman *Garibaldi* beschrieben von Ricarda Huch) erst im Kontext der europäischen Ereignisse richtig erkennen. Die grünen Hügel da drüben sind ein Schauplatz von Kämpfen, die vor 150 Jahren das ganze demokratische Europa verbanden. In den gleichen Wochen, in denen Garibaldi hier Rom verteidigte, erfolgte die Erhebung in Baden und der Pfalz. Während die heutige parasitäre Bourgeoisie, die wir an Hand ihrer Wohnviertel zu beschreiben versuchten, nichts mehr, rein gar nichts mehr mit Europa zu tun hat – außer daß sie darauf wartet, daß sich vielleicht in Brüssel Geldquellen auftun –, waren die Handwerker, Intellektuellen und aufstrebenden Bürger der Jahre 1848/49 trotz ihres Ziels einer nationalen Republik echte Internationalisten (ähnlich internationalistisch waren in der neueren europäischen Geschichte nur noch die Rätebewegung 1917–21 und die »Studentenbewegung« 1968/69). Wie rasch und konkret sich die Fäden zwischen der italienischen und der badischen Erhebung knüpfen, zeigt folgende Geschichte.

Offenburg, die Stadt, in der ich geboren und aufgewachsen bin, war eines der Zentren der demokratischen Bewegung in Baden. Obgleich die Stadt diese Erinnerung verdrängt hatte, beschäftigte ich mich ausgiebig mit der Erhebung von 1849 und wunderte mich über die Tatsache, daß ein Ausländer, ein Pole mit Namen *Mieroslawski*, im Juni den Oberbefehl über die badischen Freischaren hatte (er logierte im Gasthof Fortuna, bevor er in die Schweiz und weiter nach Frankreich fliehen mußte).

Diesem Mann begegne ich nun wieder beim Studium des Risorgimento, und zwar im Frühjahr 1849 als Oberbefehlshaber der aufständischen Truppen in Sizilien. Jener Aufstand wurde im April nach der Bombardierung von Messina und nach Straßenkämpfen in Palermo, blutig von den Bourbonen niedergeschlagen. Mieroslawski muß – ohne bei Garibaldi am Gianicolo vorbeizuschauen – direkt von Sizilien nach Baden geeilt sein. (Er war nach dem Aufstand in Posen 1846 in Berlin zum Tode verurteilt und dann zu lebenslänglich begnadigt worden, wurde während der Märzereignisse '48 aus dem Gefängnis befreit, wurde nach den Kampagnen in Sizilien und Baden noch einmal 1863 während des polnischen Aufstandes zum »Diktator« ernannt, konnte sich ein paar Tage halten und starb 1878 im Exil in Paris.) Friedrich Engels, der den Feldzug in der Pfalz und in Baden mitgemacht hatte, schildert sehr frei die seltsame und oft widersprüchliche Versammlung revolutionärer Figuren, die anläßlich solcher Erhebungen aus allen Teilen Europas zusammenkamen. Kurz bevor auch er als Freiwilliger in die Pfalz abreiste, brachte er am 24. Februar auf einer von zwei- bis dreitausend Leuten besuchten politischen Veranstaltung in Köln den Trinkspruch aus: »Den kämpfenden Italienern, vor allem der römischen Republik«.

Die Promenade vom Pincio zur Spanischen Treppe. Die Anlage des barocken Rom. Die Villen. Piazza di Spagna

Die Promenade, die vom Pincio zur Kirche **Trinità dei Monti** und zur **Spanischen Treppe** führt, liegt unmittelbar über dem »barocken Rom«, d. h. dem Teil der Stadt, der im 16. Jahrhundert völlig neu angelegt wurde. Rom war nach der Rückkehr der Päpste aus Avignon (1376) ein Ort, wo 20 000–30 000 Menschen ein paar Dörfer (Stadtviertel) bewohnten, die verstreut in einem riesigen Ruinenfeld lagen. Die Residenz des Papstes war der Lateran, während in den zu Burgen verwandelten Ruinen (Marcellus-Theater, Porta Maggiore, Traians-Forum usw.) oder in befestigten Palästen die großen adeligen Familien herrschten bzw. sich befehdeten.

Papst *Nicolaus V.* (1447–1455) wurde offensichtlich der **Lateran** zu unsicher, und er verlegte seine Residenz ans andere Ende der Stadt, auf den Hügel des Vatikans, unter den Schutz der **Engelsburg**, die bis zum Ende der päpstlichen Herrschaft die bedeutendste Festung und der sicherste Platz Roms blieb (deshalb auch Staatsgefängnis). Wie weise dieser Entschluß war, zeigte sich, als Karl V. 1527 Rom eroberte, die Stadt den spanischen und deutschen Landsknechten unter Frundsberg zur Plünderung überließ *(Sacco di Roma)* und den Papst in der Engelsburg belagerte. Zu den Verteidigern der Engelsburg gehörte damals Benvenuto Cellini, der seine technischen Kenntnisse in den Dienst der Verteidigung der Burg stellte; nachzulesen ist das – dramatisch, anschaulich – in seiner von Goethe übersetzten *Autobiographie* (vgl. das Kapitel »Florenz« in Band I). Nach der Katastrophe nahmen die Päpste ihre mit der Renaissance vor allem in der Tiber-Altstadt begonnene Bautätigkeit wieder auf und erschlossen neue Ruinenfelder. Zwei Drittel der von der *Aurelianischen Stadtmauer* (deren Beginn wir am Fuße des Pincio neben der Porta del Popolo erkennen und deren Ende wir am Testaccio sahen) umgrenzten Fläche waren noch unbewohnt. Die wichtigsten Bezugspunkte, auf die die Päpste seit dem 16. Jahrhundert hinbauten, waren: der **Lateran**, der **Vatikan**, die 1574 begonnene Sommerresidenz des Papstes auf dem **Quirinal** (heute Sitz des Staatspräsidenten) und die **Porta del Popolo**. Neben diesem Neubauviertel gab es natürlich auch große barocke Eingriffe in der Renaissance-Altstadt: die **Chiesa Nuova**, die **Piazza Navona** und, manchmal übersehen, der Platz vor der **Kirche S. Ignazio**, dessen Kulisse das militante Schauspiel der Gegenreformation ankündigt. (Die Kirche wurde zu Ehren des Hl. Ignatius von Loyola errichtet, der in der Hauptkirche der Jesuiten, in der nahen **Chiesa del Gesù**, begraben liegt.)

Die Patrone des päpstlichen Rom:
Vorne Sankt Peter (die Kuppel ist im Bau) mit der Engelsburg.
Links oben Sankt Marien (S. Maria Maggiore). Rechts der vom
Vorläufer Johannes (S. Giovanni in Laterano) verkündigte Heiland.
Außerhalb des Bildes Sankt Pauls Basilika vor den Toren.
Von links unten kommen die Pilger durch das
Tor des Volkes (Piazza del Popolo)

Zur Erschließung des barocken Viertels legten die Päpste zunächst einmal eine Verkehrsader von der Porta del Popolo nach Sankt Peter. Die **Porta del Popolo** war das einzige große Tor, durch das die Verbindung zum Norden ging: auf der *Cassia* über Siena-Florenz (die *Aurelia* war in den Maremmen versumpft, die *Flaminia* umständlich und unsicher). Die neue Straße folgte dem Tiber in einem stumpfen Winkel: **Via Ripetta–Via Monte Brianzo–Tor di Nona–Engelsbrücke**. Sie berührte den Flußhafen (Porto di Ripetta) und das Viertel der Gasthöfe (Monte Brianzo). Heute noch erhalten ist (als Nightclub) die Osteria dell'Orso, in der Dante, Montaigne, Rabelais, Goethe und andere Reisende abgestiegen waren.

In der Folgezeit wurde die Via Monte Brianzo als Querverbindung zur Trinità dei Monti verlängert (die heutige **Via Condotti** und **Via Fontanella Borghese**) und dem Hügel entlang, die **Via Babuino** gebaut. Schließlich verband Sixtus V. gegen Ende des Jahrhunderts, als Rom bereits 100 000 Einwohner hatte, das barocke Viertel mit dem Quirinal und dem Lateran mittels der **Via Sistina, Via delle Quattro Fontane, Via Depretis** und **Via Merulana**. Diese, mit Obelisken und Brunnen geschmückte, heute völlig zerstückelte Achse (die Vielzahl der

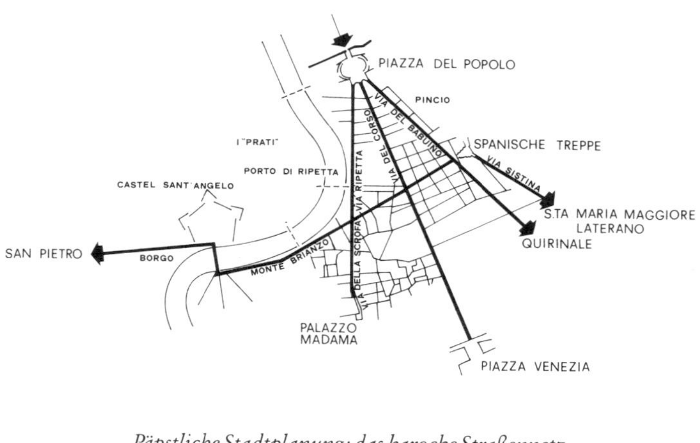

Päpstliche Stadtplanung: das barocke Straßennetz

Straßennamen zeigt diese Zerstückelung, während diese Achse ursprünglich einfach Strada Felice hieß) bildete, zusammen mit dem zur Hauptstraße ausgebauten **Corso** und den bereits genannten Arterien, das wichtigste Straßennetz, das die gesamte Stadtentwicklung bis 1871 bestimmte (nach 1870 wurden Hauptachse der Stadt die neue **Via Nazionale** und deren Verlängerung in das Renaissance-Viertel, der **Corso Vittorio Emanuele**; diese Umorientierung sollte das Stadtbild und den Verkehrsstrom grundlegend verändern).

Um das durch dieses Straßennetz erschlossene, aus Weingärten und Ruinen bestehende Gelände auszufüllen, hatten die Päpste ein paar Jahrhunderte zu bauen, und so wuchs ein elegantes, barockes Neubauviertel, in dem sich die entstehende römische Bourgeoisie, die Fremden (besonders Engländer), sowie Intellektuelle und Künstler niederließen (in der engeren und weiteren Umgebung der **Piazza di Spagna** wohnten Rubens, Poussin, Winckelmann, Goethe, Lamartine, Keats, Byron, Thackeray, Liszt und, bis zu seinem Tode 1978, der Maler Giorgio De Chirico). Natürlich wohnten hier auch kleine Handwerker, Dienstleistende und Gewerbetreibende. Bis heute ist dieses Viertel ein elegantes Einkaufsviertel geblieben. Allerdings wurden die »kleinen Leute«, die in den Straßen um die Via Condotti und **Via Frattina** wohnten, in den letzten Jahrzehnten systematisch vertrieben, und die Läden der Handwerker wurden in exklusive Boutiquen umgewandelt.

Am Rande dieses Viertels, also an der damaligen Peripherie, wurden prächtige Villen und Parks angelegt. Die **Villa Medici** ist die älteste unter ihnen, ihr folgte die **Villa Borghese**, die **Villa Ludovisi**, die **Villa Malta**, die **Villa Barberini** u.a. Die Villa Ludovisi soll nach Reiseberichten aus dem 19. Jahrhundert eine der schönsten Villen der Welt gewesen sein (sowohl nach Henry James als auch nach Hermann Grimm, der über die Zerstörung Roms einen Aufsatz schrieb). Ihr jahrhundertealter Park wurde abgeholzt, um Raum für das Neubauviertel der **Via Veneto** zu schaffen, die heute ohne Dolce Vita als traurige Hotel-Promenade von der Porta Pinciana zur Piazza Barberini führt, auf der, als Relikt der ehemaligen Garten- und Straßenpracht, völlig der neuen Umgebung entfremdet, der Tritone, ein Brunnen von Bernini, steht. Den ebenfalls von Bernini stammende Bienenbrunnen an der

Ecke zur Via Veneto bemerkt man schon gar nicht mehr. Von der Via Sistina bis zur **Via Nomentana** und rings um Rom herum erstreckte sich ein prächtiger Villengürtel, von dem hie und da kümmerliche Reste erhalten sind, manchmal versteckt zwischen hohen Mauern, manchmal als mehr oder weniger heruntergekommener öffentlicher Park, manchmal als völlig verelendetes Relikt.

Wer nicht nur genießen will, sondern die Frage stellt, was hätte man aus diesem Villengürtel machen können, was ist aus ihm geworden, wie kann sich die Bevölkerung die heutigen Reste aneignen (nicht nur als Grünfläche, sondern auch als Kunstwerk), sollte, um sich ein Bild zu machen, einen Blick von der **Via Savoia** auf den Park der **Villa Albani** werfen; in der Via Nomentana, die von der linken Gemeindeverwaltung erworbene und dem Publikum geöffnete neo-klassische **Villa Torlonia** besuchen (zeitweise Privatwohnung von Mussolini; 1806 von Valadier begonnen; prächtiger Palmenhain) und schließlich am Beginn der **Via Manzoni**, auf dem Weg von **Santa Maria Maggiore** zum Lateran, die Reste der Villa Altieri und unweit von ihr, in der Via Boiardo 16, das **Casino Massimo Lancelotti** (mit den Fresken der Nazarener) anschauen. Ein »Villenspaziergang« führt also vom Pincio quer durch die ganze Villa Borghese, zur Villa Albani und von da zur Villa Torlonia (diesen, zu Fuß anstrengenden, zum Teil durch moderne Stadtviertel führenden Weg macht man am besten mit dem Fahrrad, das man sich auf dem Pincio in der Ecke Aurelianische Mauer/Via Medici stundenweise mieten kann).

Wer mehr am Kunstgenuß als an der Villenproblematik interessiert ist, mache den Rundgang **Pincio Galleria Borghese – Museo di Villa Giulia** (und evtl. **Galleria dell'Arte Moderna**).

Die **Piazza del Popolo**, unmittelbar am Fuße des Pincio, ist mit den zwei Cafés Rosati und Canova einer der wichtigsten Treffpunkte in Rom. Die Anlage des Platzes scheint aus einem Guß zu sein, ist es aber nicht. Wie die Stadtgürtel und Paläste, so hat auch dieser Platz seine lange Baugeschichte, seine Ablagerungen, die von den päpstlichen Architekten zu immer neuen Harmonien zusammengefaßt wurden. Zuletzt wurde er von Valadier in den Jahren 1809–1820 im Auftrag Napoleons neu gestaltet. Napoleon war der letzte Eroberer, für den Rom noch einen »Firmenwert« hatte und der deshalb seine Architekten zahlreiche Pläne zur Erneuerung des Stadtbilds entwerfen ließ.

Die **Porta del Popolo** gehört zur Aurelianischen Mauer, mehrere Päpste verschönerten sie und hinterließen über dem Eingang ihre Visitenkarte: die sechs Kugeln der Medici, ganz oben der Stern der Chigi. Das frühe Mittelalter baute neben dem Tor Kirche und Kloster **Santa Maria del Popolo**, wo viele Pilger Aufnahme fanden, unter ihnen auch Martin Luther. Der Besucher sollte nicht versäumen, im linken Seitenschiff von Santa Maria del Popolo die beiden hochformatigen, in ihrer Lichtwirkung revolutionären Bilder von Michelangelo Merisi, genannt *Caravaggio* anzuschauen: Die Bekehrung des hl. Paulus und die Kreuzigung des hl. Petrus, die dieser neue Star unter den Malern, »egregius in urbe pictor«, im Auftrag des päpstlichen Schatzmeisters Msgr. Cerasi 1600 und 1601 malte. Auch Caravaggio, dieser ungestüme Haudegen, der sich seine Modelle von der Straße und aus den Kneipen holte und von fürstlichen Kardinälen gesponsert wurde, gehört zum »päpstlichen« Rom. Das Kloster erstreckte sich dem Hang entlang und wurde bei der Verschönerung des Hügels zum Teil abgerissen. Ende des 16. Jahrhunderts wurde der Obelisk, der vorher im Circus Maximus lag, hier aufgestellt. Im 17. Jahrhundert wurden die Kirchen zu beiden Seiten des Corso gebaut.

Anfang des 19. Jahrhunderts wurde als symmetrisches Gegenstück zur Kirche Santa Maria die heutige Carabinieri-Kaserne errichtet, so symmetrisch, daß auch die kleine Kuppelkapelle nicht vergessen wurde. Der Platz wurde zu zwei Halbrunden ausgeweitet, die Auffahrt und die Terrasse des Pincio wurden angelegt. In den Gärten steht ein hübsches, neo-klassisches Café, die Casina Valadier (teuer), hübsch vor allem, um draußen zu sitzen. Andere Cafés liegen im Grünen längs der Promenade zur Villa Medici und zur Spanischen Treppe. Der Park der Villa Medici ist an bestimmten Tagen zu besichtigen und ist sehenswert. Goethe war in Rom, als 1787 oberhalb der Spanischen Treppe der kleine Obelisk aufgestellt wurde, wobei im aufgeschütteten Erdreich Scherben und andere antike Reste zum Vorschein kamen, denn hier lagen einst die prächtigen Gärten des Lukullus.

Wir haben die Anlage Roms bisher von bestimmten Punkten der Peripherie zu überschauen versucht. Auch die Spanische Treppe war Peripherie, Stadtgrenze, eine Treppe, die ins Freie, in eine großzügige Villenlandschaft führte (z.B. brach die Aristokratie noch bis zum Ersten Weltkrieg von hier zu ihren Fuchsjagden in die Campagna auf). Aber die **Spanische Treppe** und der Spanische Platz waren immer auch zentrale Stellen für Rom-Besucher (Vgl. dazu auch *Rom – Spanische Treppe. Architektur, Erfahrungen, Lebensformen* von R. Günter/W. Reinink/J. Günter. Der städtebauliche Kontext ist im 1967 vom Touring-Club herausgegebenen und leider vergriffenen *Il quartiere barocco di Roma* von Italo Insolera dargestellt, aus dem wir die Übersichtskarte auf S. 36 abgedruckt haben.)

Nachdem im 16. Jahrhundert das Straßennetz der modernen barocken Neustadt festlag, machten sich die Päpste daran, dieses Muster würdig auszufüllen. Sie errichteten Brunnen (vor allem zur Wasserversorgung und dann erst zur Zierde), sie verschoben Obelisken und Statuen (das war ein sehr beliebtes Architektenspiel), und es entstanden vor allem drei größere Bauten: die Anlage des Porto di Ripetta (1703), die Spanische Treppe (1723–1726) und die Fontana di Trevi (1733–1747).

Der *Porto di Ripetta*, der in der Stadt gelegene Flußhafen, befand sich auf der Höhe der Spanischen Treppe und wurde nach der Tiber-Regulierung, als der Hafen durch moderne Transportmittel überflüssig wurde, beim Bau der Cavour-Brücke einfach demoliert. Heute steht dort die **Ara Pacis** (der »Friedensaltar« des Kaisers Augustus), und der reizende Balkon des **Palazzo Borghese** schaut auf eine Straßenkreuzung anstatt auf das malerische Hafenleben. Die Treppen, die vom Fluß hoch zum Ufer führten, mußten so gebaut werden, daß Träger und Tiere bequem aufsteigen und an manchen Absätzen verweilen konnten. Diese Anlage und nicht die absolutistische, hierarchische Konzeption der Empfangstreppe, wurde zum Vorbild der Spanischen Treppe. Mit der Berücksichtigung der Bedürfnisse derer, die die Treppe täglich benutzten, erweist sich die Spanische Treppe als »ein Stück Vorrevolution, ähnlich den späteren Mozart-Opern. Oberflächlich gesehen, ist (wie auch bei Mozart) alles noch ganz feudal – unter der Hand schlüpfen aber die neuen Möglichkeiten durch das mürbe gewordene Netz der alten Ordnung« (Günter/Reinink/Günter).

Die **Fontana di Trevi**, heute durch den Kahlschlag der Via del Tritone von der Spanischen Treppe getrennt, ist ein mehrmals unterbrochenes, von verschiedenen Architekten bestrittenes und doch wie aus einem Guß dastehendes Teamwork. Wie sein

Vorgänger sollte der neue Brunnen die sogenannte Aqua Vergine auffangen, Wasser, das aus einer von Agrippa für seine Thermen gebauten Leitung nach Rom fließt und der Versorgung des barokken Viertels dient. Von hier aus geht ein Teil des Wassers weiter zur Spanischen Treppe und wird in der *Barcaccia*, dem Brunnen von *Bernini*, aufgefangen und der Bevölkerung zugänglich gemacht. Bernini hatte diesen Brunnen 1628 gebaut, ein Jahr nach dem katholischen Sieg gegen die französischen Protestanten (letzter Akt: die Einnahme der Inselfestung La Rochelle), und daher ist es möglich, diesen Brunnen nicht nur als das Schiff des Petrus, sondern auch als Siegesdenkmal zu interpretieren, zumal er sich in der Nähe des Palastes befindet, der Sitz des gegenreformerischen Instituts für Glaubenspropaganda *(Istituto Propaganda Fide)* ist.

Andere weisen auf die Nähe des Tiber-Hafens hin und meinen, Bernini habe sich daran inspiriert, zumal das Schiff auf allen Seiten leckt und von Wasser überläuft. Unabdinglich zum Verständnis des Brunnens ist die Kenntnis einer einfachen Tatsache: der Wasserdruck des vom Trevi-Brunnen hierherfließenden Wassers ist sehr niedrig, Bernini mußte daher seinen Brunnen sehr tief legen, eine entsprechende Form finden und auf hohe Fontänen oder auf von oben spritzendes Wasser verzichten. Er hat in der Barcaccia eine Lösung gefunden, deutet mit dem Wasserstrahl den Mast an und läßt aus den Öffnungen für die Ankerketten (Kanonen?) an Bug und Heck das Wasser fließen.

Auf dem Platz direkt vor dem Palazzo der Propaganda Fide steht die *Mariensäule*, die Pius IX. am 8. Dezember 1854 errichten ließ. Der Marienkult und insbesondere das an jenem Tag verkündete Dogma der unbefleckten Empfängnis waren die Antwort der Kirche auf ihre schwindende weltliche Macht. Die Errichtung der Säule, so sagt der größte Rom-Kenner des 19. Jahrhunderts, Ferdinand Gregorovius, war die Antwort auf die Römische Republik von 1849.

Das Kapitol: Blick über die Kaiserforen zum Palatin, zur Tiber-Insel und zur Synagoge

Den **Corso** hat es seit der Antike als großen Straßenzug immer gegeben. Die barocke Stadterweiterung wertete ihn als zentrale Achse enorm auf und förderte seine Besetzung mit großartigen Palästen. Der Corso schloß allerdings nicht so pompös ab wie heute, sondern mündete in einem Häusergewirr, das abgerissen wurde, um den **»Altar des Vaterlandes«** Platz zu machen. Die Stadtentwicklung im Mittelalter und im Barock hatte das Kapitol im Abseits liegengelassen, und der Hügel war Ausgangspunkt für Spaziergänge in die Trümmerlandschaft der Kaiserforen und des Kolosseums. Die Foren hießen bis ins 20. Jahrhundert Campo vaccino, Kuhweide, und sie waren es auch. Also selbst das **Kapitol** war Peripherie, und unmittelbar hinter dem Hügel begann wieder der Villengürtel, die Villa der Farnese auf dem **Palatin**, die Villen auf dem **Celio** usw. Von der anderen Seite des Kapitols blickt man auf das Marcellus-Theater und auf das **Ghetto** (mit der viereckigen Kuppel der Synagoge), auf die Tiber-Insel und das auf dem anderen Flußufer liegende **Trastevere**. Forum – Palatin – Kolosseum und Marcellus-Theater – Portico d'Ottavia im Ghetto – Tiber-Insel – Trastevere, das sind die zwei Spaziergänge, die man von hier aus unternehmen sollte. Und natürlich sollte man auch einen Spaziergang auf dem Kapitol selbst nicht versäumen.

Das neue Königreich Italien machte das Kapitol und die **Piazza Venezia** zum Zentrum der Stadt, nahm umfangreiche Abrißarbeiten vor und baute den klotzigen »Altar des Vaterlandes« mit dem Grabmal des Unbekannten Soldaten. Die kitschige Monumentalität ist auch zu sehen als der Versuch des neuen National-Machtstaates, Größeres und Schöneres zu bauen, als die Päpste es in dem nun nicht mehr ihnen gehörenden Rom getan hatten. Mussolini machte dieses Monument und die Piazza Venezia zum Zentrum seiner Machtdemonstrationen, ließ dazu auch eine Prachtstraße quer durch die Kaiserforen legen (**Via dei Fori Imperiali**); und die faschistischen Drahtzieher der Strategie der Bomben ließen am Altar des Vaterlandes, synchron mit dem Bombenattentat in Mailand, im Herbst 1969, ein paar Bomben hochgehen (um den Verdacht auf Anarchisten und andere Revolutionäre zu lenken, denn nur diesen war ein Attentat auf das Symbol des Staats und der Nation zuzutrauen).

Ludwig Curtius, 1928–1938 Direktor des deutschen archäologischen Instituts, schildert in seinem Buch *Deutsche und antike Welt* die Umwälzung des Stadtbildes während der ersten Jahrzehnte dieses Jahrhunderts:

»Das Rom, das ich bei meinem Amtsantritt wiederfand, war ein ganz anderes als jenes, das ich in meinen Studentenjahren und nachher vor dem Ersten Weltkriege kennen und lieben gelernt hatte. Äußerlich war es als Millionenstadt weit über seinen früheren Umfang gewachsen und wuchs weiter. Aber die häßlichen neuen Volksquartiere der Vorstädte mit ihren um enge sonnenarme Höfe aufwachsenden zehnstöckigen Mietskasernen bewiesen allein durch ihre Existenz dem, der es noch nicht wußte, daß der Diktator von dem Geiste eines wirklich modernen Sozialismus der Volkswohlfahrt weit entfernt war, und die allzeit überfüllten, unzulänglichen Verkehrsmittel erwiesen, daß ihm die Fähigkeit abging, das Ungeheuer der modernen Großstadt,

Das Forum Romanum als »Kuhweide« im 18. Jahrhundert. Vorne links der Titusbogen, hinten das Kolosseum (Kupferstich Piranesis)

das er selbst hervorgerufen, zu bändigen. Die großen Straßendurchbrüche mit ihren perspektivischen Effekten, die Platzregulierungen mit ihrer rationalen Geometrie vernichteten erbarmungslos in allen Teilen der Ewigen Stadt die Intimität des geschichtlichen Zusammengewachsenen von antiker Ruine, mittelalterlicher Kirche und Palast oder Hütte, die den nur ihr eigenen Zauber ausmachte. Daß sich dabei ein so großartiges Panorama ergab wie der Blick auf die Kaiserfora und den Palatin von der neuen Via dell' Impero aus, die vom Palazzo Venezia zum Kolosseum führt, war mehr Zufall als Plan. Denn die Straße wurde nicht in ästhetischer Absicht, sondern in politischer für die Massenentfaltung faschistischer Aufzüge angelegt. Das Interesse des Duce an unserer archäologischen Erforschung war nur politisch und äußerlich. Es wäre leicht gewesen, bei dem Bau jener Straße die heute noch unter Erde liegenden Teile des Forums des Julius Cäsar und jenes des Trajan auszugraben und die Straße als Brücke über sie hinwegzuführen. Aber der Diktator, dem es nur auf die nächste Demonstration seiner Macht ankam, drängte zur Eile, und die Ausgrabung blieb stecken. Als er die Via dei Trionfi eröffnete, die vom Kolosseum unterhalb des Palatin zum Zirkus Maximus führt, fiel ihm ein vor dem Konstantinbogen stehender unscheinbarer spitzer Kegel aus Backsteinen auf, der die Straßenachse störte. Er befahl kurzerhand, ihn wegzuräumen, was sofort geschah. Niemand in seiner Umgebung hatte den Mut, ihm zu sagen, daß das Mauerwerk der Rest der berühmten Meta sudans des Domitian war, den die Jahrhunderte hatten bestehen lassen. Diese bescheidene Ruine war freilich glanzlos, war kein Kunstdenkmal mehr, sondern nur ein Objekt archäologischer Pietät. Schlimmer ist die Zerstörung der Wirkung großer, auf der Situation und der Proportion beruhender Architektur. Die Kapitolinische Treppe des Michelangelo führte früher zur souveränen Größe des Kapitolplatzes aus einem engen Quartier mit schmalen Zugangsstraßen empor. Die kleine wohlabgegrenzte Piazza d'Aracoeli diente ihr als Sprungbrett. Jetzt ist diese vernichtet. Ein leerer Platz, der beim Palazzo Venezia beginnt, macht sich breit wie fades Schwemmland, eine sogenannte ›Verkehrsader‹ führt zur Treppe und erniedrigt sie. Der Sinn des alten Petersplatzes war festliche Befreiung durch die Weite nach der Enge des davorliegenden Borgo. Mit der Niederlegung seiner unscheinbaren Häuser ist die alte Kontrastwirkung aufgehoben. Die Straße, welcher der Verkehr fehlt, der ihre Breite rechtfertigen würde, klafft wie ein leerer Schlund, und die an ihr neu errichteten Paläste sind klägliche Zeugen der Unfähigkeit ihrer Architekten zum monumentalen Stil. Kolosseum und Marcellus-Theater haben, in eine lange perspektivische Sicht einbezogen, das Überraschungsmoment ihrer wuchtigen Größe verloren. Die alte Piazza Montanara mit ihrem Campagnolen- und Osterientreiben ist jetzt so langweilig geworden wie die Bürokraten, die in den neuen faden Verwaltungspalästen an ihren Akten schreiben. An der Piazza Bocca della Verità hat ein Ordnungsmeier kleine Grasstücke abgesteckt und eingezäunt, den Platz aufgeteilt und zerschnitten, als wäre er ein geometrisches Zusammenspiel, und alle organische Poesie des herrlichen Zusammenspiels von Kirche, Brunnen und antiken Tempelchen ist zerstört. Überall wurde das fein säuberlich herausziselierte Monument isoliert und abgestecktes Museumsstück.« Ein schönes Portrait von Ludwig Curtius – »der einzige deutsche Gelehrte in offizieller Stellung, in dessen Hause man auch als Jude verkehren konnte« – findet sich im Lebensbericht eines der bedeutendsten deutschen Philosophen dieses Jahrhunderts, *Karl Löwith*. Der Heidegger-Schüler Löwith mußte als Jude emigrieren und lebte 1934–36 in Rom, wo er 1936 den »philosophischen Führer« Heidegger noch mit NS-Parteiabzeichen erleben konnte, nachdem dieser beim Führer aller Deutschen schon etwas in Ungnade gefallen war. Karl Löwiths *Mein Leben in Deutschland vor und nach 1933* ist nicht nur eine großartige philosophische Autobiographie, sondern schildert auch präzise die Rückwirkungen der Politik des Dritten Reichs auf die deutsche Emigration in Italien: Die Rassengesetze, die Mussolini 1938 auf Druck der Nazis in Italien einführte, zwangen die meisten Flüchtlinge als Juden zu einer zweiten Emigration: »Diese Gesetze waren trotz etwas gelinderen Formen im Grunde noch schmählicher als die deutschen, denn Italien hatte ja selbst den Emigranten eine Zuflucht gewährt, ehe es sie wieder des Landes verwies.«

Vom Kapitol zum **Portico d'Ottavia** sind es nur ein paar Schritte. Sofort befindet man sich mitten im **Ghetto** und ißt vorzüglich fritiertes Gemüse und carciofi alla giudea (Artischokken). Hier befand sich seit dem Edikt Papst Pauls IV. von 1535 das Ghetto – an einer Stelle, wo die Juden schon im alten Rom seit vorchristlicher Zeit gewohnt hatten. Und sie blieben hier auch relativ ungehindert wohnen nach der Einnahme Jerusalems und der Zerstörung des Tempels unter Titus im Jahre 70, der diesen Triumph auf dem *Titus-Bogen* (direkt unterhalb des Kapitols auf dem **Forum Romanum**) – noch heute für jedermann sichtbar – feierte (der siebenarmige Leuchter, die Menorah, ist das prominenteste Stück der in der Prozession gezeigten Tempelschätze). Wie überall in Westeuropa waren auch die italienischen bzw. in besonderer Weise die römischen Juden im 19. Jahrhundert aktiv auf seiten der liberal-bürgerlichen Bewegung, von der sie sich den Ausbruch aus dem Ghetto versprachen. Sie kämpften 1848/49 auf seiten der Republikaner Mazzinis und Garibaldis für die kurzlebige Römische Republik (wofür sie nach dem Sieg der päpstlich-französischen Truppen hart bestraft wurden) und dann wieder 1870 an der Seite der nationalen Monarchie. Aber im Unterschied etwa zu Deutschland gab es nach ihrer Emanzipation keinen virulenten Antisemitismus – eher das Gegenteil: sie waren fest integriert in die bürgerliche Gesellschaft, stellten hohe Beamte, Offiziere und gehörten zur Hofgesellschaft. Ein Jude, *Luigi Luzzatti*, wurde 1910 *Premierminister*. Das Ghetto selbst wurde weitgehend abgerissen (heute würden wir sagen »saniert«), anstatt vier kleiner Synagogen wurde die noch heute bestehende große Synagoge 1904 eingeweiht, deren Ausmaße nicht zuletzt als indirekte Kritik an der päpstlichen Diskriminierungspolitik verstanden wurden; ihre Kuppel ist weithin sichtbar.

Eine *ständige Ausstellung der Jüdischen Gemeinde* in der Synagoge versammelt Dokumente, Kultgegenstände und Zeugnisse der Geschichte des Ghettos, aber auch des kirchlichen Antijudaismus und der Judenverfolgung seit Ende der 30er Jahre in Rom – bis zu den Greueltaten der deutschen Truppen im Zweiten Weltkrieg.

Auch der italienische Faschismus war ursprünglich alles andere als antisemitisch: fünf der Gründer der »Fasci di Combattimento« (1919) und 230 Teilnehmer des »Marsches auf Rom« (1922) waren Juden. Erst gegen Ende der 30er Jahre wurde der Antisemitismus auf deutschen Druck hin langsam und gegen große interne Widerstände sowohl seitens der Faschisten als auch der allgemeinen bürgerlichen Öffentlichkeit in mehr oder weniger persönlicher Regie Mussolinis in Italien importiert.

Nicht zufällig jedoch gab es keine Konzentrationslager, sondern es wurden »lediglich« die alten kirchlichen Regelungen zur Ausschaltung der Juden aus dem gesellschaftlichen Leben studiert und wiederbelebt.

Als die deutschen Truppen im September 1943 Rom besetzten, befahl der später Verantwortliche für die Massaker in den Ardeatinischen Höhlen, Kappler, zwei Vertreter der jüdischen Gemeinde zu sich und bot ihnen an, bei Ablieferung von 50 kg Gold innerhalb von 36 Stunden von einer Deportation abzusehen. In kürzester Zeit sprach sich die Ungeheuerlichkeit in Rom herum, und es gelang in der Tat, in der Synagoge dieses Gold zusammenzutragen, woran sich auch zahlreiche nichtjüdische römische Bürger und nicht wenige Priester aktiv beteiligten. Die Verhandlungen und die pünktliche Ablieferung des Schatzes fanden in dem noch heute als Gedenkstätte zu besichtigenden Hauptquartier der SS in der Via Tasso statt.

Trotzdem umstellten am 16. Oktober 1943, einem Sonnabend, 5 Uhr früh, deutsche Truppen die Synagoge und den Portico d'Ottavia (wo sich heute eine Gedenktafel befindet) und verhafteten rücksichtslos innerhalb weniger Stunden alle jüdischen Bürger, derer sie habhaft werden konnten: um 13 Uhr war die Aktion abgeschlossen, und 1 127 Menschen, darunter 800 Frauen und Kinder, wurden auf Lastwagen und später Züge verladen zum Transport in die Vernichtungslager. Nur 73 Männer und 28 Frauen sollten nach dem Kriege zurückkehren. Innerhalb eines Tages versteckten die Römer in größter Hast etwa 4 000 Juden, die nicht im Ghetto gewohnt hatten, in ihren Wohnungen, in Klöstern und in Kirchen – und zur Ehre des niederen Klerus muß gesagt werden, daß dieser sich besonders hilfsbereit zeigte im Kontrast zur Politik des Vatikans. Wie schwierig bzw. mit wieviel Gefahr das verbunden war, mag aus der Tatsache hervorgehen, daß von den 4 000 Versteckten etwa 1 500 nichtitalienischer Herkunft (vor allem aus den deutschbesetzten Gebieten Südfrankreichs stammend), also an ihrer Sprache leicht erkennbar waren. (Vor diesem Hintergrund spielt der große Roman von Elsa Morante *La Storia*.)

Heute leben im Gebiet des ehemaligen Ghettos etwa 500 Juden, Zeugen einer über zweitausendjährigen, nie unterbrochenen Kontinuität. Ein Hinweis noch zu dieser Kontinuität: Wer den Ausflug zur Hafenstadt **Ostia Antica** macht, der kann dort auch die Reste der wohl ältesten Synagoge der jüdischen Diaspora Europas sehen. Im Fußboden der Synagoge aus dem vierten Jahrhundert wurden eine in lateinischer und griechischer Schrift abgefaßte Inschrift eines Mindis Faustos, der für den *nomos hagios*, das heilige Gesetz, einen *kibotos*, einen »heiligen Bogen« gestiftet hat, und die Fundamente eines Synagogenbaus aus dem 1. Jahrhundert aufgefunden: In der Hochzeit des »multikulturellen« Ostia blühte hier neben zahlreichen orientalischen Kulten des Serapis, des Mithras usw. auch die jüdische Religion.

Die Via Appia Antica und das Tal der Caffarella

Die römische Campagna gibt es nicht mehr: keine Malaria, keine Räuber, keine riesigen Viehherden, keine Trümmerwelt in völliger Einsamkeit. Aber längs der Via Appia Antica und im Tal der Caffarella spürt man noch, wie diese Landschaft einmal ausgesehen hat, und genießt die wilde Schönheit dieser einzigartigen Mischung von verwahrloster Peripherie und Parklandschaft, von pulsierendem Leben und musealer Ruinenszenerie, Orte der Erinnerung von Hannibal bis Pasolini.

Es gibt das Projekt eines durchgängigen archäologischen Parks, der vom Herzen der Stadt, vom Kapitol und den Kaiserforen, entlang der Via Appia Antica bis zum Fuß der Albanerberge reichen soll. Dieses Projekt wurde 1981 von der damals roten Stadtverwaltung in Angriff genommen und wurde unmittelbar darauf durch die kombinierte Aktion von Immobilien- und Autofahrerinteressen zu Fall gebracht. 1988 wurde ein Regionalgesetz zur Errichtung des Parks verabschiedet, aber es ist abzusehen, daß auch dieses Gesetz nur stückweise verwirklicht werden wird und daß die Idee der Bewahrung einer grünen, zusammenhängenden Kulturlandschaft vor den Toren Roms Utopie bleiben und einer kurzfristig und asozial spekulierenden Realpolitik zum Opfer fallen wird. Unter anderem bedeutet das, daß die **Via Appia Antica** auch weiterhin ein enger, von Autoabgasen gefüllter Schlauch bleibt, auf dem im Gänsemarsch wagemutige Touristen zwischen hohen Mauern marschieren, um die Katakomben zu besuchen oder den berühmten Postkartenblick »Pinie mit Gräbern im Mondschein« genießen zu können.

Mein Vorschlag: mit dem Autobus auf die Appia Antica bis zum Kirchlein **Quo vadis**. Von hier aus kann man verschiedene Schauplätze besuchen: an der Gabelung der Via Appia und der **Via Ardeatina**, auf dem Gelände der Salesianer, die **Kalixtuskatakomben** und von da die **Fosse Ardeatine**. In diesen Steinbrüchen waren am 24. März 1944 unter dem Befehl von Kappler, der schon die Razzia im Ghetto geleitet hatte, 335 italienische Geiseln umgebracht worden, als »Vergeltung« für das von kommunistischen Partisanen gegen eine deutsche Militärkolonne verübte Bombenattentat in der **Via Rasella** (32 Tote). Die Kirche Quo vadis ist auch der Ausgangspunkt für einen Spaziergang in das **Tal der Caffarella** (stadtauswärts linker Hand).

Das Tal erstreckt sich zwischen der **Via Latina** und der Via Appia und wird vom Almone durchflossen, einem heiligen Fluß, an dessen Mündung in den Tiber die Römer der Kaiserzeit am 27. März, nach einer feierlichen Prozession, die Statue der Großen Mutter Kybele und andere Geräte dieses östlichen Fruchtbarkeitskults wuschen. Hier am Almone soll Hannibal ante portas, d. h. vor dem fast unverteidigten Rom, mit seinem Heer umgekehrt sein. Das war die entscheidende Wende in der frühen Auseinandersetzung zwischen Europa und Afrika. Den Ort bezeichnet der Tempel des Dio Redicolo, d. h. der Gottheit, die den großen afrikanischen Feldherrn zur Umkehr zwang. In Wirklichkeit ist dieser ausgezeichnet erhaltene Bau in rötlichem Backstein eines der schönsten Grabmäler der Kaiserzeit, errichtet von dem griechischen Bankier und Experten der Redekunst, Herodes Atticus (101–177), der seine Frau umgebracht und sie hier prunkvoll bestattet haben soll. Man sieht den Tempel nach nicht ganz einem Kilometer, links neben einem Bauernhaus, von Bäumen verdeckt und eingezäunt.

Herodes Atticus war einer der reichsten Leute des Imperiums und Erzieher des Kaisers Marc Aurel. Er heiratete Annia Regilla aus einer der ersten Adelsfamilien Roms, zu deren Vermögen eine Villa gehörte, die sich hier bis zum Grabmal der Cecilia Metella erstreckte. Diese Villa war ein landwirtschaftlicher Gutsbetrieb mit Herrenhaus, einer Siedlung für die Landarbeiter, mit Stallungen, Gärten, Tempeln, Denkmälern, einer Quelle mit Nymphäum und einem heiligen Hain. Von der Anklage des Mordes wurde Herodes mangels Beweisen freigesprochen. Von da an verwandelte er die Villa in eine Kultstätte für seine Frau und errichtete Tempel zu Ehren der Fruchtbarkeitsgöttinnen Ceres, Proserpina, Minerva und Nemesis. Wir müssen uns überhaupt die ganze römische Peripherie, bis zu den Bergen und bis zum Meer, als von Villen, Heiligtümern und Grabmälern bestanden vorstellen, eine gepflegte Parklandschaft, in der die herrschende Klasse ihre Bedürfnisse der Muße und der Produktion gleichermaßen befriedigte.

Den freien römischen Bauern mit eigener Scholle gab es in dieser Landschaft schon seit langem nicht mehr. Er hatte als Soldat die Welt erobert und damit zu Hause seine Existenzgrundlage verloren. Denn während er auf dem »Feld der Ehre« stand, kauften die Reichen die kleinen Güter auf und bewirtschafteten sie mit Hilfe der Sklaven, die der römische Bauer nach seinen Siegen massenhaft nach Rom schickte. Im Jahre 133 vor Christus agitierte *Tiberius Gracchus* die Soldaten, die von den großen Eroberungen heimkehrten:

»Die wilden Tiere Italiens haben eine Höhle, ein Lager, einen Unterschlupf. Aber die Männer, die für Italien kämpfen und sterben, haben nur Licht und Luft. Ohne Haus und Heim irren sie mit Weib und Kind umher. Die Generäle lügen, wenn sie in der Schlacht die Soldaten aufrufen, die Gräber der Ahnen gegen die Feinde zu verteidigen. Denn keiner von diesen Römern hat ein Vaterhaus und die Grabstätten der Vorfahren. Für den Luxus und den Reichtum anderer setzen sie ihr Leben ein. Ihr heißt Herren der Welt, doch in Wahrheit gehört euch kein Krümchen Erde« (Plutarch). Wer so sprach, wurde mit 300 Anhängern im Wahlkampf von den Großgrundbesitzern erschlagen. Sein Bruder *Gaius Gracchus* versuchte einen »historischen Kompromiß« mit der progressiven Bourgeoisie des Handels und der Banken, um die Großgrundbesitzer zu entmachten. Er schuf ein soziales Netz und führte die regelmäßigen Kornspenden an das römische Proletariat ein. Aber eine Landreform konnte auch er nicht durchsetzen, und im Jahre 121 vor Christus wurde er in einer Nacht der langen Messer mit 3 000 seiner Anhänger ermordet. Die Popularität Cäsars gründete sich 75 Jahre später auf seine Verwandtschaft mit den Gracchen, aber eine Landreform hat nach den Gracchen niemand mehr in Angriff genommen, nicht im alten und nicht im neuen Rom. Schauen wir uns um: Seit 2 000 Jahren ist dieses Land ununterbrochen in den Händen von privaten Großgrundbesitzern.

Nach dem Niedergang des römischen Reichs verwilderte die Parklandschaft der Villen und wurde zu extensiv bebautem Acker- und Weideland. Die Malaria drang ein und machte die Gegend einsam. Es gab nur noch Ruinen, Türme und befestigte Gehöfte. Gehen wir den Weg weiter ins Tal, kommen wir nach einer scharfen Biegung über den Fluß und vor eines dieser mächtigen, mittelalterlichen Wirtschaftsgebäude. Dahinter liegen rechts einige abgegraste Hügelkuppen, von denen herab wir ein großartiges Panorama genießen. Wir sehen die Albanerberge mit ihren Villen, die Bäume der Appia Antica, das Grab der Cecilia Metella, in einem Hain das Kirchlein Sankt Urban, ebenfalls ein zur Villa des Herodes Atticus gehörender Tempelbau. Wir ahnen unterhalb der Kirche im Gehölz den Brunnen der Nymphe Egeria, wo die ersten Könige Roms, etruskische Priester, im Murmeln des Wassers sich Rat holten. Wir überblicken das Tal der Caffarella bis zur **Porta San Sebastiano**. Im Talgrund haben sich Rentner auf eigene Faust und ohne jemand zu fragen sympathische Schrebergärten angelegt. Und schließlich sehen wir die gedrängte, riesige Häuserwand, die sich bis über die alte Via Latina und ihre Gräber geschoben hat und nun vor dem Tal zum Stehen gekommen ist.

In den 50er Jahren sollte hier durch das Tal eine vierspurige Straße gebaut werden. Es gab Projekte für den Bau eines Stadions und für ein Villenviertel. Der Eigentümer des Tals, der Marchese Gerini (mit 927 Hektar drittgrößter Grundbesitzer der Stadt) bot Kompromisse an: Baugenehmigungen gegen Abtretung von Grünflächen. Mit einer integren Erhaltung des Tals war er nie einverstanden und klagte erfolgreich zu Beginn der 80er Jahre gegen Enteignungspläne durch die damals von den Kommunisten geführte Stadt. So siegen die Feinde der Gracchen bis heute und opfern das Tal der heiligen Kuh des Privateigentums. Die 150 Hektar der Caffarella gehören nach wie vor nur wenigen Eigentümern: 114 dem Marchese Gerini, 20 einer Schweizer Gesellschaft, und 16 Hektar sind parzelliert. Die Strategie dieser Besitzer ist einfach. Sie versuchen mit Erfolg bis zur Einrichtung des archäologischen Parks möglichst viele Edelsteine aus der Krone zu brechen. Allein in den letzten Jahren haben sie den Tempel des Dio Redicolo und die Kirche San Urbano eingezäunt und privatisiert, an den Rändern des Tals längst der Appia Antica entstehen immer noch neue Bauten, Klubanlagen, Tennisplätze etc., und einflußreichen Leuten gelingt es, als Renovierungen getarnte Erweiterungen oder gar Neubauten von Villen durchzusetzen. Seit 1931 steht das ganze Gelände der Via Appia unter Denkmalschutz, seit 1962 sieht der Bauleitplan absolutes Bauverbot und die Errichtung eines Parks vor, seit nunmehr 60 Jahren setzen die Mächtigen alle Mittel ein, um die Bestimmungen zu unterlaufen und zu umgehen und machen mit der Vergangenheit und mit der Natur ihre armseligen, privaten Millionengeschäfte.

Diese verfilzte Bande von Adeligen, faschistischen Würdenträgern, Kirchenleuten und Politikern hat Pasolini gehaßt, und sie haben ihn gehaßt. Auf diesen verwahrlosten Hügeln, auf denen wir stehen, unter einem riesigen Himmel, im Anblick der Spekulation, der Neubauviertel und der Ruinen, hat Pasolini seinen schönsten Film gedreht: »La Ricotta«. Dies hier ist Golgotha, die Schädelstätte für die Subproletarier der Peripherie. Und hier rezitierte Orson Welles eines der großen Bekenntnisgedichte Pasolinis:

Ich bin eine Kraft der Vergangenheit.
Nur in der Tradition liegt meine Liebe.
Ich komme aus den Ruinen, den Kirchen,
den Altarbildern und verlassenen
Weilern des Apennin oder der Voralpen,
wo die Brüder gelebt haben.
Ich streune auf der Tuscolana wie ein Verrückter,
auf der Appia wie ein Hund ohne Herr.
Oder ich sehe die Dämmerungen, die Morgen
über Rom, über der Ciociaria, über der Welt,
wie die ersten Akte der Nach-Geschichte,
an denen ich teilnehme, dank meines Geburtsdatums,
am äußersten Rand einer begrabenen
Zeit. Monströs ist, wer geboren wurde
aus den Eingeweiden eines toten Weibs.
Und ich, erwachsener Fötus, geh umher,
moderner als jeder Moderne,
Brüder zu suchen, die nicht mehr sind.

Interview mit Italo Insolera (Professor für Städtebau)

Insolera: Seit einigen Jahren haben wir erkannt, daß Rom, der Struktur nach, eine Stadt der Dritten Welt ist. Um die historische oder moderne Stadt des europäischen Typus, mit etwa 2 Millionen Einwohnern, hat sich ein Gürtel von Baracken, Hütten und Wohnkasernen gebildet, illegal errichtet, ohne jede Baugenehmigung, ohne Kanalisation, Straßen, oft ohne Wasser und Strom, und in diesem Gürtel, der an südamerikanische oder afrikanische Bidonvilles erinnert oder an die Peripherie asiatischer Städte, leben etwa 800 000 Personen, ca. 30 Prozent der Gesamtbevölkerung. Das ist ein Strukturmerkmal und kein Provisorium. Die Entstehung dieser Art von planloser Peripherie hat in der Dritten Welt und in Rom die gleichen Gründe: die rasche Auflösung einer dichtbevölkerten, jahrtausendealten Landwirtschaft und die Konzentration der Industrie im Norden des Landes und nicht in dem sich auflösenden Mittel- und Süditalien. Die zuströmende, entwurzelte Landbevölkerung hofft im Labyrinth der Verwaltung einen Platz zu finden oder im riesigen Chaos der Dienstleistungen, das sich um die Bürokratie herum gebildet hat.

Kammerer: Geht das immer so weiter?

Die linke Stadtverwaltung hat das Problem angegriffen, und vielleicht bezeichnet das Jahr 1979 eine Wende. Aber das wird man erst in einigen Jahren beurteilen können. Der unternommene Versuch geht dahin, die Bidonvilles und Slums der Peripherie in Stadtviertel zu verwandeln, d. h. nachträglich Infrastrukturen einzuplanen und die Grund- und Hausbesitzer zu veranlassen, als »Gegenleistung« Boden für soziale Zwecke abzutreten oder Beiträge zu entrichten. Dabei sollen natürlich die Spekulanten besonders getroffen werden und nicht die kleinen Leute, die hier gestrandet sind.

Diese Peripherie ist, weder architektonisch noch sozial, ein homogen strukturierter Gürtel. Wir finden Reste alter Barackenviertel, Siedlungen des sozialen Wohnungsbaus, die Borgate Mussolinis, Zementkasernen der Baulöwen und chaotische, primitive Einfamilienhäuser.

Diese Verschiedenheiten entsprechen auch verschiedenen historischen Phasen. Die letzte große Phase, die mit ihrer Bauwelle z.T. auch die vorhergehenden noch einmal überlagert, begann mit den 60er Jahren und folgte diesem Bewegungsgesetz: große Grundeigentümer nutzen den schreienden Mangel an billigem Wohnraum aus, um bestimmten Baufirmen oder Leuten, die etwas gespart hatten, den Boden an der äußersten Peripherie zu verkaufen, wo unter dem Druck der Nachfrage ohne Plan und Kontrolle dann losgebaut wurde.

Hätte eine Industrialisierung Roms diese Entwicklung verhindert?

Der Slogan, daß Industrie Reichtum bringt, gilt nicht für die Arbeiterviertel. Um das zu sehen, braucht man sich nur die Mailänder oder Turiner Peripherie anzuschauen. Trotzdem besteht aber ein Untershcied zur römischen Peripherie. Hier lebt eine Art Lumpenproletariat, dort ein Industrieproletariat, und das hat für jede Politik der Stadterneuerung enorme Konsequenzen: Dort gibt es einen möglichen Träger dieser Politik, hier nicht, bzw. hier ist das sehr viel schwieriger. Allerdings gibt es auf Grund des sozialen Wandels der römischen Peripherie, wie eine Untersuchung des kommunistischen Jugendverbands von 1978 zeigte, Anzeichen für eine neue Fähigkeit, sich sozial zu artikulieren, handlungsfähig zu werden, während die gesellschaftliche Desintegration immer mehr die Wohngebiete erfaßt, die wir die »europäische Stadt« genannt haben.

Welche Literatur sollte man lesen, um Rom kennenzulernen?

Ich habe an Hand einer Karte die Beschreibungen von Stendhal verfolgt, und ich nehme an, man kann das auch mit Goethe machen und mit allen Schriftstellern, die nicht nur Eindrücke, sondern ein Bild von Rom hatten.

Die Promenades en Rome *sind vielleicht etwas langweilig, während die* Chroniques Italiennes *ungeheuer spannend sind, z.B.: die Geschichte der Beatrice Cenci, deren Bild im Palazzo Barberini hängt und die am Platz vor der Engelsbrücke enthauptet wurde. Diese Geschichten geben ein Bild von Rom im Mittelalter.*

Für die jüngste Vergangenheit schlage ich vor, die Schauplätze zu suchen und aufzusuchen, die in drei Büchern eine Rolle spielen. Keiner der drei Autoren ist Römer, die Geschehnisse spielen aber in Rom, und zwar in drei völlig verschiedenen Gegenden bzw. Schichten der Stadt. Der erste ist Cesare Pavese und sein Roman *Il compagno* spielt im faschistischen Rom vor dem Krieg. Das zweite Buch ist von Carlo Levi, *L'orologio*, und spielt in Rom unmittelbar nach dem Krieg, von der Befreiung und der Gründung der Republik bis zum Beginn des christdemokratischen Regimes. Der dritte Roman ist von Pasolini, *Una vita violenta*, Rom der 50er Jahre, das christdemokratische Regime ist konsolidiert, die Kommunisten organisieren die Opposition. Die Geschichte Levis handelt vor allem im Zentrum, die Paveses im ersten Ring der damals plebejischen Peripherie, die heute voll integriert ist, die Pasolinis in den Borgate. Die Schauplätze überschneiden sich nirgends, die sozialen Figuren sind völlig verschieden. Aber man könnte anstatt literarischer auch politische Schauplätze durch Spaziergänge erschließen. Das Rom Garibaldis und der Freischaren, das Rom des antifaschistischen Widerstands, auch wenn ein solcher Ansatz in anderen Städten, Florenz, Mailand usw. viel fruchtbarer ist als in Rom. Bezugspunkte für das Rom des antifaschistischen Widerstandes sind außer die in den Büchern von Pavese und Levi angegeben Orte: das Gefängnis der SS in der Via Tasso (heute Museum), das Gefängnis Regina Coeli, die Via Rasella, wo das Attentat auf die SS-Kompanie stattfand, die Fosse Ardeatine, wo die Geiseln erschossen wurden, das Ghetto, in dem die Judenrazzia stattfand, das Denkmal für den sozialistischen Abgeordneten Matteotti, der von Faschisten 1924 am Tiber in der Höhe der Via Luisa di Savoia ermordet wurde, die Porta San Paolo, wo am 8. September 1943 sich der erste militärische Widerstand gegen die Besetzung durch die Deutschen zeigte, und es wäre nicht uninteressant, an Hand der an zahlreichen Häuser angebrachten Gedenktafeln zu verfolgen, aus welchem sozialen Milieu die erschossenen Widerständler stammten. Material liefert auch Rossellinis Film »Rom offene Stadt« und dert Film von Lizzani »Der Bucklige vom Quarticciolo« über den Widerstand in den Borgate.

Es gibt auch Plätze, die eine ausgeprägte politische Tradition haben. San Giovanni im Lateran ist z.B. seit dem letzten Jahrhundert Aufmarschplatz für die Feiern am 1. Mai. Die wichtigsten Massenkundgebungen des PCI finden dort statt, und ich erinnere mich, wie Longo die Totenrede auf Togliatti mit den Worten begann: »hier auf dem Platz, der Togliatti teuer war…«

Das ist eine Ausnahme. Nur wenige Viertel und wenige Plätze haben in Rom eine eindeutige politische Tradition.

Und die Borgate?

Der Faschismus hat um Rom herum, im freien Land, eine Reihe von Siedlungen gebaut, die die durch die »Altstadtsanierung« obdachlos gewordene Bevölkerung aufnehmen sollten. Das Wort »Borgata« hatte einen eindeutig abwertenden Klang. Die ersten Borgate, z. B. die Garbatella (zwischen EUR und Stadt; U-Bahnstation), waren sehr ordentlich gebaut. Keine lag jedoch an einer Ausfallstraße, und alle lagen in der Nähe eines militärischen Forts des ehemaligen Festungsgürtels oder in der Nähe einer Kaserne der faschistischen Miliz. Es waren also ganz klar Ghettos für die subalternen Klassen. Der Bevölkerungszustrom bereits während des Krieges sprengte die ursprünglich gewollte Isolierung, und nach dem Krieg wird aus den Borgate ein »roter Gürtel«. Rot sind auch einige Volksviertel im Zentrum, Trastevere und Campo di Fiori beispielsweise. Andere Viertel im Zentrum haben z. B. eine republikanische Tradition. Der Sumpf der Christdemokraten und Faschisten deckt sich mit dem Sumpf der ersten, von der Bauspekulation geschaffenen Peripherie. Die christdemokratische Verwaltung auf dem Kapitol war der willfährige Agent der Spekulation des Vatikans und der alten Aristokratie. Das ist aktenkundig. Um wieder zur politischen Farbe der Borgate zurückzukommen, sie ist keineswegs eindeutig. Sicher ist nur, daß es zwei Kräfte gibt, die als Kristallisationspunkte wirken: die Kommunistische Partei und die Pfarreien.
Was heißt heute Sanierung der Innenstadt?
Die linke Stadtverwaltung hat sich dem Problem gestellt. Aber man darf nicht vergessen, daß Sanierungen, die gestern wenig kosteten, heute enorme Summen verschlingen, weil viele Gebäude bewußt vernachlässigt wurden, weil die Eigentümer die Notwendigkeit, sie abzureißen, beweisen wollten. Um Tor di Nona oder Trinità dei Pellegrini wieder beleben zu können, muß die Stadtverwaltung den Preis auch für die Versäumnisse der Vergangenheit bezahlen.

Interview mit Aldo Natoli

Kammerer: Du warst nach dem Krieg 20 Jahre lang Fraktionsführer des PCI im römischen Stadtrat. Wie habt ihr nach der Befreiung das Problem: Rom, eine parasitäre Stadt, angegriffen?

Natoli: Für uns war Rom in erster Linie Hauptstadt der Nation, Bindeglied zwischen dem Süden und dem Norden. Rom war das Symbol der italienischen Einheit. Du darfst nicht vergessen, daß nach der Befreiung im Süden starke separatistische Kräfte wirkten. Wir wollten ein demokratisches Rom und ein produzierendes Rom. Als Rom Hauptstadt Italiens wurde, wurde explizit – man kann das in den Akten des Parlaments nachlesen – beschlossen, aus Rom die Großindustrie fernzuhalten, aus Angst vor dem Proletariat. Rom wurde Hauptstadt Italiens im Jahr der Pariser Kommune. Alle waren sich daher einig gegen eine Industrieansiedlung in Rom: die Regierung, der Papst, die Aristokratie mit ihrem Grundbesitz, die bürgerlichen Grundbesitzer. Die Hauptstadt war eine außerordentliche Gelegenheit, die Grundrente in schwindelnde Höhen zu treiben. Das ging so bis 1907, bis zum Wahlsieg eines »Volksblocks« (blocco popolare), der mit Unterstützung durch Vertreter des fortschrittlichen Bürgertums in der Regierung eine aktive Sozial- und Industriepolitik zu treiben begann. Diese Verwaltung konnte sich nur wenige Jahre halten. Die Spuren ihrer Neuerungen sind jedoch bis heute sichtbar: das Industriegebiet, das Viertel des Testaccio, der soziale Wohnungsbau bei San Saba. Zum ersten Mal gab es einen sozialen Wohnungsbau im Rom! Die Verkehrs- und Versorgungsbetriebe wurden als städtische Betriebe sozialisiert. Gegen die Bodenspekulation wurden Steuern zur Abschöpfung des Wertzuwachses erlassen, und die Enteignungsprozeduren wurden erleichtert, um der Gemeinde zu ermöglichen, selbst über einen Bestand an Grund und Boden zu verfügen. Das war möglich, weil die Regierung Giolitti diese Bestrebungen unterstützte. Der »Volksblock« wollte also eine konsequente Kommunalpolitik betreiben. Das war in hundert Jahren das einzige Mal, daß in Rom eine Verwaltung ernsthaft versucht hatte, die Entwicklung zu einer parasitären Stadt zu stoppen. Diese Verwaltung wurde nach wenigen Jahren gestürzt. Sie hatte sich zu viele Feinde gemacht.

Hat die Politik des Faschismus, die ja auch Rom »modernisieren« wollte, an diese Erfahrungen angeknüpft?

Nein. Der Faschismus, vor allem seine Rom-Politik der 30er Jahre hat nichts mit den Erfahrungen von 1907 zu tun. Motor seiner Rom-Politik ist Mussolinis Konzeption des Römertums (romanità). Daher die Bedeutung, die er dem Verhältnis zum Meer und der Stadterweiterung in Richtung Meer und Ostia zumißt.

Es kam zum Bau der Bahn nach Ostia, dann der Via del mare und später zum Beginn der Arbeiten des EUR. Die Eingriffe in der Innenstadt sollten dem Faschismus Platz schaffen. Das hat nichts mit der Konzeption der Stadtentwicklung der linksliberalen Kräfte vor dem Ersten Weltkrieg zu tun. Den Eingriffen in der Innenstadt entsprach der Bau der Borgate, in die die Bevölkerung zwangsausgesiedelt wurde, nach Primavalle, Tiburtino, Pietralata, Quarticciolo,

... die Garbatella.

Die Garbatella ist eines der besten Viertel dieser Art und wurde gleich zu Beginn des Faschismus gebaut.

Ihr Kommunisten habt den Slogan: Rom – Hauptstadt der Nation, *aufgegriffen, trotz der fast lückenlos negativen Erfahrung 1871–1943?*

1943 war Rom befreit, und im Norden kämpfte man noch. Nach dem Krieg gab es den Separatismus. In dieser Phase war der Begriff »Hauptstadt der Nation« Ausdruck unseres Bedürfnisses nach nationaler Einheit und Demokratie, und unsere Aufgabe bestand darin, gegen die alte Rhetorik in dieser Hauptstadt die neuen Werte zu entwickeln. Wir waren also gegen das Rom der Bürokratie, der Parasiten, der faschistischen Ideologie, der Mystifizierung unserer Kultur und unserer Geschichte. Unser Ziel bestand in der Entwicklung einer demokratischen Bewegung in dieser Stadt. Das war eine ungeheuere Aufgabe. Die Eroberung und Verwandlung der Borgate aus Ghettos in Stadtviertel, in denen Proletarier wohnen und sich organisieren, in denen sie Bewußtsein und Kultur produzieren, in denen sie sich bilden und kämpfen, war für uns von entscheidender Bedeutung. Bereits Ende 1947 war uns das weitgehend gelungen, und im Dezember 1947, als wir bereits aus der Regierung ausgeschlossen waren, konnten wir gegen die Arbeitslosigkeit in Rom einen Generalstreik ausrufen, bei dem die Borgate die Stadt beherrschten. Das hat es in der ganzen modernen Geschichte Roms noch nie gegeben, daß die Proletarier der Peripherie das Zentrum besetzten. Das war der sichtbare Ausdruck unserer Politik. Nicht die abstrakte Verbreitung kultureller Werte, sondern das konkrete Erscheinen von Massen, die die politischen Träger neuer kultureller und demokratischer Werte waren. Die Kommunisten, die von der Verwaltung der Stadt ausgeschlossen waren, begannen die Peripherie zu verwandeln. Die Borgate wurden ein roter Gürtel, wurden rote Festungen. Davon ist aber heute nichts mehr geblieben. Heute sind die Borgate etwas anderes. Sie sind ein kaum mehr zu unterscheidender Teil einer formlos gewachsenen, von der Spekulation beherrschten Häusermasse. Damals waren die Borgate abgeschlossene Ghettos für Proletarier und vor allem für ein Lumpenproletariat, das wir Kommunisten zu organisieren und zu emanzipieren begannen. Wir brachten in das Rom der Verwaltung und der Parasiten die Stimme, und nicht nur die Stimme dieser Klasse. Das war der Sinn unserer Politik. Das Wort vom »demokratischen Rom« hatte also einen sehr konkreten Inhalt, und der Gegenangriff gegen die Demokratie war brutal. Auf unsere Demonstrationen wurde geschossen, die Leute starben für die Demokratie, ich erinnere mich genau, wie die jungen Proletarier getroffen wurden. Wir organisierten den »sciopero alla rovescia«, den Streik mit umgekehrtem Vorzeichen, d.h. die Arbeitslosen nahmen sich Arbeit. Wir stellten Kolonnen zusammen und bauten Straßen, Kanalisierung, Wasserleitungen. Die Polizei verbot uns das, griff uns an und schoß. So bekam diese Stadt der absoluten Herrschaft des Parasitentums zum ersten Mal einen Gegner, der die Kraft besaß, sie in Frage zu stellen.

Es wird mir klar, daß es unmöglich ist, in einem kurzen Gespräch darzulegen, warum diese neue Politik letztlich doch gescheitert ist. Aber könntest du wenigstens einige Anhaltspunkte liefern?

Anfang der 50er Jahre begannen wir die materielle Grundlage, auf der die Macht der Spekulanten beruhte, anzugreifen. Wir knüpften an die Erfahrung von 1907 an, gingen aber auch weiter. Wir begannen mit einer sehr interessanten Untersuchung, die später nicht wieder aufgenommen wurde. Zum ersten Mal machten wir uns ein genaues Bild über die Verteilung des Grundbesitzes. Das Ausmaß der Konzentration überraschte sogar uns. Die Grundbesitzer bilden praktisch ein Oligopol. Es sind etwa 15 große Familien oder Gesellschaften, die Millionen und Abermillionen Quadratmeter kontrollieren.

Insolera zitiert eure Untersuchung (in »Roma moderna«) und faßt das Ergebnis folgendermaßen zusammen: »50 Milllionen (!) Quadratmeter waren im Besitz von 7 Eigentümern.« Und noch eine weitere, wenn auch nur ungefähre Zahlenangabe, die uns interessiert: in der Nachkriegsperiode (1945–1960) betrug die Werterhöhung von Bauland in Mailand 300%, in Genua 500%, in Rom aber 1 000%.

Diese Familien und Gesellschaften kontrollierten alle Flächen, auf denen die Stadt sich ausdehnen konnte, und die Stadtverwaltung war praktisch eine Agentur dieser Eigentümer. Ich erinnere mich genau an die Gesichter der Christdemokraten, als ich, Sprecher der Opposition im Gemeinderat, nachwies, daß der Bürgermeister im Aufsichtsrat einer Immobilienfirma saß, deren Projekt er soeben zur Annahme empfohlen hatte. Du kannst das alles in der damaligen Presse (1953/1954) nachlesen. Wir haben diesen Kampf um die Klarlegung und Modifizierung der Eigentumsverhältnisse zehn Jahre lang geführt, bis ich die Erfahrung machen mußte, daß die Partei in dieser Frage immer mehr zurücksteckte und diesen Kampf nur noch propagandistisch führte. Für uns damals war das aber die zentrale Frage. Wir fragten in erster Linie nach den Eigentumsverhältnissen und nicht – wie man es heute tut – nach ästhetischen Kriterien »harmonischer Stadtplanung«. Wir untersuchten die materielle Basis der Stadtentwicklung. Die Partei hat diese Linie aufgegeben, und vielleicht ist es richtig, daß wir mit der alten Linie keine Erfolgsaussichten hatten. Man muß auch die allgemeinen politischen Verhältnisse berücksichtigen. Das Schlimme ist aber, daß die Partei diesen Kampf, außer in den ersten Jahren, in denen wir auch im Gemeinderat unglaubliche Aktionen unternahmen, nie mehr mit Überzeugung geführt hat. Sie hat diese Linie kampflos aufgegeben. Das ist eine Geschichte, die noch nicht geschrieben ist.

Rom 2000

1. Stadtentwicklung

Die Interviews mit Italo Insolera und Aldo Natoli stammen beide aus dem Jahre 1979 und gehen von der Frage aus, was die Politik tun kann, um die Aushöhlung des historischen Stadtkerns und das Wuchern und Ausufern von Neubauvierteln an der Peripherie zu verhindern oder zumindest zu kontrollieren. Inzwischen hat die Sanierung der Innenstadt insofern Fortschritte gemacht, als die Bausubstanz erhalten und aufgewertet wurde, aber die Bewohnerzahl nahm weiterhin ab. In keiner Großstadt Italiens, auch nicht in Bologna, trotz eines Modellversuchs in den 70er

Jahren, ist es gelungen, historische Stadtkerne zusammen mit der dort ansässigen Bevölkerung zu sanieren. Deren Wegzug war immer Vorbedingung für eine neue und profitable Verwendung des alten. Die Schicht der Einheimischen und Alteingesessenen wird von Jahr zu Jahr dünner, und an ihre Stelle treten Pendler, die in die Stadt kommen, um zu arbeiten, hier aber nicht leben; reiche Leute, die sich ein Leben in der Innenstadt leisten können; die modernen Nomaden von Jugendlichen und Touristen. Eine halbe Stunde auf dem Campo di Fiori, einst die Piazza popolare Roms par excellence, mit Familien, die behaupteten, sie seien schon seit Christi Geburt hier, liefert, ähnlich wie das Ghetto, eine Fülle von Anschauungsmaterial.

Die großen Bauwellen an der Peripherie wurden genährt vom Zuzug aus der Innenstadt und von der Einwanderung einer massenweise entwurzelten Landbevölkerung. Diese »dritte Welt an den Toren Roms« (Pasolini) baute zunächst ihre eigenen Slums, die in den 70er Jahren abgerissen und durch riesige Wohnblocks ersetzt wurden. Ein Beispiel dieser Sanierungs- und Expansionspolitik, die von den linken Stadtverwaltungen getragen wurde, ist das **Corviale** (an der Via Portuense), das ehrgeizige Projekt einer »linearen Stadt«, einer »città-palazzo«, d.h. eines einzigen, 1 000 Meter langen Baukörpers, in dem 8 000 Menschen wohnen. Ein anderes sehenswertes Beispiel ist das Viertel **Tor Bella Monaca**. In dieser Art von Peripherie leben inzwischen 2,5 Millionen Menschen, das entspricht 25 Mittelstädten mit je 100 000 Einwohnern. Doch die urbane Qualität dieser Peripherie hat nichts mit der einer gewachsenen Mittelstadt zu tun und stellt eigene Probleme (dazu: »Rom–Madrid–Athen. Die neue Rolle der städtischen Peripherie«, im Jahre 1993 herausgegeben von Volker Kreibich, Bernhard Krella, Ursula von Petz und Petra Potz, Dortmunder Beiträge zur Raumplanung).

Inhumanität und steigende Mietpreise sind der Grund, warum seit den 80er Jahren die Gesamtbevölkerung Roms abnimmt und Menschen zunehmend außerhalb des riesigen, siebzig Kilometer langen Autobahnrings, der sich um die Stadt gelegt hat, in den kleinen Städten an der Küste (Cerveteri, Ladispoli) oder der Castelli Romani eine neue Lebensqualität suchen, mit dem Ergebnis, daß nun diese Orte aus den Nähten platzen und im Jahrzehnt 1985–1995 ein Bevölkerungswachstum von über 50% verzeichnen. Die Politik, und damit sind wir wieder bei der Ausgangsfrage, beschränkt sich darauf, die Folgeerscheinungen dieser Mobilität zu rationalisieren durch den Bau neuer Verkehrsverbindungen, die Aufwertung der Schienenwege und durch zaghafte kulturelle Sanierungsinvestitionen in den »alten« Neubauvierteln. Einer der großen Verbündeten dabei ist die Zeit. Mit der Zeit wohnen sich die Menschen ein und humanisieren die Zementwüste, und – fast noch wichtiger – es wachsen Bäume und Pflanzen nach, die kleine Oasen bilden. Andererseits haben sich mit der Zeit auch wieder neue Slums der »dritten Welt« gebildet (z.B. längs der Casilina), bewohnt von sonst überall herumgeschobenen Zigeunern und Flüchtlingen der Balkankriege und aus anderen Teilen der Welt. Das große Ziel, daß die Menschen und sozialen Gruppen politisch und sozial handlungsfähig werden und das Wachstum der Stadt quantitativ und qualitativ selbst bestimmen, wurde nicht nur nicht erreicht, es scheint am Ende des alten Jahrtausends fast unerreichbar. Die beiden Interviews aus dem Jahre 1979 sind Dokumente einer Kultur, die sich dieses Ziel gesteckt und den seit den Gracchen schwelenden Streit um die Bodenfrage nicht aufgegeben hat.

2. Das Jubiläum des Jahres 2000

Die durch Kontrolle des Bodens und der Bodennutzung erzielbaren Profite wirken als Determinanten der Stadtentwicklung jedoch in einem größeren Rahmen, dem der eigentlichen Funktion der Stadt Rom. Seit der ersten Modernisierung der Stadt durch den Kaiser Augustus unter dem Slogan Vergils »Tu regere imperium populosque Romano memento« produziert Rom im wesentlichen nur eins: Herrschaft und deren Legitimation. Diesem Ziel dienen nicht nur einzelne, große Bauten, sondern die Gesamtanlage der Stadt, und diesem Produktionszweig sind seit jeher alle anderen untergeordnet. Und wenn die »Rom-Idee«, sei sie national, abendländisch oder katholisch-universal, sich nicht mehr »verkaufen« läßt, steht die Stadt nackt da, als Parasit, prächtig, aber Parasit.

Zu den ehrwürdigen Großveranstaltungen der »Rom-Idee« gehört seit dem Jahre 1300 das »Heilige Jahr«. Bonifaz VIII., der Papst, den Dante wegen seiner käuflichen Machtpolitik in der Hölle sah, hat dieses Jubiläum, das sich alle 25 Jahre erneuert, eingesetzt. Es war eine Zeit, in der große Massen, Erlösung suchend, durch Europa trieben (noch ist die Epoche der Kreuzzüge nicht zu Ende) und zur Jahrhundertwende in Rom einen »vollkommenen Ablaß« für ihre Sünden suchten. Das Ergebnis faßte ein zeitgenössischer Chronist so zusammen: »Im Jubeljahr wuchs der Kirchenschatz sehr an, und alle Römer wurden durch den Handel reich.« Die Apostelgräber erwiesen sich als ein enormes »Kapital«. Die Polemiken, nicht nur die des Martin Luther, sind bekannt. Ein heutiger »Protestant«, Giovanni Franzoni, ehemals Abt von Sankt Paul vor den Mauern, hat zum Jubiläum 2000 einen Aufruf verfaßt, in dem es heißt: »Feiert das Jubiläum zu Hause, in euren Städten, sucht Ruhe für eure Herzen, löst den Gefangenen die Ketten und verzeiht euch gegenseitig Unrecht und Beleidigungen. Laßt die Erde sich ausruhen.« Doch der Vatikan erwartet im Jahr 2000 mehr Pilger in Rom (schätzungsweise 40 Millionen Menschen) als in allen Heiligen Jahren des Jahrtausends zusammen. Und der Betrieb läuft auf vollen Touren. Keine Ruhe für den geplagten Boden.

Die Stadtverwaltung spielt begeistert mit. Denn um ein peripheres Stadtviertel zu sanieren, eine Studentenstadt zu bauen, unbequeme Gebäude abzureißen, Straßen zu beruhigen oder zu verbreitern, neue Verkehrslinien zu erschließen usw., bedarf es in Rom (und nicht nur hier) immer der spektakulären Ereignisse, mit deren Hilfe sich das große Geld leichter seinen Weg bahnt. Die Heiligen Jahre 1950, 1975 und 1983 (eine »Sonderveranstaltung«), die Olympiade von 1960 und die Weltmeisterschaft von 1990 haben jedesmal das Bild der Stadt verändert. Und so wird es im Jahr 2000 wieder sein. Doch darf der Reisende darauf gespannt sein, wie es die Pilger und die Stadt mit der »Frömmigkeit« halten werden.

Die starke Seite der mittelalterlichen »Frömmigkeit« bestand in der Anschauung. Die Reliquien, die Gebäude und Kunstwerke veranschaulichten die Weltgeschichte. Die Pilger sahen und verehrten zum Beispiel allein im **Lateran** (wo diese Zeugnisse zum größten Teil auch heute noch zu sehen sind): Reste der Arche Noah, Dornen des brennenden Dornbuschs, Reste der steinernen Tafeln der zehn Gebote, die Rute, mit der Moses aus dem Felsen Wasser schlug, das Messer der Beschneidung Christi, ein Gerstenbrot der wunderbaren Brotvermehrung, ein Kopftuch Marias, Teile des Tischs vom letzten Abendmahl, das Tuch, mit dem die Mutter Gottes am Kreuz die Scham ihres Sohns verhüllte, die Steinplatte, auf dem die Soldaten die Kleider

Christi verlosten, Splitter des Heiligen Kreuzes usw. usw. Ein wahres Panoptikum der Heilsgeschichte, Vorläufer virtueller Realität.

Wie äußert sich moderne Frömmigkeit und was sucht sie in Rom heute?

3. Das Projekt der Fori Imperiali

Nicht nur die fromme, sondern auch die politisch-ästhetische Vorstellungskraft findet in Rom das Material ihrer Phantasien. Das römische Weltreich war das Modell aller Weltreiche danach, sein Niedergang beschäftigt immer von neuem das Nachdenken über Geschichte. Das Gelände, das das Forum Romanum, den Palatin, die Triumphbögen und die Via Sacra, das Kolosseum und die Via Appia umfaßt, ist das reichhaltigste Bilderbuch der europäisch-mediterranen Geschichte. Dieses größte Ruinenfeld der Antike diente als Steinbruch, Viehweide, Modellbaukasten und Museum. Als letzter benutzte Mussolini es als Kulisse für seine Machtentfaltung. Er ließ im Jahre 1933 quer durch die Kaiserforen eine Paradestraße legen, 850 Meter lang und 30 Meter breit, vom Palazzo Venezia zum Kolosseum. Im Jahre 1978 wurde erstmals die Forderung erhoben, diese Achse für den Autoverkehr, der mit seinen Abgasen die alten Steine buchstäblich auffrißt, zu sperren und durch Ausgrabungen die Einheit der Foren wiederherzustellen. Das Projekt eines riesigen archäologischen Parks im Zentrum von Rom und dieses für die Zukunft prägend, wird bis heute immer wieder vorgelegt, ist in den 20 Jahren von 1978–1998 aber nur in Ansätzen und stückweise verwirklicht worden. Keine Stadtverwaltung hat den Mut gehabt, den Autoverkehr in diesem Gebiet zu untersagen. Die Gegner des Projekts befürchten einen Kollaps des modernen Verkehrs in der Stadt und die Reduzierung des Zentrums auf ein Freilichtmuseum. Die Befürworter hingegen meinen, der autofreie archäologische Park stelle Verhältnisse her, die für das Überleben Roms auch physisch unerläßlich seien, und erschließe für die Zukunft das ganze Potential der Vergangenheit.

Die im Vorwort erwähnte Neuordnung der Museen, die Konfrontation antiker Statuen mit der Maschinenwelt des ehemaligen kommunalen Elektrizitätswerks, der Bau einer Moschee und das Projekt von Renzo Piano für ein neues Konzerthaus bleiben Einzelleistungen, wenn es der Stadt nicht gelingt, ihr Bild an einem solchen Projekt festzumachen. Adriano La Regina, Inspirator der Parkidee und höchster Denkmalschützer Roms, verspricht sich davon auch neue Impulse für die römische Peripherie. Denn der Agro romano war ja nicht nur Weideland, Feld und Malaria, sondern ist, wie die Stadt auch, ein riesiges, archäologisches Gelände, dessen natürliche und historische Schönheit den Neubauvierteln Inhalt und Gesicht geben kann.

P. K.

Caserta und San Leucio

Eine halbe Zug- oder Autostunde von Neapel entfernt finden wir ein für Italien einzigartiges, in der europäischen politischen und Kulturgeschichte hingegen in zahlreichen Exemplaren anzutreffendes und heute zum Tourismus-Objekt »verkommenes« Monument, dessen Typus von zentraler Bedeutung für die vertiefte Erkenntnis des modernen Staates ist: den königlichen Palast von Caserta. Von *Karl III. Von Bourbon*, der 1734 den Thron des Königreiches Neapel bestiegen hatte, 1751/52 begonnen und unter seinem Sohn und Nachfolger *Ferdinand IV.* 1775, also am Vorabend der Französischen Revolution im wesentlichen abgeschlossen, ist die **Reggia di Caserta** der historisch letzte und in nichts seinen großen Vorbildern (Versailles vor allem, aber auch Schönbrunn oder der Würzburger Residenz) nachstehende absolutistische Herrschersitz, in dem sich der moderne Militär-, Verwaltungs- und Machtstaat architektonisch selbst darstellte. Das Königreich Neapel war in Personalunion verbunden mit dem Königreich Sizilien. Ab 1815 heißt es »Königreich Beider Sizilien« und endet mit dem gewaltsamen und plebiszitär bestätigten Anschluß an Italien, 1861.

König Karls Versailles

Es soll hier nicht zu weit ausgeholt werden – aber andererseits ist so etwas wie das Schloß von Caserta (in den Reiseführern immerhin in der Regel mit mindestens einem Stern versehen) ohne Hintergrundkenntnisse bzw. -informationen nichts als eine große Fassade, so wie ein griechischer Tempel oder eine buddhistische Pagode, die wir mit mehr oder minder hilflosem Interesse aus anerzogenem Kultur-Respekt besichtigen.

Als Karl III. (1716 in Madrid geboren, aber in Italien aufgewachsen, weil für ihn zunächst das Herzogtum Toskana vorgesehen war, auf das er durch Abstammung mütterlicherseits einen »Anspruch« hatte) den Thron in Neapel bestieg, standen ihm bereits mehrere Schlösser zur Verfügung: das (noch immer zu besichtigende und eindrucksvolle) **Stadtschloß** von Neapel, das Schloß auf dem **Capodimonte** von Neapel, eines im benachbarten **Portici**, sowie mehrere Landsitze. Ersteres erschien ihm zu eng und schlecht eingerichtet; das nächste architektonisch mißglückt (heute ist dort ein wichtiges Museum untergebracht) und ungesund; Portici lag ihm zu nahe am damals noch gefährlichen Vesuv usw.

Vor allem aber waren dies die Jahrzehnte, in denen überall in Europa über Überleben oder Untergang der absolutistischen Monarchie und der Adelsherrschaft entschieden wurde: würde es der Monarchie gelingen, den Wettlauf um die Modernisierung von Wirtschaft und Gesellschaft zu gewinnen, also dem aufstrebenden Bürgertum durch »Leistungsnachweis« den Rang abzulaufen, oder würde die Aristokratie als Klasse abtreten müssen – zunächst, indem andere Monarchien als die Sachwalter der merkantilistischen Staaten die Konkurrenten schlugen, dann aber indem das Bürgertum seine Herrschaftsansprüche durchsetzte. Die Entscheidung Karls III. war die Entscheidung dafür, aus seinem Königreich einen konkurrenzfähigen, modernen Staat zu machen und diesem Staat einen neuen Mittelpunkt zu geben, ein nicht nur ökonomisch spürbares, sondern zugleich auch sichtbares, den Macht- und Führungsanspruch repräsentierendes neues Zentrum – gewissermaßen (wie sich herausstellen sollte) in letzter Minute. Das aber hieß erstens Auszug aus der Hauptstadt Neapel, zweitens Neubau eines Schlosses, das es mit dem großen Vorbild Versailles aufnehmen konnte, und drittens über das Vorbild von Versailles hinaus, dieses Schloß als Mittelpunkt einer neuen Stadt, die nicht mehr nur Verwaltungssitz, sondern auch Zentrum staatlich geförderter Industrien (der »Manufakturen«) sein sollte.

Die Planung dieses ehrgeizigen Projektes der neuen »Reggia« inmitten der neuen Königsstadt *Villa Reale* wurden einem bereits in Norditalien erfolgreichen Architekten holländischer Abstammung (»van Vittel«) namens *Luigi Vanvitelli* übertragen, der im November 1751 dem König seine Entwürfe – in goldgerahmtem Stich – vorlegte und dem dann auch die Bauleitung übertragen wurde. Die Gegend um Caserta wurde gewählt, weil es in einer fruchtbaren, zum Meer hin offenen Ebene lag und ein reiches bewaldetes hügeliges Hinterland hatte, in dem König

Caserta

Karl gerne jagte. Schon im Januar 1752 wurde in feierlicher Zeremonie der Grundstein gelegt (die silbernen Einweihungsgeräte, Hammer und Kelle, ließ Vanvitelli später in der Kirche »dei Filippini« in Rom, Piazza della Chiesa Nuova, deponieren, wo sie noch heute zu sehen sind). Mehr als 6,7 Millionen Dukaten sollte das Ganze schließlich kosten bzw. über einen Zeitraum von mehr als 40 Jahren durchschnittlich 3,6% des Staatshaushaltes in Anspruch nehmen.

Während die geplante *Villa Reale*, die neue Königsstadt, nicht mehr realisiert wurde und nur noch in den Entwürfen existiert (ihre Verwirklichung wurde von den Ereignissen der Französischen Revolution bzw. von den republikanischen Aufständen in Neapel und der Restauration danach verhindert), können wir heute »nur« noch den gewaltigen Palast selbst und den ebenso gigantischen Park dahinter »bewundern«, an den sich die neue Stadt Caserta mit ihren billigen Wohnblocks herangefressen und beide bis zur Unkenntlichkeit des ursprünglichen urbanistisch-politischen Projekt überwuchert hat. Aber auch das bereits lohnt den Besuch.

Das architektonische Herzstück ist zweifellos die Treppenanlage im Zentrum des Palastkomplexes, »der Musterbau dieser Art, keines der berühmten Treppenhäuser in Palästen Italiens kann mit ihm wetteifern« (Gregorovius). Nicht zufällig stammt der Begriff vom »Treppenhaus« selbst aus der Zeit der barocken Schloßbauten, wo dieser immer zentral angelegte Ort gewissermaßen die Bühne für das Hofzeremoniell und die Rangordnung der Aristokratie abgab: wie weit und ob überhaupt der Hausherr einem Gast entgegenkam oder ihm zum Abschied begleitete – die Treppenanlage erlaubte es, gesellschaftliche und politische Stellungen nuanciert, aber doch zugleich unmittelbar wahrnehmlich zum Ausdruck zu bringen. Es gibt aus der Zeit eine relativ umfangreiche Zeremonialliteratur, die eben die Empfangsetikette differenziert kodifiziert, und der wichtigste Schauplatz dafür war eben das Treppenhaus, oftmals – wie auch im Falle Casertas – größer angelegt als der eigentliche Audienzsaal. Die zur Verbindung zwischen den Stockwerken dienenden Treppen sind demgegenüber unsichtbar bzw. in den Eckgeschossen untergebracht, weshalb das bedienstete Personal extrem lange Wege zu machen hatte – allerdings war es eher die Ausnahme als die Regel, daß dieses Personal den Palast überhaupt verließ: die Dienstbotenzimmer im Dachgeschoß gleichen einer Kloster- oder richtiger einer Kasernenanlage innerhalb des Palasts selbst. Alles in allem verfügt das Gebäude über 1 217 Zimmer, ungleich auf sechs Stockwerke verteilt. Mit einer Breite von 253 und eine Tiefe von 202 Metern umfaßt das überbaute Areal eine Fläche von fünf Hektar. Beim jüngsten Erdbeben von 1980 hat der Palast kaum gelitten: seine Erbauer-Ingenieure hatten wohlweislich die Grund- und alle tragenden Mauern zusätzlich mit Ketten gegeneinander verankert.

Über die Funktion der zu besichtigenden verschiedenen Säle des Schlosses unterrichtet der an Ort und Stelle erhältliche Bilder-Führer. In diesem erfährt man u.a. auch, daß die 117 Treppenstufen aus einem einzigen Steinblock gehauen wurden, der aus Trapani (Sizilien) stammt. Was der Führer jedoch u.a. nicht erwähnt, ist, daß nicht nur dieser riesige Block, sondern so gut wie alle Materialien und alle Einrichtungen systematisch nur aus Landesprodukten des Königreiches bestanden. Wie alle »guten« absolutistischen Herrscher waren auch die Bourbonen mehr oder minder loyale Anhänger des Merkantilsystems, demzufolge ein Land sich soweit wie möglich manufakturell autark machen sollte: möglichst viel exportieren und möglichst wenig importiern. So wie die Franzosen, die Österreicher oder die Preußen versuchten auch die Bourbonen-Herrscher ihre Wirtschaft »von oben« zu stimulieren, d. h. nicht nur die Landwirtschaft zu modernisieren (das gelang in der Regel nur geringfügig), sondern vor allem auch neue Gewerbe (Manufakturen) ins Leben und ins Land zu rufen. Der Beweis für den Erfolg solcher Modernisierungspolitik wurde u.a. darin gesehen, daß Caserta »aus eigenen Mitteln« entstand. Die geplante Königsstadt »Villa Reale« sollte dementsprechend keineswegs nur oder auch nur vorwiegend eine Verwaltungsstadt werden, auch kein Handelszentrum (dafür waren die Hafenstädte Neapel und Palermo bereits da), sondern vor allem eine Gewerbestadt.

Die Entwicklung der Produktivkräfte im Kapitalismus hatte, jedenfalls in ihrer Ursprungsphase, immer auch eine ästhetische Dimension. Eine ihrer Ausdrucksformen (vorangegangen war dem ein neuartiges Naturverständnis: Natur als Gegenstand künstlerischen Weltverständnisses in der Renaissancemalerei zum Beispiel) war im 18. Jahrhundert die Unterwerfung der Natur, d. h. der Landschaft, unter rationale, ordnende Prinzipien – die »Humanisierung der Natur«, ihre Formierung nach rationalen Maßstäben.

Aus diesem Geist wurde der barocke Park geboren mit seinen geometrischen Formen, den beschnittenen Hecken und Bäumen, den abgezirkelten Wegen, den Wasserspielen und den in Kaskaden gebändigten Elementen. Der Park ist ein integraler Bestandteil jedes absolutistischen Palasts – nicht nur als eine weitere Bühne für das Zeremoniell aristokratischer Selbstdarstellung und Rang-Differenzierung wie im Fall des Treppenhauses, sondern darüber hinaus auch als Darstellung dessen, daß der Mensch Herr über die Natur sei. In Caserta ist dieser Park in seiner ganzen, geradezu überdimensionalen Größe erhalten, entworfen entlang einer Achse eines stufenförmigen »Kanals« von drei km und endend in einer Kaskade, die ihrerseits gespeist wird vom eigentlichen technischen Wunderwerk (seiner Zeit) des ganzen Palastbaues, nämlich einem 42 km langen Aquädukt (einschließlich durchbohrter Berge und Talüberquerungen von klassischem Zuschnitt.

Wenn es von Versailles heißt: »In seiner landschaftsprägenden Form und Ausdehnung mit der kanonischen Abfolge von Parterre, Boskett und scheinbar in die Unendlichkeit verlaufendem großen Kanal ist ein modellhafter Gesamtkomplex organisierter Naturbewältigung geschaffen, dessen Vorbildlichkeit bis zum Ende des 18. Jahrhunderts unangefochten bleiben sollte, als die sogenannte ›englische‹ Gartenmode einen diametral entgegengesetzten Parkstil einführte« (Bentmann/Lickes, *Europäische Paläste*), dann gilt das uneingeschränkt auch für Caserta. Allerdings mit dem Zusatz, daß der englische Park – gewissermaßen als »Appendix«, seitlich zum geometrischen Teil – seinen Einzug hier bereits gehalten hat: Caserta wurde ein knappes Jahrhundert nach Versailles geschaffen, die englische Mode hatte nicht nur als »Mode« ihren Einzug gehalten, sondern englisches Kapital, englisches Know-how waren Teil der Modernisierungsstrategie der Bourbonenmonarchie geworden (vgl. die Geschichte des Marsala-Weins im Sizilien-Kapitel).

Wenn wir den barocken Schloßpark und seine Auflösung in den englischen Landschaftspark etwas zugespitzt interpretieren und lesen wollen, so kann man sagen: Naturbeherrschung in geometrischer Strenge als die ästhetische Ausdrucksform der Durchsetzung des Kapitalismus, d. h. rationales Wirtschaften »von oben«, als monarchistisch-absolutistische Modernisierungsstrategie; die neue Mode des Englischen hingegen als beginnende (nur erst ästhetische) partielle Kapitulation vor der Bourgeoisie, der die politische Kapitulation dann nachfolgen sollte. Allerdings ist auch in Caserta der dominierende Eindruck der des barocken Parks, in dem ein geordnetes irdisches Paradies (für die Herrschenden) sinnlich wahrnehmbare Gestalt annehmen sollte – ein irdisches Paradies zugleich mit dem Anspruch der Universalität bzw. der Globalität: exotische Pflanzen und Tiere aus aller Welt (die Unterhaltung des einzigen Pelikans kostete, 1770–1799, jährlich 49,20 Dukaten an Fleisch und 180 Dukaten für den Pfleger, während ein Richter jährlich 370 Dukaten, ein Archivar 150 Dukaten und ein Arzt 110 Dukaten kosteten), Fasanerie, Zwinger, Marstatt und eine Spielzeugburg – La Castelluccia – gehörten mit dazu. Kurz, ein Park wie der von Caserta sollte gelesen werden als ein Modell von Welt und Gesellschaft, das uns zwar heute fremd und exotisch vorkommt, aus dessen Trümmern wir jedoch noch immer unsere Kleingärten, Einfamilien-Idyllenhäuser – zumindest als verkommenen Traum einer heilen Welt – errichten.

Gregorovius, der scharfsinnige Beobachter vor 1866, bemerkte zu Caserta: »Es ist das Genie der Prosa, ein geheimnisloser nackter Verstand, ins Große gehend.« Und er fügte angesichts der schon damals funktionslos gewordenen gewaltigen Palast-Ruine hinzu: »Die Zeit hält in bestimmten Epochen ihr Scherbengericht, dem nichts entrinnen kann ... Sie raubt den Denkmälern der Architektur, die einst lebensvolle Produkte der menschlichen Gesellschaft waren, das Bedürfnis der Gegenwart, welches ihre Seele ist, und sie zerfallen dann, wie ein toter Körper zerfällt.« Aus Caserta ist ein Museum geworden. Richtig betrachtet, ist es ein Museum unserer eigenen Gegenwart, in dem wir uns wiedererkennen können – um von dieser Größe Abschied zu nehmen: Abschied aber damit auch von einer bestimmten Art von Naturbeherrschung, die wir heute erkennen können als selbstzerstörerische Natur-Vergewaltigung.

Wir können aber Caserta auch erfahren als Monument einer Klasse – der letzten, die sich offen als zur Herrschaft berufen erklärte und entsprechend darstellte –, von der uns chronologisch nur 200 Jahre, bewußtseinsmäßig aber Lichtjahre trennen. Und das schon seit hundert Jahren, wenn wir etwa *Flaubert* folgen wollen: »Endlich gingen sie in das Parkparterre hinunter, von dem aus man mit einem Blick die breiten gelben Alleen, die Rasenvierecke, die Heckenbänder aus Buchs, die Taxuspyramiden, das tief herabhängende Laubwerk und die langen, schmalen Beete übersehen konnte, auf deren grauer Erde die dünngesäten Blumen wie Flecken wirkten. Wo der Garten endete, tat der Park sich auf, der seiner ganzen Ausdehnung nach von einem langen Kanal durchschnitten wird. Die Wohnsitze der Könige haben eine ganz eigentümliche Melancholie, die wohl von ihren im Verhältnisse zur geringen Anzahl ihrer Bewohner viel zu großen Ausmaßen, von dem Schweigen, das nach all den Fanfaren von einst nur um so befremdlicher wirkt, und von der Starrheit dieses Prunks herstammen mag, der durch sein Alter die Vergänglichkeit der Herrschergeschlechter und die ewige Erbärmlichkeit aller Dinge erweist. Und dieser Hauch der Jahrhunderte, der betäubend und totenhaft wie Mumiengerüche ist, wird selbst den schlichten Gemütern merklich. Rosanette gähnte maßlos.« (Aus: *Die Erziehung des Herzens*)

Aber selbst der Zeitgenosse *Goethe*, der Caserta im März 1787 (am Vorabend der Französischen Revolution) besuchte – vor allem, um seinen Malerfreund Hackert dort zu treffen, der eine Anstellung am Hofe hatte –, bemerkte, das große Schloß sei »ein ungeheurer Palast, escorialartig, ins Viereck gebaut, mit mehreren Höfen; königlich genug. Die Lage außerordentlich schön auf der fruchtbarsten Ebene von der Welt, und doch erstrecken sich die Gartenanlagen bis ans Gebirge. Da führt nun ein Aquädukt einen ganzen Strom heran, um Schloß und Gegend zu tränken, und die ganze Wassermasse kann, auf künstlich angelegte Felsen geworfen, zur herrlichsten Kaskade gebildet werden. Die Gartenanlagen sind schön und gehören recht in eine Gegend, welche ganz Garten ist. Das Schloß, wahrhaft königlich, schien mir nicht genug belebt, und unser einem können die ungeheuren leeren Räume nicht behaglich vorkommen. Der König mag ein ähnliches Gefühl haben, denn es ist im Gebirge für eine Anlage gesorgt, die, enger an den Menschen sich anschließend, zur Jagd- und Lebenslust geeignet ist.«

Und wiederum knapp einhundert Jahre nach Goethe – zur Zeit des Flaubert – beobachtete *Gregorovius* (1866): »Das Schloß Caserta konnte schwerlich durch das Leben des neapolitanischen Hofs jemals ganz erfüllt werden; es hätte dazu des Glanzes der spanischen oder französischen Monarchie bedurft. Bald genug, nach dem Ausbruche der Französischen Revolution, wurde dieser ungeheure Palast das sorgenvolle Sanssouci des Könighauses unter Stürmen von Empörung, Krieg und Restauration voll quälerischer Despotenfurcht und schlaflosem Argwohn. Heute ist hier alles tot und leer. Die langen Reihen der Fenster sind mit grauen Jalousien geschlossen; kein Kerzenlicht flimmert aus den Prunksälen am Abend; kein Ton erschallt, keine Karosse fährt durch das hohe und prachtvolle Portal. Nur zwei Soldaten unter Gewehr wandeln dort auf und ab. Sind sie die respektvolle Ehrenwache für ein großes Monument der geschichtlichen Vergangenheit, welche die Gegenwart ausgelöscht hat? Nein! Sie hüten dies unbrauchbar gewordene Bauwerk für den neuen Besitzer, welcher wahrscheinlich niemals dort wohnen wird ...«

Kurz: Caserta ist der Schwanengesang der absolutistischen Monarchie, zur Zeit seiner Vollendung bereits überholt von der bürgerlichen Revolution und doch zugleich diese noch für Jahrzehnte, ja bis in unsere Gegenwart hinein konditionierend; Bauwerk und Park, Treppe und Kulisse mögen unbrauchbar geworden sein, aber der hier architektonisch und gestalterisch formulierte Anspruch von Naturbeherrschung einerseits und hierarchisch organisierter, verstaatlicher Gesellschaft andererseits ist noch lange nicht überwunden.

Denn – und das führt uns gewissermaßen hinter die Schloßfassade – diese absolutistische Monarchie in der Zeit der aufstrebenden Bourgeoisie produzierte auch eine utopische Dimension, die auch heute noch weit davon entfernt ist, praktisch überwunden zu sein: hier in Gestalt der Siedlung **San Leucio**.

Absolutistische Utopien: König Ferdinands Musterstadt

Der Ort liegt einige Kilometer oberhalb des Schloßparks, gewissermaßen am äußersten Winkel jenes gewaltigen Areals, das Karl III. 1750 zum Zwecke seines neuen Regierungs- und Herrschaftszentrums unter einem juristischen Vorwand von einem Gegner der Bourbonenmonarchie hatte enteignen lassen. Karl III. verließ 1759 den Bourbonenthron, weil er das Amt des spanischen Monarchen aus Gründen der dynastischen Nachfolge zu übernehmen hatte; Nachfolger wurde sein Sohn Ferdinand, der sich dieses **San Leucio** schuf – jene »Anlage«, von der Goethe wohl hatte reden hören, ohne sie aber zu besichtigen. Gregorovius hingegen, sozialgeschichtlich interessiert und informiert, wollte den Ort kennenlernen, wurde aber »durch die Briganten, welche dort streifen« daran gehindert.

Gregorovius fährt an der zitierten Stelle fort: »Diese bourbonischen Ritter vom Busch waren auch schuld, daß ich nicht zu der alten Stadt Caserta heraufgelangte. Sie liegt nämlich mehrere Millien entfernt auf einem felsigen Höhenzuge über der modernen Stadt, halb in Ruinen, doch nicht ganz verlassen.« Heute ist **Caserta Vecchia** wieder belebt, restauriert, so als sei das Mittelalter in seiner ganzen steinernen Unschlächtigkeit stehengeblieben, und man findet hier einige ganz hervorragende (wenn auch nicht gerade billige) Trattorien und Restaurants.

Vermutlich muß die Geschichte der Sozialutopien »von oben«, d. h. der aus einer Mischung von Effizienzüberlegungen und klassentranszendierenden Projektionen entstandenen (kurzlebigen) Projekte von »neuer Gesellschaft« unter dem Dach absolutistischer Monarchien erst noch geschrieben werden.

Karl III. z. B., nach Spanien abberufen, setzte dort nicht nur seine urbanistisch-architektonischen Vorhaben fort (als solcher soll er sich wohl einen gewissen Namen in der spanischen Geschichte gemacht haben), sondern er gründete auch in modernisierend-modernistischer Absicht neue Siedlungen (ab 1775), wohin er deutsche Bauern, flämische Handwerker und französische Emigranten einlud, denen er günstige Arbeits- und Eigentumsbedingungen anbot. Diese merkantilistisch-pragmatische

Entwicklungspolitik hatte übrigens ihr Pendant in den Kolonialexperimenten der großen Jesuiten-»Staaten« in Paraguay (die dann wegen Ketzerverdachts aufgelöst wurden). Die Projekte Karls III. in Spanien scheiterten am Widerstand sowohl des Klerus als auch des traditionalen Adels, denn Karl hatte versucht, die neuen Ansiedlungen von der Kirchensteuer, der täglichen Messe etc. zu befreien, damit sie sich nur der Produktion und damit dem Wohle des Staats widmen könnten; 1776 schlug der Große Inquisitionsrat zu und beendete diese monarchische Modernisierungspolitik.

Man muß diesen Hintergrund präsent haben, um das Experiment des Sohnes Ferdinand in San Leucio zu verstehen: aus ähnlichem Geist geboren, aber gewarnt durch die Erfahrungen des Vaters in Spanien, schuf der italienische Bourbone sich hier eine ganz private Experimentierkolonie, in die – als (gewissermaßen) sozialer Privatzoo des Monarchen – der Klerus und auch die staatliche Bürokratie nichts hineinzureden hatten.

Dem Inhalt nach – bzw. ökonomisch betrachtet – ging es um den Aufbau einer der vielen gewerblichen Aktivitäten, denen sich jeder gute, merkantilistisch gebildete Monarch jener Zeit widmete; in diesem Falle war es die Weberei (nicht zuletzt zur Herstellung von Stoffen für den Palast von Caserta selbst, aber auch für den äußeren Markt, um Devisen zu erwirtschaften), wofür Experten »eingekauft«, »angeheuert« werden mußten. So weit, so gut – der Große Kurfürst von Brandenburg hatte mit den verfolgten Hugenotten kaum anderes getan. Das Besondere von San Leucio liegt in dem bereits erwähnten Charakter als private Sozialutopie des Königs: denn wer hierher kam, der trat in eine nach den Vorstellungen einer aufklärerisch-idealen Gesellschaft konstruierte, ganz und gar artifizielle Gemeinde ein.

Das Ganze begann mit dem Ausbau des (noch heute, wenn auch verwahrlost, existierenden) **Belvedere** oberhalb der Jagdzone des Parks und der Anlage von einigen Webstühlen, die mit dem Wasser aus dem Großen Aquädukt betrieben werden konnten. 1789, also im Jahr der Französischen Revolution, erließ Ferdinand IV. für diese Handwerker- bzw. Arbeitersiedlung einen speziellen Gesetzeskodex, umgab das Anwesen mit einer festen Mauer und erklärte es zur Königlichen Kolonie, also nur ihm, dem Monarchen, persönlich unterstehend. Zu diesem Zeitpunkt wohnten hier 214 Menschen, aus denen er den Kern nicht nur einer einmaligen Zukunftsstadt, Ferdinandopolis, sondern auch das Modell für weitere Arbeitersiedlungsstädte zu machen hoffte, die gesellschaftlich konfliktfrei zum höheren Wohle von Monarchie und Staat Nützliches produzieren sollten. Als Schöpfer einer Gemeinde von freien, religiös gläubigen, staatstreuen und zugleich einander gleichen und untereinander solidarischen Menschen wollte Ferdinand mit Ferdinandopolis in die Geschichte eingehen, aus dem noch vom Vater zum bloßen Jagdrevier bestimmten Gelände etwas gesellschaftlich Produktives schaffen – die drohende bürgerliche Revolution vorwegnehmend, bzw. hoffend, sie vermeiden zu können.

In den nach einheitlichem Plan geschaffenen Wohnhäusern, deren baulicher Kern aus einem großen Wohn-Arbeitszimmer mit dem Webstuhl bestand, sollten Menschen als Freie und Gleiche leben: einheitliche Kleidung für alle, vom Staat kostenlos zur Verfügung gestellt; völlige Freiheit der Partnerwahl für die Ehe und staatliche Mitgift für das neue Paar, freie Wohnung – die Erstausstattung z. T. von der Königin persönlich besorgt (englische Stiche an der Wand, um den Arbeitern »guten Geschmack« beizubringen); freie Schulbildung; gesicherte Altersversorgung; kostenlose ärztliche Versorgung, einschließlich einer Klinik, sowie die Gratis-Beerdigung; Gemeindeeigentum der Arbeitsinstrumente, d. h. der Webstühle; alle gesellschaftlichen Konflikte geregelt durch einen in freier und geheimer Wahl (der Familienoberhäupter, d.h. der Männer) auf ein Jahr gewählten Ältestenrat von fünf Mitgliedern; obligatorische Ausbildung in technisch-handwerklichen Berufen für Männer und Frauen gleichermaßen; bei notwendigen Reisen außerhalb des streng kontrollierten und abgeschlossenen Gemeinwesens (Verwandtenbesuch, Pilgerfahrten, medizinische Kuren) Beihilfen durch die Gemeindekasse; Neuaufnahmen nach vielmonatiger, z.T. jahrelanger Probezeit. Entsprechend entwickelte sich unter den Einwohnern ein Kastengeist, von dem es heißt, er sei noch heute zu spüren – jedenfalls hat er das Experiment selbst um Jahrzehnte überdauert. Die Zahl der Gemeindemitglieder blieb entsprechend lange Zeit relativ konstant, nämlich bei ca. 700 Menschen um die Jahrhundertwende.

Die hier hergestellte Seide – ca. 30 cm pro Tag und Webstuhl! – erfreute sich, wie es heißt, hoher Qualität, und man produzierte nicht primär für einen ständig steigenden Profit, sondern war mit dem erreichten Lebensstandard und dem relativ kostspieligen, weil gleichberechtigten und zeitaufwendigen Arbeitsstil eher zufrieden. Niemand konnte entlassen und kein Webstuhl stillgelegt werden, nur weil etwa nicht genügend Aufträge da waren; am erbitterten Widerstand der Gemeinde scheiterte darum später der Versuch des inzwischen der Sache überdrüssig gewordenen Staats (Ferdinand war 1825 gestorben), das ganze Projekt einem kommerziellen Unternehmen zu verkaufen: als »eine Industrie, zum ausschließlichen Nutzen einer Masse von undisziplinierten und arbeitsscheuen Arbeitern geschaffen«, so denunzierte 1828 der staatliche Kommissar in einem Bericht das zum Waisenkind gewordene Experiment einer aufgeklärten Utopie – die Revolution war gescheitert, die Restauration begann sich voll durchzusetzen. Aber die S. Leucianer haben noch bis in die ersten Jahre der italienischen Einheit hinein (d. h. auch nach der Auflösung der Bourbonenmonarchie) ihre örtliche Autonomie und Produktion verteidigt – erst 1866 gilt als das offizielle »Todesjahr«.

Wir sind gewöhnt, eines der großen italienischen Probleme, nämlich das des unterentwickelten Südens, einem historischen Zurückbleiben oder Zurückgebliebensein hinter dem Norden, hinter den Errungenschaften der frühen Stadtrepubliken und Handels- bzw. Handwerksstädte in der Toskana, der Lombardei, dem Piemont etc. zuzuschreiben. Daran ist vieles wahr und richtig. Es ist aber auch wahr und richtig, daß in der zweiten Hälfte des 18. und noch bis zu Beginn des 19. Jahrhunderts hier im Süden, unter der politisch nicht gerade liberal sich gebenden Bourbonenmonarchie von aufgeklärten Intellektuellen, von Ökonomen, Architekten, Ingenieuren und Agronomen der alles andere als unbedeutende Versuch gemacht wurde, ein eigenes Entwicklungsmodell zu entwerfen. San Leucio, das als Projekt ein Kind der neapolitanischen Ökonomen ist (einem von diesen, *Gaetano Filangieri*, begegnen wir noch im Neapel-Kapitel), mag für König Ferdinand nur eine Art Spielzeug gewesen sein, wo er sich – in der Einheitskleidung der Gleichen – populär und modern geben konnte; es war in der Intention seiner intellektuellen Väter aber doch sehr viel mehr.

»Das bourbonische Projekt«, so heißt es im Katalog einer 1977

San Leucio gewidmeten Ausstellung (die bezeichnenderweise in Mailand stattfand), »hatte zwei grundlegende Ziele: erstens die Verwandlung Neapels aus einer Konsumstadt in ein Produktionszentrum, und zwar mittels Dezentralisierung der wichtigsten Industriezonen an die Randgebiete (wodurch auch eine weitere Verstopfung der Hauptstadt aufgehalten werden sollte), und zweitens die Organisation und produktive Aufwertung der umgebenden Gebiete, und zwar in einer Verbindung von Landwirtschaft und Industrie, die den Bevölkerungsdruck von Neapel erleichtern, wenn nicht gar aufheben sollten. Dem Stadt-Staat setzten die Bourbonen das Konzept vom Stadt-Territorium entgegen – eine Thematik, die erst sehr viel später, genauer: ein Jahrhundert später, ins Zentrum der Planungsdiskussionen rücken sollte.«

Vieles von dem, soweit Architektur und urbanistische Planung das überhaupt erkennen lassen können, kann man noch heute in den Straßen, den eigenartigen Häuserreihen und dem Belvedere, aber auch durch einen Blick ins Innere von Höfen und Gebäuden wiedererkennen – San Leucio ist den Abstecher wert, den Gregorovius vor hundert Jahren wegen der »Banditen« nicht hatte machen können.

Die Kehrseite der Medaille

Zwei historische Notizen seien jedoch noch angefügt. Die eine betrifft König Ferdinand: der Eindruck, es habe sich hier um einen fortschrittlichen Monarchen gehandelt, ist richtig und falsch zugleich, denn auch ein Projekt wie dieses war natürlich nur zur höheren Ehre des monarchisch regierten Staats gedacht, nicht aber als Vorstufe zu einer wirklichen Gesellschaft der Freien und Gleichen. Derselbe Ferdinand fand nichts dabei, die von der Französischen Revolution ermutigten republikanischen Revolutionäre von Neapel nach der militärischen Liquidierung ihrer »Parthenopeischen Republik« selbstverständlich aufknüpfen zu lassen und seinen Staat zum Musterstaat auch der konterrevolutionären Restauration im Sinne Metternichs und des Wiener Kongresses zu machen.

König Ferdinand II. von Neapel:
»Ich sehe mit Befriedigung, daß in meiner guten Stadt Neapel allmählich alles wieder vollkommen ruhig wird.«
Radierung von Honoré Daumier

Die zweite Notiz betrifft noch einmal das Schloß von Caserta selbst. Auf der riesigen Baustelle arbeiteten 1753–1799 regelmäßig zwischen 1 000 und 3 000 Arbeiter, einschließlich Aufseher und Wachpersonal; die Arbeitszeit war 7–20 Uhr im Sommer, 7–17 Uhr im Winter. Wenn wir uns fragen, warum der Gesamtbau dennoch so relativ billig war (s. o.), so liegt das nicht nur an den niedrigen Arbeitslöhnen als solchen, sondern vor allem daran, daß zwischen einem Drittel der Arbeiter zu Beginn und zwei Drittel gegen Ende der Bauarbeiten aus regelrechten Sklaven bestanden. Die Mehrheit dieser Sklaven waren Türken, die von der königlichen Flotte entweder beim Kampf gegen die Mittelmeerpiraten gefangengenommen oder aber ganz legal in der Levante eingekauft worden waren. Die Flotte muß damals systematisch das östliche Mittelmeer zu diesem Zweck durchgekämmt haben, und Karl III. nahm persönlich Anteil am Türkenhandel, eben weil dieser ihm Sklaven einbrachte. Schwer bewacht von speziellen Armeeaufsehern durften sie nicht einmal zur Essenspause ihre Ketten ablegen, mit denen jeweils zwei von ihnen aneinandergefesselt waren – dieses Privileg genossen nur die christlichen Sklaven.

Außerdem war auf der Baustelle auch noch eine nicht unbeträchtliche Zahl von Zwangsarbeitern – Zuchthäuslern – beschäftigt; man möge das bei der Bewunderung für den Bau und seine Architekten, aber auch bei einer reflektierenden Betrachtung über die Fundamente solcher Staatssymbolik, wie sie ein neuzeitlicher Palast darstellt, mit in Rechnung stellen.

E. K.

Neapel

Wer nicht mit dem Zug (schöne Landschaften) oder auf der Autobahn fährt, sondern statt dessen unterwegs z. B. baden will, nimmt von Rom kommend entweder die **Via Appia** oder fährt durch das EUR auf die **Pontina**. Die beiden Straßen treffen sich in **Terracina**, der ehemaligen Grenze des Kirchenstaates zum Königreich Neapel.

Ich fahre auf der Pontina durch das Industriegebiet bei Pomezia (mittlere, moderne Betriebe, z. T. Niederlassungen von Multis) in das Gebiet der **pontinischen Sümpfe**, an deren Rand auch die Appia am Fuß der Berge entlangführte. Bis 1809 waren die Sümpfe im Besitz des Vatikans und der großen Adelsfamilien; Napoleon verkaufte die kirchlichen Güter und unterstützte den privaten Besitz des Groß- und Kleinadels. Die Päpste hatten mehrere Anläufe unternommen, um die im Altertum fruchtbare, aber jetzt malariaverseuchte und nur als Jagd und Weide genutzte Ebene zu entsumpfen.

In den Jahren 1927–1935, unter dem Faschismus, erfolgten die Trockenlegung und der Bau neuer Städte: **Latina** 1932 (1936 bereits 18 000 Einwohner, 1975 ca. 80 000 Einwohner), **Sabaudia** (1934), **Aprilia** (1936) und andere. Links von Latina, am Fuß des Gebirges, unweit von Sermoneta, liegt die im frühen Mittelalter verlassene Stadt **Ninfa** inmitten einer herrlichen Parkanlage. (Der Besuch empfiehlt sich sehr, Eintrittskarten muß man sich vorher in Rom im Palazzo Caetani in der **Via Botteghe Oscure** beim Pförtner oder in Ninfa selbst besorgen; die Anlage ist nur in der Zeit April–Oktober am jeweils ersten Samstag/Sonntag im Monat zu besichtigen.)

Rechts von Latina führt eine Straße ans Meer zum **Circeo**, dem Berg der homerischen Circe: Dünen, Lagunen, Büffel, Richtung Circeo Bodenspekulation, der wunderbare Hang der ehemaligen Insel wurde mehrmals Opfer von Brandstiftungen, ähnlich wie auch seit 1934 unter Naturschutz gestellte Baumbestände der Ebene. Verbrannte Erde als Vorbedingung rücksichtslosen Bauens.

Über Terracina, **Sperlonga**, **Gaeta**, immer dem Meer entlang, zuerst auf der **Via Flacca**, dann auf der **Domitiana**, überall Reste von Landschaften und Altertümern. Vorbei am Averner See, über **Pozzuoli** und die **flegräischen Felder** nach Neapel.

Erster Blick über Neapel

Um rascher ins Zentrum zu kommen, kann man bereits bei Pozzuoli die gebührenpflichtige Autobahntangente befahren. Auch wer von der *Autostrada del Sole* kommt, wird auf diese *Tangenziale* geleitet, die im Rücken Neapels die ehemaligen Weinberge, Hügel und Schluchten durchschneiden, also jene Landschaft, die wegen ihrer Aussichten auf den Golf, die Inseln, den Vesuv und wegen ihrer üppigen Vegetation zu den schönsten der Welt gehörte. Die Tangente sollte man unbedingt in Ruhe und mit Verstand befahren, sie bietet einen Schlüssel zum Verständnis Neapels. Ihre Baugeschichte ist eine Enzyklopädie der Korruption und Verschwendung (Kosten ca. 500 Mio. DM), und doch wurde das Werk fertig, faszinierend in seiner unverschämten Häßlichkeit. Vor allem führt es wie eine Sonde durch die verschiedenen Schichten der neapolitanischen Landschaft, deren ehemalige Gestalt wir mit Hilfe kümmerlicher Fragmente rekonstruieren können. Diese Rekonstruktion hat nur Sinn ohne billige Nostalgie als Vorbedingung zum Verständnis Neapels und seiner Bevölkerung, als Anhaltspunkt für Überlegungen über das Verhältnis dieser Stadt und ihrer Bevölkerung zur Natur. Dieses Verhältnis befindet sich in einer dramatischen Krise, die längst keine Privatsache des neapolitanischen Volkes mehr ist.

Die Tangente konfrontiert uns unmittelbar und massiv mit diesem Problem, aber klar wurde mir das erst, als ich – noch vor dem Eintritt in die Stadt – direkt von der Tangenziale nach **Camaldoli** hochfuhr. Vom Belvedere des Klosters oder von einem unterhalb liegenden Belvedere (458 m) soll man, direkt über dem Vulkangebiet der flegräischen Felder, den schönsten Blick über Baiä, die Bucht von Pozzuoli, die Inseln und die Stadt haben. Alle Reiseberichte sind übereinstimmend hymnisch, selbst in den neueren Ausgaben des Touring Club Führers wird mit Lob nicht gespart. Bis ich die richtige Straße fand, irrte ich mehrmals durch unbeschreibliche Häuser- und Landschaftstrümmer, zwischen Weinbergen und Abfallhaufen. Oben im Kloster meldete sich niemand, über einen kleinen, verwachsenen Pfad ging ich zu dem unterhalb liegenden, baufälligen Belvedere. Ich stöberte ein Liebespärchen auf und sah als Panorama ein Horrorbild des modernen Neapel mit Stadion, Mietskasernen und Industrie, während trotz des natürlich erscheinenden Meers Zweifel in mir keimten, ob diese Landschaft wirklich einmal eine der schönsten Europas gewesen sei. An den Büschen, die den schmalen Pfad zum Belvedere bestanden, hingen Papierfetzen und Präservative, wie um das Vorurteil auszustreuen, daß die ganze Naturvernichtung einfach dem Schmutz und der Barbarei der Neapolitaner zuzuschreiben sei. Diese Achtlosigkeit, ja Feindseligkeit gegen die Natur steht in einem schreienden Gegensatz zur geradezu chinesischen Sorgfalt, mit der die Bauern in der Campagna felix, im Land um Neapel, jeden Fetzen Boden terrassieren, bewässern, mit Strohmatten und Bambus vor Wind und Hagel schützen und mit der auch die Neapolitaner selbst ihre Stadt mit einer ausgedehnten Gartenlandschaft umgeben hatten. Gerade Neapel war berühmt als Beispiel eines glücklichen, natürlichen Verhältnisses von Stadt und Land, und es ist bemerkenswert, wie sehr dieses Verhältnis in sein Gegenteil umgeschlagen ist.

Spaziergang in Neapel: Albergo dei Poveri – Via Antonio Abate – Porta Capuana – Via Forcella – Spaccanapoli

Die alte prachtvolle Einfahrt in die Stadt führt direkt auf ein riesiges Armenhaus, das **Albergo dei Poveri**, zu. Das war natürlich keine Ironie, sondern ein sozialpolitisches Programm, und Stendhal notiert beeindruckt: »Das ist etwas anderes als diese so gerühmte Bonbonniere der Porta del Popolo in Rom.« Der »gute König Karl« hat 1751 während der neapolitanischen Reformzeit und Aufklärung den riesigen Bau begonnen, um in ihm die Alten, die Waisen, die Krüppel und die Vagabunden zu sammeln und aufzunehmen. Das Werk ist nur zu einem Fünftel vollendet. Die 350 Meter lange Fassade hätte 600 Meter lang werden sollen.

Die Zahl der völlig Mittellosen wurde damals auf 8 000 geschätzt. Im Jahre 1820 wohnten 2 000 Menschen in diesem Hospiz, das seit dem Erdbeben von 1980 zugemauert ist. Der »gute König Karl« dachte aber auch an sich und begann 1752 die ebenso riesig geplante Sommerresidenz **Caserta**, die im Gegensatz zum Armenhaus fertiggestellt wurde.

Neapel war bis zum Beginn des 20. Jahrhunderts die größte Stadt Italiens und eine der volkreichsten Europas. 1880 hatte Neapel etwa eine halbe Million Einwohner (Köln 250 000, Frankfurt 150 000, Mailand 220 000). Heute hat die Stadt 1,5 Millionen Einwohner und die Provinz 3 Millionen. In der Provinz Neapel leben 2 000 Einwohner auf einem Quadratkilometer (Provinz Mailand 1 100, Provinz Rom 520), in der Stadt Neapel schwankt die Bevölkerungsdichte um 10 000, erreicht aber auch in bestimmten Vierteln 80 000 Einwohner pro Quadratkilometer, nimmt also indische Ausmaße an. Für Malthusianer ist Neapel eine Fundgrube (Malthus machte das Wachstum der Bevölkerung für Hunger und Elend verantwortlich), und ich erinnere mich an einen von mir verehrten deutschen Professor, der durch Neapel lief und verzückt immer wieder ausrief: »Troppi bambini, troppi bambini!« Unser Spaziergang führt uns direkt in das Volksgewühl, in den »Bauch von Neapel« (*Il ventre di Napoli* ist die 1884 von Matilde Serao geschriebene, erste moderne Reportage über das dem »zivilisierten Italien« völlig unbekannte, geheimnisvolle Innenleben dieser Stadt).

Von der **Piazza Carlo III** vor dem Albergo dei Poveri führt die **Via Foria** zum Nationalmuseum und zur **Via Toledo**, zur »Hauptstraße« Neapels (unter dem Faschismus hieß sie Via Roma, bis sie in den 90er Jahren wieder ihren alten, spanischen Namen erhielt). Der **Corso Garibaldi** geht zum Bahnhof. Beide Straßen gehören zu den Schneisen, die zur Erschließung und Sanierung der Altstadt gebahnt wurden, als die Cholera 1884 zahlreiche Todesopfer forderte und dem Fortschritt eine Bresche schlug. Im spitzen Winkel, den die beiden Straßen an der Piazza Carlo III bilden, befindet sich die **Via Antonio Abate**, in der sich morgens, wie in vielen anderen Straßen auch, ein großartiger Markt entfaltet mit einem so reichhaltigen Angebot an Nahrungsmitteln aller Art (neben allen Variationen von Obst und Gemüse finden sich auch die Stände mit Kutteln, Zitronen,

Miesmuscheln, Kokosnüssen, Schweinsdärmen, alles unter tropfendem und fließendem Wasser oder unter grünen Zweigen), daß die Malthusianer eigentlich entsetzt sein sollten. Ursprünglich hatte jede Ware ihren eigenen Lockruf, und die Bevölkerung orientierte sich an diesen Rufen, um von den zahlreichen ambulanten Händlern Kaffee, Kräuter, Fisch, Obst oder Blumen zu kaufen.

Die Via S. Antonio Abate hat eine der letzten noch relativ gut erhaltenen Geräuschkulissen Neapels, und Neapel ist die letzte europäische Großstadt, in der die menschliche Stimme als Kommunikationsmittel über Hinterhöfe und Gassen hinweg eine Rolle spielt. Diese Geräuschkulisse ist im Abbruch. Der Verkehr löscht die Stimmen, moderne Geschäfte verschlucken die Schreier, und die Industrie schluckt das Handwerk und die Pizzabäcker. Dokumentarisch mindestens teilweise festgehalten ist diese Geräuschkulisse in den Totò-Filmen, die in den 50er Jahren als billige Klamaukfilme in Neapel für den süditalienischen Markt hergestellt wurden. *Totò* gilt heute als der größte Komiker Italiens, eine Mischung von Chaplin und Valentin. Als er 1967 starb, trauerte das Italien zwischen Rom und Palermo. Man sollte keine Gelegenheit versäumen, seine Filme zu sehen (»San Giovanni decollato«, »Totò a colori«, »L'oro di Napoli«, mit S. Loren, De Sica etc.).

Vom Ende (von der Stadt her gesehen vom Beginn) der Via A. Abate ist es nicht weit zur **Porta Capuana**, eines der wenigen großen Monumente im an auffallender Architektur armen Neapel. Gregorovius sieht die »architektonische Unterschiedlichkeit, ja völlig Unbedeutendheit Neapels« im Zusammenhang mit dem »Unbestand und Wechsel flüchtiger Herrschaften« und mit der »Bestimmungslosigkeit des Volksgeistes für irgendeine kulturgeschichtliche Aufgabe«. Die »Lebendigkeit der Sinne« und die »heitere Lebensentfaltung« fänden in Neapel ihren adäquaten Ausdruck in der Musik (Scarlatti, Pergolesi, Cimarosa). Solche Theorien machen mich skeptisch. Wenige Straßen weiter zwingt mich jedoch der Markt der **Via Forcella** mit seinem massiven Musikangebot, die Sache zu überdenken.

Auf der Via Forcella kann man angeblich alles kaufen bzw. bestellen (flinke Diebe führen die Bestellung aus). Es gibt geschmuggelte Zigaretten und Feuerzeuge (der Gewinn besteht in der Ersparnis der erheblichen Steuerbelastung, die auf diesen Artikeln ruht. Der Schmuggel wird von Kapitalgesellschaften mit modernen Mitteln betrieben, lediglich der Endverkauf auf der Straße ist in der Hand der kleinen Leute), Uhren, Pistolen und angeblich auch Handgranaten. Aber es gibt vor allem Platten und Musikkassetten. In welcher anderen Stadt wäre diese natürliche Verbindung von Musik und Kriminalität möglich? In den 80er Jahren hat der Rauschgifthandel und die massenhafte Verbreitung von Drogenabhängigkeit unter den Halbwüchsigen die ganze »Szene« verdorben und in das Zerstörung gewohnte Volksleben eine bisher nie gekannte, möglicherweise irreversible Kaputtheit gebracht.

Im Kino an der Via Forcella, im Teatro 2000 an der Via Garibaldi und in anderen Kinos und Theatern wurden bis Ende der 80er Jahre während der Saison von Dezember bis April, die *»Sceneggiate«* gespielt, Musicals aus dem Volksleben, die immer nach dem gleichen Schema ablaufen: der Sohn, der, um seine Ehre, die seiner Braut oder sonst etwas zu retten, mit dem Gesetz in Konflikt kommt, die eigentlichen Schufte werden nicht von der Polizei, sondern vom Sohn zur Strecke gebracht, der Sohn wird unter den Augen der Mutter verhaftet und stirbt im Gefängnis, die Mutter erscheint ihm im Traum vor seinem Tod. Die Hauptfiguren sind also Mutter, Sohn und das Gesetz. Zur Sceneggiata gehören das zentrale Lied, ein großer Star und das Publikum, das ständig die Handlung kommentiert. Die großen Stars der Sceneggiata (Mario Merola, Pino Mauro etc.) werden von den kleinen Leuten der neapolitanischen Elends- und Unterwelt angehimmelt. Ihre Platten gibt es mit wenigen Ausnahmen nur in Neapel und in reicher Auswahl in der Via Forcella. Auf der Welle der Folklore hat Merola erstmals im Winter 1977/78 eine Sceneggiata auch in Mailand aufgeführt. Riesiger Erfolg. Bezeichnenderweise war in dieser Exportaufführung die »Verherrlichung von Gewalt« abgeschwächt, und auch der Polizist weinte. Nach dem Erdbeben verschwanden plötzlich die soeben noch populär gewesenen Sceneggiate, die kulturellen Ansprüche veränderten sich, aber Revivals sind immer möglich.

Im Frühjahr und Sommer singen die großen und kleinen Stars auf den Volksfesten der einzelnen Stadtviertel. Zu den berühmtesten gehört das Fest des Viertels Sanità und das des Viertels Mercato (**S. Maria del Carmine**). Hintergrund und Dynamik dieser Feste sind nicht leicht zu verstehen. Die Gefahr, daß man vor lauter Exotik den tollsten Theorien über »die« Neapolitaner aufsitzt, sollte man einkalkulieren.

Von den neapolitanischen Liedern, die wir als »typisch« im Ohr haben, gibt es zwei Arten: das volksliedhafte Kunstlied und das eigentliche Volkslied. Beide Arten sind beliebt und überall auf Platten zu haben. Als Orientierungshilfe ein paar Namen: *Roberto Murolo, la Nuova Compagnia die Canto Popolare, Concetta und Beppe Barra* und als moderne Weiterentwicklung die Musicals von *Roberto De Simone*. Das volksliedhafte Kunstlied war die romantische Antwort auf den Niedergang der Stadt in der zweiten Hälfte des letzten Jahrhunderts. Aus der ehemaligen Hauptstadt eines bedeutenden Königreichs war eine provinzielle, im wirtschaftlichen Abstieg begriffene Stadt geworden, mit einem Bürgertum, dessen parasitäre Rolle immer deutlicher hervortritt und dessen Funktionslosigkeit bitteren Witz (Totò), sentimentale Melancholie (die Canzone, das Lied) und resigniertes Psychologisieren erzeugt (das Theater von *Eduardo De Filippo* hat frappante Ähnlichkeit mit Wiener Kleinbürgergeschichten). 1898 entsteht »o sole mio«, und je rascher der soziale Auflösungsprozeß und die mit ihm verbundenen Phänomene Auswanderung und Raubbau an der Natur vor sich gehen, desto eindringlicher besingen die großen Sänger Gigli, Schipa und Caruso die Sonne und das Meer. Die Stabilisierung des Bürgertums durch den Faschismus steht zumindest indirekt im Zusammenhang mit dem Weiterleben und der Blüte der Canzone in den 20er Jahren. Es entstehen in dieser Zeit »Lacreme napulitane« (1925), »Penzammo 'a salute« (1928) und andere, die zu den heute unbekanntesten, aber auch schönsten neapolitanischen Liedern gehören. Später bemächtigt sich dann der Schlager der Canzone und treibt an diesem Liedgut seinen industriellen Raubbau, aber immer noch, zumindest bis in die 50er Jahre, mit einem Minimum an handwerklicher Qualität. »Guaglione«, »Che lalà che lalà« gehören zu diesen erfolgreichen neapolitanischen Schlagern.

Neben dem Werk populärer professioneller Dichter und Musiker, die auf das Volkslied als Rohmaterial zurückgreifen und es in einer raffinierten Form »aufheben« (im Doppelsinn von bewahren und ersetzen), lebte, noch bis in die 60er Jahre, immer fragmentarischer und funktionsloser, das eigentliche Volkslied. Ende der 50er Jahre begannen linke Zirkel in Norditalien (Gianni Bosio, Istituto De Martino u.a.) eine bewußte und systematische Auseinandersetzung mit volkstümlichen und mit den sie überlagernden, bürgerlichen Ausdrucksformen. Gips wurde abgeklopft, Ausdruckspotential freigelegt, Inhalte kamen zum Vorschein. Wo keine klare politische Linie hinter diesen Arbeiten stand, gerieten sie zur archäologischen Restauration, z.T. mit erheblichen ästhetischen Reizen und daher auch kommerziell verwendbar. Vom Volk, aber ohne Volk. Concetta Barra hat noch die Volkslieder als Volkslieder gesungen, die Nuova Compagnia di Canto Popolare hat in ihren Anfängen solche Lieder im Hinterland von Neapel gesammelt und verwendet sie heute kommerziell (auf bestem Niveau), Roberto De Simone, der zu den Gründern der Compagnia gehörte, entwickelte das von ihm gesammelte Volksliedgut als Kunstform weiter, unter Anlehnung an die Opera Buffa und andere Kunsttraditionen der neapolitanischen Musik.

Die Via Forcella mündet auf die **Via Viccaria Vecchia**. Hier befinden wir uns auf einer Achse, die das alte Neapel kerzengerade bis zum »**spanischen Viertel**« am Fuße von **S. Elmo** durchläuft und deshalb *Spaccanapoli* (spaccare heißt spalten) genannt wird. Ihre Anlage geht noch auf die griechische Zeit zurück. Um diese Achse hat sich schon immer das neapolitanische Volksleben gedreht, an ihr befinden sich aber auch, in jener Symbiose von reich und arm, die die vorkapitalistischen Städte kennzeichnet, bedeutende Paläste und Kirchen wie **San Domenico Maggiore**. Das Kloster **Santa Chiara** (mit den wunderschönen Normannengräbern und dem Majolica-Kreuzgang, einer der wenigen grünen Oasen mitten in der Stadt) und gegenüber die barocke Kirche **Gesù Nuovo,** ein prächtiger Bau der Gegenreformation und Ort einer sehenswerten, zeitgenössischen Heiligenverehrung (des Arztes Giuseppe Moscati) im Seitenflügel.

In der Nähe von **S. Chiara**, an jenem Teil der Achse, die hier **Via Benedetto Croce** heißt, wohnte im Palazzo Filomarino (Haus Nr. 12) der Historiker und Philosoph *Benedetto Croce* (1866–1952). Ein Mann wie Croce, der selbst inmitten dieses Volkes lebte, sah in der Volkskultur nur einen, wenn auch oft bizarren und phantastischen Reflex der Kultur der herrschenden

Oberschicht. Er sah in ihr weder Eigenständigkeit noch einen antagonistischen Charakter zur Kultur der Herrschenden, die sich mit der Ausbreitung von Zivilisation und Fortschritt der ganzen Welt bemächtigt.

In seinen Betrachtungen *Der Straßendeklamator in Neapel* (1828) reflektiert ein aufmerksamer Reisender wie Waiblinger darüber, daß die Zeit der spontanen Volkskultur zu Ende geht. In Neapel wird das »niedere Volk« noch eine Zeitlang »viel nationellen Charakter erhalten, während die konventionelle Bildung nach und nach alle höheren Stände, die Einwohner von Rio de Janeiro, Timbuktu, Tübingen und Tapobrane gleichmacht«, und es ist abzusehen, »daß in fünfzig Jahren der trasteverinische Minente Brustbinden und Manchesterwams, der Lazzarone die Matrosenmütze und Kapotte ablegt und sich kleidet wie seinesgleichen in Berlin und Wien«.

Pasolini – und natürlich nicht nur er – hat nicht die fortschrittliche, sondern die andere Seite dieser Kulturvernichtung hervorgehoben. Sein »Volk der Borgate«, die Plebs, der popolo romano der Innenstadt, sein Universum konkreter Völker, »der friulische Bauer, der neapolitanische Dieb, der lombardische Arbeiter, der griechische und arabische Bauer, der katalanische oder jugoslawische Arbeiter« (in: *Freibeuterschriften*) ist zusammen mit der es tragenden Kultur vernichtet bzw. in »entwickelte Länder« deportiert worden.

In Neapel erleben wir in diesen Jahren wie in keiner anderen europäischen Stadt sonst die Endphase eines solchen Kampfs, der überall da weitergeht, wo die Volkskultur noch Widerstandspotential bewahrt gegen die Ausquartierung der Bevölkerung aus dem alten Wohn- und Lebenszusammenhang. Daß aber die alte Lebensweise ebenso wie die alte Volkskultur, so wie sie sind, unhaltbar geworden sind, auch dafür bietet Neapel das beste Beispiel. Wo liegt also die Alternative zur ersatzlosen Vernichtung von Ausdrucksfähigkeit, die den von seiner Kultur expropriierten Arbeiter und die kaputte »Szene« gleichermaßen kennzeichnet? Ein Spaziergang durch die Viertel der Spaccanapoli bietet komplexes Anschauungsmaterial zur Diskussion dieser Fragen und keineswegs nur einen Blick in eine Kiste voller »nationaler Eigentümlichkeiten«.

Goethe zur Wirtschaftsstruktur der Stadt

Goethe hat über die Stadt Neapel und die in ihr herrschende wirtschaftliche Tätigkeit und Arbeitsteilung eine sehr ausführliche empirische Untersuchung unternommen. Ausgehend von einem, vor allem Deutschen lieben Vorurteil, die Neapolitaner seien faul (das auch in seinem damaligen Reiseführer, dem Volkmann, nicht fehlt), untersucht er die Industrie (wirtschaftliche Tätigkeit) der niederen Volksklasse und hebt hervor: wie differenziert sich die Klassenstruktur auch im Erscheinungsbild der Menschen zeigt; den hohen Spezialisierungsgrad im Dienstleistungsbereich; Kinderarbeit; die produktive Verwendung von Abfällen im Stoffwechsel von Stadt und Land; die wirtschaftliche Rolle der Natur, die mit ihrem Reichtum die Lebenshaltungskosten und damit den Wert der Arbeitskraft sehr niedrig hält. Ich möchte diese Untersuchung ausführlich wiedergeben, nicht wegen einer Marotte für Goethe. Durch genaues Beobachten entdeckt Goethe mehr als ein Heer von Sozialwissenschaftlern mit ihren »wissenschaftlichen« Methoden.

»Den 28. Mai 1787
Der gute und so brauchbare Volkmann nötigt mich, von Zeit zu Zeit von seiner Meinung abzugehen. Er spricht zum Beispiel, daß dreißig- bis vierzigtausend Müßiggänger in Neapel zu finden wären, und wer spricht's ihm nicht nach! Ich vermutete zwar sehr bald nach einiger erlangter Kenntnis des südlichen Zustandes, daß dies wohl eine nordische Ansicht sein möchte, wo man jeden für einen Müßiggänger hält, der sich den ganzen Tag ängstlich abmüht. Ich wendete deshalb vorzügliche Aufmerksamkeit auf das Volk, es mochte sich bewegen oder in Ruhe verharren, und konnte zwar sehr viel übelgekleidete Menschen bemerken, aber keine unbeschäftigten.

Ich fragte deswegen einige Freunde nach den unzähligen Müßiggängern, welche ich doch auch wollte kennen lernen; sie konnten mir aber solche ebensowenig zeigen, und so ging ich, weil die Untersuchung mit Betrachtung der Stadt genau zusammenhing, selbst auf die Jagd aus.

Ich fing an, mich in dem ungeheuren Gewirre mit den verschiedenen Figuren bekannt zu machen, sie nach ihrer Gestalt, Kleidung, Betragen, Beschäftigung zu beurteilen und zu klassifizieren. Ich fand diese Operation hier leichter als irgendwo, weil der Mensch sich hier mehr selbst gelassen ist und sich seinem Stande auch äußerlich gemäß bezeigt.

Ich fing meine Beobachtungen bei früher Tageszeit an, und alle die Menschen, die ich hie und da still stehen oder ruhen fand, waren Leute, deren Beruf es in dem Augenblick mit sich brachte.

Die Lastträger, die an verschiedenen Plätzen ihre priviligierten Stände haben und nur erwarten, bis sich jemand ihrer bedienen will; die Kalessaren, ihre Knechte und Jungen, die bei den einspännigen Kaleschen auf den großen Plätzen stehen, ihre Pferde besorgen und einem jeden, der sie verlangt, zu Diensten sind; Schiffer, die auf dem Molo ihre Pfeife rauchen; Fischer, die an der Sonne liegen, weil vielleicht ein ungünstiger Wind weht, der ihnen auf das Meer auszufahren verbietet. Ich sah auch wohl noch manche hin und wider gehen, doch trug meist ein jeder ein Zeichen seiner Tätigkeit mit sich. Von Bettlern war keiner zu bemerken als ganz alte, völlig unfähige und krüppelhafte Menschen. Je mehr ich mich umsah, je genauer ich beobachtete, desto weniger konnt' ich, weder von der geringen, noch von der mittleren Klasse, weder am Morgen, noch den größten Teil des Tages, ja von keinem Alter und Geschlecht eigentliche Müßiggänger finden.

Ich gehe in ein näheres Detail, um das was ich behaupte glaubwürdiger und anschaulicher zu machen. Die kleinsten Kinder sind auf mancherlei Weise beschäftigt. Ein großer Teil derselben trägt Fische zum Verkauf von Santa Lucia in die Stadt; andere sieht man sehr oft in der Gegend des Arsenals, oder wo sonst etwas gezimmert wird, wobei es Späne gibt, auch am Meere, welches Reiser und kleines Holz auswirft, beschäftigt, sogar die kleinsten Stückchen in Körbchen aufzulesen. Kinder von einigen Jahren, die nur auf der Erde so hinkriechen, in Gesellschaft älterer Knaben von fünf bis sechs Jahren, befassen sich mit diesem kleinen Gewerbe. Sie gehen nachher mit den Körbchen tiefer in die Stadt und setzen sich mit ihren kleinen Holzportionen gleichsam zu Markte. Der Handwerker, der kleine Bürger kauft es ihnen ab, brennt es auf seinem Dreifuß zu Kohlen, um sich daran zu erwärmen, oder verbraucht es in seiner sparsamen Küche.

Andere Kinder tragen das Wasser der Schwefelquellen, welches besonders im Frühjahr sehr stark getrunken wird, zum Verkauf herum. Andere suchen einen kleinen Gewinn, indem sie Obst, gesponnenen Honig, Kuchen und Zuckerware einkaufen und wieder als kindische Handelsleute den übrigen Kindern anbieten und verkaufen; allenfalls, nur um ihren Teil daran umsonst zu haben. Es ist wirklich artig anzusehen, wie ein solcher Junge, dessen ganzer Kram und Gerätschaft in einem Brett und Messer besteht, eine Wassermelone, oder einen halben gebratenen Kürbis herumträgt, wie sich um ihn eine Schar Kinder versammelt, wie er sein Brett niedersetzt und die Frucht in kleine Stücke zu zerteilen anfängt. Die Käufer spannen sehr ernsthaft, ob sie auch für ihr klein Stückchen Kupfergeld genug erhalten sollen, und der kleine Handelsmann traktiert gegen die Begierigen die Sache ebenso bedächtig, damit er ja nicht um ein Stückchen betrogen werde. Ich bin überzeugt, daß man bei längerem Aufenthalt noch manche Beispiele solches kindischen Erwerbes sammeln könnte. Eine sehr große Anzahl von Menschen, teils mittlern Alters, teils Knaben, welche meistenteils sehr schlecht gekleidet sind, beschäftigen sich, das Kehricht auf Eseln aus der Stadt zu bringen. Das nächste Feld um Neapel ist nur ein Küchengarten, und es ist eine Freude zu sehen, welche unsägliche Menge von Küchengewächsen alle Markttage geschafft wird, und wie die Industrie der Menschen sogleich die überflüssigen, von Köchen verworfenen Teile wieder in die Felder bringen, um den Zirkel der Vegetation zu beschleunigen. Bei der unglaublichen Konsumtion von Gemüse machen wirklich die Strünke und Blätter von Blumenkohl, Broccoli, Artischocken, Kohl, Salat, Knoblauch einen großen Teil des neapolitanischen Kehrichts aus; diesen wird denn auch besonders nachgestrebt. Zwei große biegsame Körbe hängen auf dem Rücken eines Esels und werden nicht allein ganz voll gefüllt, sondern noch auf jeden mit besonderer Kunst ein Haufen aufgetürmt. Kein Garten kann ohne einen solchen Esel bestehen. Ein Knecht, ein Knabe, manchmal der Patron selbst, eilen des Tages so oft als möglich nach der Stadt, die ihnen zu allen Stunden eine reiche Schatzgrube ist. Wie aufmerksam diese Sammler auf den Mist der Pferde und Maultiere sind, läßt sich denken. Ungern verlassen sie die Straße, wenn es Nacht wird, und die Reichen, die nach Mitternacht aus der Oper fahren, denken wohl nicht, daß schon vor Anbruch des Tages ein emsiger Mensch sorgfältig die Spuren der Pferde aufsuchen wird. Man hat mir versichert, daß ein paar solche Leute, die sich zusammen tun, sich einen Esel kaufen und einem größeren Besitzer ein Stückchen Krautland abpachten, durch anhaltenden Fleiß in dem glücklichen Klima, in welchem die Vegetation niemals unterbrochen wird, es bald so weit bringen, daß sie ihr Gewerbe ansehnlich erweitern. Ich würde zu weit aus meinem Wege gehen, wenn ich hier von der mannigfaltigen Krämerei sprechen wollte, welche man mit Vergnügen in Neapel, wie in jedem anderen großen Orte bemerkt: allein ich muß doch hier von den Herumträgern sprechen, weil sie der letztern Klasse des Volks besonders angehören. Einige gehen herum mit Fäßchen Eiswasser, Gläsern und Zitronen, um überall gleich Limonade machen zu können, einen Trank, den auch der Geringste nicht zu entbehren vermag; andere mit Kredenztellern, auf welchen Flaschen mit verschiedenen Liqueuren und Spitzgläsern in hölzernen Ringen vor dem Fallen gesichert stehen; andere tragen Körbe allerei Backwerks, Näscherei, Zitronen und anderes Obst herum, und es scheint, als wolle jeder das große Fest des Genusses, das in Neapel alle Tage gefeiert wird, mitgenießen und vermehren.

Wie diese Art Herumträger geschäftig sind, so gibt es noch eine Menge kleine Krämer, welche gleichfalls herumgehen und ohne viele Umstände, auf einem Brett, in einem Schachteldeckel ihre Kleinigkeiten, oder auf Plätzen, geradezu auf flacher Erde, ihren Kram ausbieten. Da ist nicht von einzelnen Waren die Rede, die man auch in größeren Läden fände, es ist der eigentliche Trödelkram. Kein Stückchen Eisen, Leder, Tuch, Leinewand, Filz usw., das nicht wieder als Trödelware zu Markte käme und das nicht wieder von einem oder dem anderen gekauft würde. Noch sind viele Menschen der niederen Klasse bei Handelsleuten und Handwerkern als Beiläufer und Handlanger beschäftigt.

Es ist wahr, man tut nur wenige Schritte, ohne einem sehr übelgekleideten, ja sogar einem zerlumpten Menschen zu begegnen, aber dieser ist deswegen noch kein Faulenzer, kein Tagedieb! Ja ich möchte fast das Paradoxon aufstellen, daß zu Neapel verhältnismäßig vielleicht noch die meiste Industrie in der ganz niedern Klasse zu finden sei ...

Gewiß würde in unsern Gegenden ein zynischer Philosoph schlecht ausdauern, da hingegen in südlichen Ländern die Natur gleichsam dazu einladet. Der zerlumpte Mensch ist dort noch nicht nackt; derjenige der weder ein eigenes Haus hat, noch zur Miete wohnt, sondern im Sommer unter den Überdächern, auf den Schwellen der Paläste und Kirchen, in den öffentlichen Hallen die Nacht zubringt und sich bei schlechtem Wetter irgendwo gegen ein geringes Schlafgeld untersteckt, ist deswegen noch nicht verstoßen und elend; ein Mensch noch nicht arm, weil er nicht für den andern Tag gesorgt hat. Wenn man nur bedenkt, was das fischreiche Meer, von dessen Produkten sich jene Menschen gesetzmäßig einige Tage der Woche nähren müssen, für eine Masse von Nahrungsmitteln anbietet; wie allerlei Obst und Gartenfrüchte zu jeder Jahreszeit in Überfluß zu haben sind; wie die Gegend, worin Neapel liegt, den Namen Terra di Lavoro (nicht das Land der Arbeit, sondern das Land des Ackerbaus) sich verdienet hat und die ganze Provinz den Ehrentitel der glücklichen Gegend (Campagna felice) schon Jahrhunderte trägt: so läßt sich wohl begreifen, wie leicht dort zu leben sein möge. Überhaupt würde jenes Paradoxon, welches ich oben gewagt habe, zu manchen Betrachtungen Anlaß geben, wenn jemand ein ausführliches Gemälde von Neapel zu schreiben unternehmen sollte; wozu denn freilich kein geringes Talent und manches Jahr Beobachtung erforderlich sein möchte. Man würde alsdann im ganzen vielleicht bemerken, daß der sogenannte Lazzarone nicht um ein Haar untätiger ist als alle übrigen Klassen, zugleich aber auch wahrnehmen, daß alle in ihrer Art nicht arbeiten um bloß zu leben, sondern um zu genießen, und daß sie sogar bei der Arbeit des Lebens froh werden wollen. Es erklärt sich hierdurch gar manches: daß die Handwerker beinahe durchaus gegen die nordischen Länder sehr zurück sind; daß Fabriken nicht zustande kommen; daß außer Sachwaltern und Ärzten, in Verhältnis zu der großen Masse von Menschen wenig Gelehrsamkeit angetroffen wird, so verdiente Männer sich auch im einzelnen bemühen mögen; daß kein Maler der neapolitanischen Schule jemals gründlich gewesen und groß geworden ist; daß sich die Geistlichen im Müßiggang am wohlsten sein lassen, und auch die Großen ihre Güter meist nur in sinnlichen Freuden, Pracht und Zerstreuung genießen mögen.

Ich weiß wohl, daß dies viel zu allgemein gesagt ist, und daß die Charakterzüge jeder Klasse nur erst nach einer genauern Bekanntschaft und Beobachtung rein gezogen werden können, allein im ganzen würde man doch, glaube ich, auf diese Resultate treffen ...«

Die Via Chiaia vom Königspalast und der Oper **S. Carlo** zur großen Strandpromenade (**Riviera di Chiaia, Via Caracciolo**) war die eleganteste Straße Neapels und führte aus der Stadt in die Landschaft der Promenaden und Villen. Im **Palazzo Cellamare** an der Via Chiaia haben Goethe, Angelika Kauffmann, Hackert und andere Künstler als Gäste gewohnt. Gleich um die Ecke, am Beginn der heutigen **Via Filangieri** wohnte in einem bescheidenen Palast Gaetano Filangieri, den Goethe besuchte und von dem er am 5. März 1787 schreibt: »Von einem trefflichen Manne, den ich diese Tage kennen gelernt habe, muß ich kürzlich das allgemeinste erwähnen. Es ist Ritter Filangieri, bekannt durch sein Werk über die Gesetzgebung. Er gehört zu den ehrwürdigen jungen Männern, welche das Glück der Menschen und eine löbliche Freiheit derselben im Auge behalten.«

Gaetano Filangieri (1752–1788) hatte 1781 ein aufklärerisches Standardwerk über die politischen Zustände im Königreich Neapel *La scienza della legislazione* veröffentlicht und war einer der Wegbereiter der Revolution von 1799, die er selbst nicht mehr erlebte, an der aber seine Frau und seine Kinder aktiv teilnahmen. Die Revolution scheiterte (die vier Löwen am Fuße der Säule auf der **Piazza dei Martiri** erinnern an die vier Revolutionen Neapels), und die »ehrwürdigen jungen Männer« wurden als Extremisten verbannt, in den Kerker geworfen, manche zum Tode verurteilt (unter letzteren auch einige Frauen, die eine bedeutende Rolle gespielt hatten). Bei seinem Nachdenken darüber, wie eine vernünftige Gesetzgebung auszusehen habe, war Filangieri von einer Analyse der wirtschaftlichen und sozialen Lage des Königreichs ausgegangen und kam zu ähnlichen Ergebnissen wie andere neapolitanische Aufklärer (der Abbè Galiani, Antonio Genovesi, Giuseppe Maria Galanti usw.): die feudalen Besitzverhältnisse entsprechen nicht mehr den Bedingungen einer vollen Entfaltung der Produktivkräfte. Die Stagnation der Landwirtschaft und die Konzentration der Verwaltung, Dienstleistungen und Manufakturen in der Stadt verschärfen die Trennung von Stadt und Land und blockieren schließlich die Entwicklung sowohl der Stadt als auch des Landes.

»Jedes Land braucht eine Hauptstadt. Aber wenn das Haupt

zu rasch wächst und sich in ihm alles Blut staut, wird der Körper hinfällig und verfault ... Die Menschen folgen dem Gold wie die Fische der Wasserströmung. Sie verlassen die Landwirtschaft, um dahin zu gehen, wohin der Reichtum fließt. Wenn die Grundbesitzer in die Stadt ziehen und ihr Geld dort ausgeben, anstatt es in die Landwirtschaft zu investieren, wird das Land verarmen, wenn wahr ist, daß die Erde in dem Maße gibt, wie sie empfängt. Der Adel verpachtet den Boden, und die Pächter bedrücken die Bauern, die durch die Not in die Stadt getrieben werden, um zu betteln oder um ihre Dienste den Müßiggängern anzubieten.« Als Gegenstrategie zu dieser Entwicklung schlägt Filangieri vor: Freihandel im Inneren des Landes, breite Streuung des Grundeigentums, Dezentralisierung der Verwaltung, Bau von Manufakturen (Fabriken) auf dem Land.

Als Filangieri diese Ideen entwickelte, war Neapel noch eine der bedeutendsten europäischen Hauptstädte, sowohl was das kulturelle als auch was das wirtschaftliche Niveau anbetrifft.

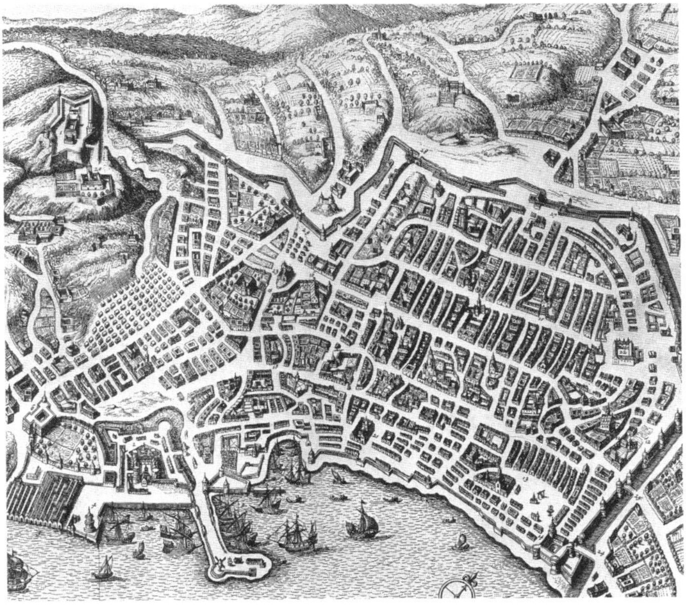

Neapel. Stadtplan um 1730

Und doch war in dieser delikaten Übergangsperiode vom niedergehenden Feudalismus in den aufblühenden Kapitalismus bereits sichtbar, in welche entwicklungspolitische Sackgasse die Beibehaltung der alten Ordnung führen würde. Sicher unter dem Einfluß der Gespräche mit Filangieri hat Goethe die den feudalen Eigentumsverhältnissen so genau entsprechende soziale Arbeitsteilung der neapolitanischen Wirtschaft beschrieben und ein Bild gegeben, das heute zu einem Teil in Neapel, aber vor allem in den Städten der Dritten Welt noch zutrifft. Die vielen Eselstreiber, Wasserträger, Zuckerbäcker, Gärtner, Fischer, Läufer, Kutscher usw. bevölkerten nicht nur 1001 Nacht und Neapel, sondern alle vorkapitalistischen Kulturstädte. In den modernen Städten sind diese Berufe wegrationalisiert. Ihre Träger wurden in Arbeiter verwandelt, zur Auswanderung gezwungen oder verelendeten. In den Städten, in denen die Träger der wegrationalisierten Berufe keine produktive Verwendung finden, stauen sie sich in ihren alten Stadtvierteln als ein zunehmendes Heer von Arbeitslosen. Die endemische Arbeitslosigkeit in Städten wie Rom, Neapel und Palermo ist ein modernes Phänomen.

Neapel ist ein Beispiel für einen steckengebliebenen Rationalisierungsprozeß, der alle europäischen Länder mit Kultur und Tradition erfaßte und der in Deutschland am weitesten fortgeschritten ist, wo Inflation, Währungsreform und die Vernichtung alter Städte wirtschaftlich überflüssig gewordene Bevölkerungsschichten in einem ungeheuren Tempo beseitigten und damit Platz für ein Wirtschaftswunder machten, Platz für die modernen Formen der Produktion und Arbeitsweise vom amerikanischen Typus. *Antonio Gramsci* analysierte 1934 die gesellschaftlichen Vorbedingungen für die Durchsetzung dieser Produktionsweise:

»Diese Vorbedingung könnte man ›rationale demographische Zusammensetzung‹ nennen. Sie besteht darin, daß es keine Klassen ohne wesentlich produktive Funktion, das heißt keine absolut parasitären Klassen gibt. Die europäische ›Tradition‹ und ›Zivilisation‹ zeichnet sich dagegen gerade durch die Existenz derartiger, durch ›Reichtum‹ und ›Vielschichtigkeit‹ der vergangenen Geschichte hervorgerufenen Klassen aus. Es gibt als Hinterlassenschaft eine Reihe passiver Ablagerungen, Phänomene der Saturierung und Fossilierung des Staatspersonals und der Intellektuellen, des Klerus und des Grundeigentums, des spekulativen Handels und des Heeres, das erst berufsmäßig, dann durch Wehrpflicht organisiert wurde, aber für das Offizierskorps weiter professionell blieb. Man kann sogar sagen, daß, je altehrwürdiger die Geschichte eines Landes ist, sich diese Sedimentierungen nichtstuerischer und unnützer Massen um so zahlreicher und drückender erweisen, die vom ›Erbe der Ahnen‹ als Pensionäre der Wirtschaftsgeschichte leben. Eine Statistik dieser (im gesellschaftlichen Sinne) ökonomisch passiven Elemente ist äußerst schwierig. Es ist unmöglich, eine ›Rubrik‹ zu finden, unter der sie zum Zwecke einer direkten Untersuchung aufgeführt werden könnten. Aufklärende Hinweise können indirekt gewonnen werden, zum Beispiel aus der Existenz bestimmter Formen des nationalen Lebens. Die erhebliche Anzahl großer und mittlerer (und auch kleiner) Agglomerate städtischen Typs ohne Industrie (ohne Fabriken) ist eines dieser wohl augenfälligsten Indizien.

Das sogenannte ›Wunder von Neapel‹. Es sei an Goethes Beobachtungen erinnert und an die ›tröstlichen moralischen Schlußfolgerungen‹, die Giustino Fortunato daraus gezogen hat. Goethe hatte recht, wenn er die Legende vom organischen *lazzaronismo*, dem Faulenzertum der Neapolitaner zerstörte und betonte, daß sie sehr aktiv und geschäftig seien. Aber es fragt sich, was das tatsächliche Ergebnis dieser Geschäftigkeit ist: sie ist nicht produktiv und nicht darauf gerichtet, die Bedürfnisse und Erfordernisse produktiver Klassen zu befriedigen. Neapel ist die Stadt, in der die meisten (adligen und nicht adligen) Landeigentümer Süditaliens ihre Grundrente verzehren. Um einige Zehntausend solcher Familien von Eigentümern größerer oder geringerer ökonomischer Wichtigkeit mit ihren Höfen von Dienern und unmittelbaren Lakaien organisiert sich das praktische Leben eines imponierenden Teils der Stadt, mit ihren handwerklichen Industrien, fliegenden Händlern, dem unerhört zerbröckelten unmittelbaren Angebot von Diensten und Waren an die auf den Straßen herumlaufenden Beschäftigungslosen. Ein anderer Teil der Stadt organisiert sich um den Transit- und Großhandel. Die ›produktive‹ Industrie im Sinne einer Schaffung und Akkumulation neuer Güter ist relativ gering, obwohl in den offiziellen Statistiken Neapel als vierte Industriestadt Italiens hinter Mailand, Turin und Genua angegeben wird.« (Aus: Gramsci, *Philosophie der Praxis*)

In Neapel kann man sich tagelang herumtreiben lassen und findet immer wieder neues Anschauungsmaterial, um das theoretische Bild von der wirtschaftlichen und sozialen Lage der Stadt auszufüllen und zu erweitern. Zu regelrechten Museumsbesuchen oder zielbewußten Spaziergängen gehört hier eine besondere Disziplin, die ich nicht aufbringe. Immer kommt etwas dazwischen.

Vom **Aquarium** im Park der **Villa Comunale** mit seinen Meerestieren und den Fresken des Malers *Hans von Marées* (1837–1887) wollte ich, immer der Seepromenade entlang, am **Castel dell'Ovo** und am **Castel Nuovo** vorbei die **Piazza del Mercato** erreichen, wo Konradin, der letzten Hohenstaufe (1252–68) enthauptet, wo die Jakobiner des Jahres 1799 hingerichtet wurden und wo die Volkserhebung des Masaniello begann (1647), die erste revolutionäre Erhebung der Neuzeit in Neapel. Aber bereits auf der Höhe des Castel dell'Ovo entdeckte ich etwas, was diesem Tage eine völlig andere Richtung gab. Gregorovius beschrieb nicht nur das von Friedrich II. ausgebaute Kastell und wer darin alles gefangen war und lebte, sondern auch das Fischerviertel **Santa Lucia**, das später größtenteils der Hotelpromenade zum Opfer gefallen ist. Das Meeresufer war damals von Fischern und Buden belebt. In einem Gewölbe in den Tuffelsen sprudelte eine Schwefelquelle.

»Vom frühen Morgen bis in die späte Nacht schöpfen dies Heilwasser Weiber und Mädchen in Gläsern und bieten den Trank aus. Man sitzt auf Stühlen umher, trinkt ein Glas des mineralischen Wassers und ißt dazu kleine Kringel. Von allen Seiten strömen Besucher, von der Stadt her, wie aus den Barken, welche kommen und gehen.« Ende des 18. Jahrhunderts war diese Quelle so beliebt, daß Ferdinand IV. anordnete, daß das Wasser gratis und täglich jedermann zugänglich sein müsse. Das war offensichtlich eine erste Maßnahme gegen Leute, die diese Gratisgabe der Natur privatisieren wollten. Was ist aus dieser Quelle und dem Volksleben um sie herum geworden?

Im Baedeker von 1880 war sie noch verzeichnet nebst einem Badehaus, in dem man für geringen Eintritt Schwefelbäder nehmen konnte. Die weitere Geschichte der Quelle ist lang recherchiert und kurz erzählt. Dem Bau der **Via Chiatamone** fielen die

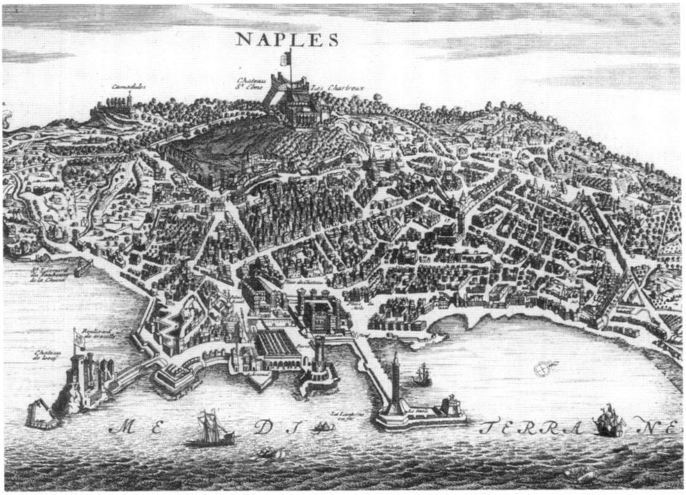

Neapel. Stadtplan um 1800

Tuffgrotten zum Opfer (das Meer ging also bis zur Via Chiatamone), aber die Quelle wurde gefaßt und blieb den *Acquaioli*, die das Wasser verkauften, zugänglich. Die Acquaioli hatten malerische Stände oder waren »Herumträger«, wie Goethe es nennt. Auf jeden Fall waren sie aber große Kenner der verschiedenen Qualitäten der zahlreichen vulkanischen Quellen. Neben einer ausgeprägten Weinkultur besaß die neapolitanische Bevölkerung auch eine ebenso raffinierte wie einfache Kultur des Wassers. Das Acqua Ferrata, so hieß das Wasser der Via Chiatamone im Volksmund, blieb ein geschätzter Verdauuungstrank bis zum Jahre 1973, als diese Art von Quellen und Wasserhändlern dem kombinierten Angriff von Cholera und Coca-Cola endgültig zum Opfer fielen. Es gibt nicht mehr viele beruflich wirklich qualifizierte Wasserhändler in Neapel. Wer nicht schon vor 1973 den Betrieb auf abgefüllte Standardgetränke umgestellt hatte, wurde nun unter dem Vorwand der Cholera zur Schließung des Ladens gezwungen. Cholera und Fortschritt gehen in Neapel Hand in Hand. Wie 1884 durch die Cholera alte Straßen, wurden 1973 ca. 15 000 Straßenhändler (Muscheln, Getränke, Eßwaren) wegrationalisiert (dazu gibt es einen hervorragenden Bericht: *Anche il Cholera*, Hrsg. Gennaro Esposito, Mailand 1973). Die Quelle der

Acqua Ferrata wurde geschlossen, und die Erinnerung an diese Quelle beginnt sich zu verlieren. Doch die Quelle besteht noch, obgleich der Brunnen zur Straße hin samt dem Gebäude, das sich auf dem Gelände erhob (das alte Hotel Continental), abgerissen wurde.

Warum wurde das alte Hotel Continental abgerissen und durch ein häßliches neues Hotel Continental ersetzt? Camilla Cederna, die Journalistin, die mit ihren Enthüllungen über den Clan des damaligen Staatspräsidenten Giovanni Leone 1978 dessen Rücktritt erzwang (*Giovanni Leone, la carriera di un presidente*, Mailand 1978), vermutet eine böse Bauspekulation. »Das Gelände gehört einer 1973 (Cholera!) gegründeten Firma ... mit Sitz in Neapel, aber eingetragen in das Handelsregister der norditalienischen Kleinstadt Busto Arsizio auf den Namen einer gewissen Luisetta Tola, verwitwete Molina ... Die 80jährige Dame ist einzige Gesellschafterin und einziger Verwalter.« Sicher hat sie ihr Testament gemacht, denn die eigentlichen Hintermänner und Kapitalgeber gehen mit ihren Strohmännern/frauen kein Risiko ein. Als im August 1975 die Firma in eine Aktiengesellschaft umgewandelt wird, »erscheinen als Aktionäre die Mitglieder der feinen Gesellschaft Neapels«. Im Jahre 1978, kurz vor der ersten Auflage des Reisebuchs, war der Rohbau fertig. Bei einer der späteren Auflagen, 1989, stand der Rohbau immer noch nackt und kahl da. Wartete man auf den günstigen Augenblick, das als Hotelbau genehmigte Gebäude in ein lukratives Appartementhaus umzuwandeln? Wollte man warten, bis über die Quelle genug Zement gewachsen ist? Im Jahre 1998 war jedoch ein Hotel da, und in der Tiefgarage, gut eingefaßt und versteckt, sprudelt unbenutzt die alte, inzwischen von den Neapolitanern vergessene Quelle.

Diese Geschichte ist mehr als eine bunte Story um eine Schwefelquelle am Fuß des einst wunderbaren Kraterfelsens **Pizzofalcone**. Auf diese Weise wurde überall am Golf von Neapel der Reichtum der Natur privat angeeignet und kapitalisiert. Thermalquellen, Natursaunen und Fumaroli auf Ischia, den flegräischen Feldern, am Vesuv wurden zu Geldquellen. Viele wurden auch vernichtet, sofern sie eine profitablere Verwendung des Bodens behinderten. Die Bäder von Pozzuoli sind verwahrlost. Man muß die Solfatara (Campingplatz) und den Krater der

Astroni gesehen haben, um sich vorzustellen, was man aus solchen Naturereignissen machen könnte. Die herrschende Klasse Neapels lebte zunächst von der Ausbeutung der Bauern und erschloß schließlich enorme Profitquellen mit der Privatisierung und mit dem Raubbau an der Natur. Selbst das Stahlwerk in **Bagnoli**, einer der wenigen Beiträge zur Industrialisierung Neapels, wurde an einer der schönsten Buchten der Welt gebaut und hat eine vom alten Neapel lange Zeit völlig getrennt lebende Arbeiterklasse in die Logik des Raubbaus an der Natur einzubeziehen versucht.

Der ehemals fischreiche Golf von Neapel gehört heute, sowohl wegen der Bevölkerungskonzentration als auch wegen der Industrieabwässer, zu den verschmutztesten Stellen des Mittelmeeres. Die Natur liefert nicht mehr gratis ihre Gaben, sondern erfordert heute zu ihrer Erhaltung enorme Investitionen. Und mit der Erhaltung allein ist es nicht getan, ebensowenig wie mit einer Rationalisierung der Produktions- und Bevölkerungsstruktur, die lediglich die Entwicklungsdynamik anderer moderner Großstädte nachvollziehen würde.

Die von diesem Rationalisierungsprozeß direkt betroffenen Schichten der Unterbeschäftigten und Arbeitslosen haben sich seit der Cholera-Epidemie von 1973 organisiert. Mit einer Analyse der Erfahrung dieser Schichten, die zum ersten Mal bewußt ihre Interessen artikulieren (1977 erschien ein erster, umfassender Bericht *Napoli: i disoccupati organizzati*, herausgegeben von der inzwischen berühmtesten Schriftstellerin Neapels, Fabrizia Ramondino, in Auswahl neu aufgelegt 1998 *Ci dicevano analfabeti*), könnte eine Diskussion über die Zukunft Neapels beginnen. Wie viele komplexe Daten diese Diskussion zu berücksichtigen hat, zeigt das die Erfahrungen der Arbeitslosenbewegung wiedergebende Buch von Conrad Lay: *Das tägliche Erdbeben* (Berlin 1980). Am 23. November 1980 kam dann das große Erdbeben, das nicht nur das **Albergo dei Poveri**, das Symbol der alten Sozialpolitik, beschädigte, sondern insgesamt die Schwäche und Fäulnis der öffentlichen Strukturen im Süden freilegte.

Zahlreiche Mordtaten

»Die Stadt Neapel ist die Hauptstadt des Königreichs Neapel, und der Teil des Landes, worin dieselbe steht, heißt Terra die Lavoro. Obgleich diese Stadt noch nicht die größte in der Welt ist, so hat sie doch gegen 400 000 Einwohner, von welchen der zehnte Teil ohne Dach und Fach, ohne eigenen Stuhl oder Tisch Tag und Nacht, jahraus jahrein auf den Straßen lebt und schläft. In dieser Stadt und der umliegenden Landschaft Terra di Lavoro wurden vor hundert Jahren jährlich ungefähr 70 Mordtaten begangen, im ganzen Königreich aber 230. So schrecklich dieses ist, so ist es noch nicht das Höchste. Nein, das Übel stieg von Jahr zu Jahr so fürchterlich, daß sich im Jahr 1780 die Zahl aller Mordtaten im ganzen Königreich schon auf 1 200 belief. Im Jahr 1805 aber wurden in der ganzen Stadt allein 1 522 Mordtaten und andere Verbrechen gegen die öffentliche Sicherheit verübt. Man sollte meinen, ein solcher Ort könne nur im wilden, blinden Heidentume liegen; aber er liegt in einer der schönsten Gegenden von Europa und hat 71 Kirchen. Im Jahr 1806 aber, seitdem das Reich eine andere Regierung hat, hat sich die Summe solcher Verbrechen in der Hauptstadt doch schon wieder bis auf 617 vermindert. So etwas muß man lesen oder hören, damit man doch einsehen lernt, wieviel der Schutz einer guten Obrigkeit und weise Gesetze, Ruhe und Ordnung in einem Lande wert seien.«

Johann Peter Hebel (1808)

Camorra, Erdbeben und der Bauch von Neapel

Noch bei der Volksabstimmung im Juni 1946 zur Frage »Republik oder Monarchie« stimmten 80% der Bevölkerung Neapels für die Monarchie. In den 50er Jahren regierten in der Stadt Neofaschisten und Monarchisten (mit dem genial-demagogischen Reeder *Achille Lauro* als Übervater), ab Ende der 50er Jahre und wieder in den 80er Jahren die Christdemokraten (mit dem Clan der Familie Gava als Zentrum). Von 1975 bis 1983 regierten mit einem linken Bürgerblock die Kommunisten. Es gelang ihnen nicht, die Stadt zu sanieren, die dringendsten Probleme zu lösen. Vielleicht ist es vermessen, Neapel »sanieren« zu wollen, dieses seit ein paar Jahrtausenden improvisierte Provisorium. Aber es wäre niederträchtig, sich die Frage der Sanierung, die Frage einer anderen Lebensweise, nicht einmal zu stellen.

Unter den Gründen für das Scheitern der Kommunisten und des progressiven und populären Bürgermeisters *Maurizio Valenzi* wollen wir einige hervorheben: die industrielle Krise und die Deindustrialisierung der Stadt seit Ende der 70er Jahre; die Unfähigkeit, die positiv von der Arbeitslosenbewegung gestellten Fragen aufzunehmen, d. h. das Versagen der Gewerkschaften, aber auch der regelmäßige Rückfall der Bewegung in korporative Forderungen; die Stärkung der reaktionären Machtkonstellationen um die Bau- und Bodenspekulation nach dem Erdbeben vom November 1980; die wachsende Macht einer camorristisch und mafios organisierten Wirtschaftskriminalität, die sich in alle Poren der Gesellschaft eingenistet hat.

Das industrielle Neapel, symbolisiert im Stahlwerk von **Bagnoli** oder im Werk Alfa Sud von **Pomigliano**, expandierte bis Mitte der 70er Jahre. Dann sackte die Beschäftigung zusammen, sank von 70 000 auf 58 000 bis 1981 und verlor zwischen 1981 und 1989 noch einmal 15 000 Arbeitsplätze. Die Anlagen von Bagnoli (Italsider) wurden Anfang der 70er Jahre mit Investitionen von über 1,5 Milliarden DM zum modernsten Stahlwerk Italiens ausgebaut. Wenige Jahre später kam der Stillegungsbeschluß (auf Grund eines von der italienischen Regierung akzeptierten Kuhhandels in Brüssel), der 1989 nochmals verschoben, aber Anfang der 90er Jahre vollzogen wurde.

Seitdem wird das riesige Gelände saniert. Man hat einen schönen Überblick vom **Posillipo**, und es lohnt sich, von hier die alte Straße zum kleinen Hafen vor der Insel Nisida herunterzugehen und von dort mit dem Bus durch die alten Arbeiterviertel zum Bahnhof der Cumana zu fahren. Das ganze Gelände ist ein Durcheinander von Tradition, fehlgeschlagenen Plänen und Spekulationen: Anschauungsmaterial für die These, in Neapel (und allgemein im Süden) sei eine moderne Entwicklung in reinen Formen unmöglich. Alfred Sohn-Rethel schrieb 1926: »Technische Vorrichtungen sind in Neapel grundsätzlich kaputt. Nur ausnahmsweise und dank eines befremdlichen Zufalls kommt auch Intaktes vor.« Unermüdlich produziert der Süden monströse Mischungen von alt und neu, von kaputt und funktionierend, von blendender Form und Zerfall. Auch die industrielle

Entwicklung der *vicoli*, einer hochmodernen Kleinindustrie auf feudalem Hintergrund in den engen Gassen, ist eine produktive Mischung, sozial und asozial, primitiv und weltmarktfähig. Benjamin und Bloch erkannten in Neapel die »Porosität« als eine Haupttendenz des Südens: die Licht- und Luftdurchlässigkeit, die die Grenzen verfließen und alles sich vermischen läßt. Nicht die klassische Einfachheit und edle Einfalt, sondern die Vieldeutigkeit, Unübersichtlichkeit und verstrickte Anarchie charakterisieren die Phänomene. Das gilt auch für die *Camorra*, ihre nie endenden Bandenkriege und ihre bestialischen Morde. In den 50er Jahren hatte die Linke in ihrem linearen Geschichtsbewußtsein geglaubt, der »feudale Rest« Camorra werde vom modernen Kapitalismus geschluckt, wie Mackie Messer von den Banken. Doch es kam ganz anders, und die Camorra ging mit dem modernen Kapital eine Symbiose ein, bei der sich kaum unterscheiden läßt, wer ist der Wirt und wer der Parasit.

Mit dem großen Geld gedeiht auch die Camorra, die von allen Kapitalströmen zehrt, die Neapel durchpulsen. Auf Grund ihrer besonderen Einnahmequellen (Rauschgift- und Waffenhandel, Entführungen usw.) kann sie auch im legalen Sektor finanzstark auftreten und ist dadurch besonders konkurrenzfähig. Die Renaissance der Camorra in den 70er Jahren war mit dem Namen *Rafaele Cutolo* verbunden (es gibt auch auf deutsch eine glänzende Biographie von Giuseppe Marrazzo mit dem Titel *Camorrista*). Seine Nuova Camorra Organizzata mit stark populistischen Zügen und mit ihrer Mobilisierung der traditionellen Unterwelt wurde dann überrundet und ausgeschaltet von Gesellschaften, die in der Lage waren, neue und erfolgreichere Symbiosen mit legalen Firmen einzugehen. Spätestens seit dem Film »Die Hände über der Stadt« von Francesco Rosi (1963) weiß man, daß die Bau- und Immobilienfirmen besonders anfällig für solche Durchdringungen sind. Das klassische neapolitanische Machtdreieck (und dies gilt insgesamt für den Süden) ist gebildet aus den lokalen Politikern, die die städtebaulichen Entscheidungen treffen (bzw. allgemein Investitionsentscheidungen der öffentlichen Hand), von den Politikern in Rom, die die nötigen Mittel bereitstellen, und schließlich von den Grundbesitzern und Firmen, die dem politischen Netzwerk die materielle Basis liefern. Kein großes Geschäft ist in Neapel außerhalb dieses Dreiecks denkbar.

Das Erdbeben von 1980 hat riesige Gelder in Bewegung

gesetzt, allein in den 80er Jahren schätzungsweise 20 Milliarden DM. Die damals rote Stadtverwaltung hat versucht, das alte Machtdreieck aufzubrechen und die Camorra und sonstige mehr oder weniger kriminelle Privatinteressen fernzuhalten. Anerkannte und integre Stadtplaner wurden berufen, und die Entscheidungsprozesse wurden dem üblichen politischen Klüngel entzogen. Von großer städtebaulicher und sozialer Bedeutung war die Verlagerung der Investitionen in die immense Peripherie mit dem Ziel ihrer Sanierung. Es ist zu früh, um eine endgültige Bilanz dieses »Programma straordinario di edilizia residenziale« zu ziehen. Man kann aber sagen, daß im Lauf der 80er Jahre das ursprüngliche Programm zunehmend verwässert wurde, daß vor allem in den 90er Jahren die Kriminalität und das soziale Elend insbesondere unter Jugendlichen zunahmen (nicht nur in Neapel!), daß aber auch, wie durch ein Wunder, ein Großteil der alteingesessenen Bevölkerung in ihren alten Vierteln geblieben ist, auch wenn das als Hindernis gilt für eine privatwirtschaftlich orientierte Sanierung. Daß arme Leute weiterhin im Zentrum wohnen, macht Neapel zur »letzten plebejischen Metropole Italiens, zum letzten großen Dorf der alten mediterranen Welt« (Pasolini) und bleibt der kapitalistischen Rationalität ein Ärgernis (im biblischen Sinn). Dementsprechend ist die allgegenwärtige, geheimnisvolle Kaputtheit nicht nur Zerstörung, sondern, wie Sohn-Rethel bemerkt hat, eine besondere Art der Produktivität (Sohn-Rethels und andere aufregende Texte zu Neapel findet man in der Anthologie *Neapel*, von F. Ramondino und F. Müller, Zürich 1988). »Beim Neapolitaner fängt das Funktionieren erst da an, wo etwas kaputt ist«. Dieser wunderbare Satz kehrt die übliche technokratische Logik, die immer wieder auf das »menschliche Versagen« gegenüber der perfekten Technik hinausläuft, radikal um. In der Kunst, kaputte Apparate zum Funktionieren zu bringen, triumphiert ein Stück neapolitanischer Humanismus.

Zu den positiven Seiten der Geldbewegungen nach dem Erdbeben gehört die Restaurierung zahlreicher Kirchen und Kunstwerke und der Wert, den die Verwaltung des populären Bürgermeisters Bassolino auf das Bild der Stadt legt. Bassolino hat erkannt, daß die Imagepflege von Neapel als Kulturstadt mehr öffentliches und privates, italienisches und internationales Kapital in Bewegung setzt als die »soziale Frage«, das alte Faß ohne Boden. Und schließlich übt eine solche Strategie auch auf die soziale Dynamik ihre Wirkung aus. Das »kulturelle Klima« leistet mehr als nur einen allgemeinen Beitrag zur Sanierung der Stadt. Literatur (Fabrizia Ramondino), Film und Theater (Mario Martone, Pappi Corsicato), die Fotografien von Antonio Biasiucci und die Musik der Gruppe Alma Megretta zeugen von der Vitalität des neapolitanischen Selbstverständnisses der 90er Jahre. Unter den Institutionen, die zum Teil mit Geldern für das Erdbeben geschaffen wurden, spielt heute das »Istituto italiano per gli studi filosofici« eine international bedeutende Rolle. Man sollte sich anläßlich einer der vielen Veranstaltungen oder Ausstellungen nicht entgehen lassen, den prächtigen **Palazzo Serra di Cassano** in der Via Monte di Dio 14 von innen anzuschauen. Im Jahre 1999 wird es große Ausstellungen zum 200. Jahrestag der partenopäischen Revolution geben. Dieses Jahr war der eigentliche Wendepunkt der Geschichte Neapels: Nicht nur, weil von nun alle Reformen blockiert wurden, sondern auch weil die wütende Reaktion des Königshauses und der Engländer (die ihre Interessensphäre im Mittelmeer ausdehnten unter Admiral Nelson in Person) die besten der neapolitanischen Intelligenz hinrichten ließ. Es wurden 188 Todesurteile vollstreckt, der Admiral Caracciolo, einer der bedeutendsten Aristokraten des Königreichs, wurde schimpflich an den Rahen seines Schiffs gehenkt, Frauen wurden enthauptet, und wer nicht fliehen konnte, verfaulte in den Kerkern von S. Elmo. Nach der Hinrichtung des jungen Gennaro Serra di Cassano hielt die Familie die Tore des Palastes als Zeichen der Trauer über ein Jahrhundert geschlossen. Der gewiß nicht jakobinisch gesinnte Benedetto Croce schrieb, eine solche Repression »sucht in der Geschichte ihresgleichen, denn noch nie hat man einen Monarchen gesehen, der die gesamte Blüte der Nation in den Tod geschickt hat«.

Der Vesuv und Pompeji

Mit der Lokalbahn, der Circumvesuviana, erreicht man den ganzen Kranz von Ortschaften, der sich um den Vesuv herum gebildet hat. Die Fahrt lohnt sich trotz Bildern wüster Zersiedelung. Man erreicht bequem **Pompeji** und läuft die paar Schritte in die Ruinenstadt oder zur etwas abseits liegenden **Villa dei Misteri** oder in den neuen Ort, der gegen Ende des letzten Jahrhunderts von einem religiösen Schwärmer gegründet wurde. Über das alte Pompeji, dessen Kenntnis bis zur Mitte des 18. Jahrhunderts verloren war, steht genug in allen möglichen Führern. Unerwähnt bleiben bei so viel Antike das moderne Marienheiligtum und die dazugehörigen Anlagen kirchlicher Andenken- und Wohltätigkeitsindustrie.

Die Wallfahrtskirche liegt im neuen Ort, aber nicht weit vom Ausgrabungseingang **Amphitheater**. Schöner Rundblick vom Campanile. Das verehrte, künstlerisch wertlose Marienbild zieht jährlich vor allem am 8. Mai und am ersten Sonntag im Oktober riesige Wallfahrten an, die ebenso sehenswert sind wie die Wallfahrt am Ostermontag zur konkurrierenden traditionsreicheren Madonna in **Pomigliano D'Arco** auf der anderen Seite des Vesuv. Ekstatische Massenstimmung und große Geschäftemacherei (den Heiligenstatuen werden, wie bei vielen südlichen Prozessionen, die geopferten Geldscheine angeheftet; viele Dollar- und DM-Noten von Arbeitsemigranten; im Kreuzgang sammeln und zählen Nonnen und Patres schon die Opfergaben) kennzeichnen diese Wallfahrten, die großartiges Anschauungsmaterial zur Kenntnis heidnisch-südlicher Frömmigkeit liefern. Das ganze Jahr über werden in den Räumen neben der Kirche an eigens eingerichteten Schaltern Opfergaben angenommen, und die Gänge sind mit einer Unzahl wunderbar naiver Votivtafeln tapeziert. Pompeji und Pomigliano D'Arco erzielen Millionenumsätze mit Gelübden und Wundern. Ein Teil dieser Summen fließt in eine oft umstrittene Wohltätigkeit, ein anderer Teil wird produktiv investiert, in Pompeji z. B. in das »Grand Hotel zum Rosenkranz«.

Der Aufstieg zum Vesuv ist von Pompeji aus möglich, wird aber gewöhnlich von **Ercolano, Ottaviano** oder **Boscotrecase** aus unternommen. Ausgangspunkt ist jeweils die *Circumvesuviana*. In Ercolano gibt es einen Bus zum **Observatorium** (8 km) und weiter, bis zum Parkplatz **Colle Margherita** (13,5 km) in fast 1 000 m Höhe dicht unterhalb des Kraters (Abfahrt: 7 Uhr 30; 9 Uhr 25; 13 Uhr 30 und 17 Uhr; daneben gibt es normale Linienbusse bis zur halben Höhe des Bergs). Für vulkanologisch Interessierte (»Vulkane sind Fenster ins Innere der Erde«) ist das 1844 gegründete Observatorium sehenswert (daneben der Neubau von 1970). Hier, in 600 m Höhe, findet man auch Restaurants, das meist von Liebespärchen frequentierte Hotel Eremo und das verlassene Kirchlein **San Salvatore**, wo früher ein Eremit wohnte. Aber »der Pfarrer von Resina hat ihn aus der einträglichen Stelle verjagt und kommt nun selber von Zeit zu Zeit hinauf, um dort Messe zu lesen und die Gäste mit Lacrimae Christi zu bewirten. Zur Pfingstzeit wird hier ein Fest gefeiert; dann kommen von den umliegenden Städten wohl 12 000 Menschen herauf und ziehen in Prozession bis zum Kreuz des Vesuv, um mit Gebeten den Feuerdämon zu beschwichtigen« (Gregorovius). Das war einmal! Als Ersatz gibt es jedoch heute die Madonna von Pompeji.

Vom Observatorium kann man den überwachsenen Spuren der ehemaligen Zahnradbahn entlang und über Lavaströme hinweg, die 1944 die Anlagen zerstörten, die Talstation des Sessellifts (750 m Höhe) erreichen (ca. 2,5 km). Oder man nimmt die Fahrstraße, die Abzweigung (11,5 km) vor dem Colle Margherita, und erreicht die Talstation (13,5 km). Seit 1983 ist der Sessellift außer Funktion (aber die Bar geöffnet).

Man sieht bei der Fahrt von Ercolano aus und bei diesem Spaziergang durch die Pinienwälder und Lavafelder oberhalb des Piano delle Ginestre, daß der alte, großartige Vulkan sich nicht im besten Zustand befindet. Seit dem Ausbruch von 1944 ist er eingeschlafen. Die Menschen haben ihre Angst verloren und belästigen mit scheußlichen Villen (allein 1 200 ohne Baugenehmigung im Gebiet Ercolano), Sprengstoffdepots, Steinbrüchen, asphaltierten Straßen und anderen Unarten die mächtigen Flanken des Bergs. Es gibt keine markierten Wanderwege, und fast überall, wo man bequem laufen kann, liegen Müll und andere Zivilisationsreste, die die menschliche Anwesenheit verleiden.

Für *Giacomo Leopardi*, einen der größten italienischen Dichter, war die gewaltige Trümmerlandschaft des Vulkans eine Herausforderung an die menschliche Vernunft:

Diesen Ort
besuche, wer gewohnt ist, unser Schicksal
zu preisen und zu loben, daß er sehe,
wie liebreich die Natur
sich unser annimmt.

Denn so beginnt das Gedicht »Der Ginster oder die Blume der Wüste« (1837):

Hier auf dem kahlen Rücken
des unheilvollen Berges,
des schrecklichen Vesuv,
den sonst kein Baum und keine Blumen schmücken,
hier breitest du dich aus, einsamer Ginster,
und deinen Duft verströmst du,
des öden Lands zufrieden.

Die blühende Genügsamkeit des Ginsters wird zum Schlüssel der Erkenntnis unserer Lage, die wir, beeindruckt »vom großartigen Geschick des Fortschritts«, nur allzuleicht verkennen würden, wäre nicht diese Lehre der Natur, liebreich, obgleich unmittelbar verbunden mit ihrer gewaltigen Todesdrohung. An der sinnlich erfaßbaren, konkreten Materie der Lava und des Ginsters scheitern alle Vernunftutopien idealistischer Fortschrittsgläubigkeit.

Schau und spiegle dich hier
stolzes und törichtes Jahrhundert

Ginster gegen den Größenwahn, der aus dem Vesuv eine Mülltonne machen will. (Die *Canti*, also die »Gesänge« Leopardis, der 1837 in Neapel starb, sind als Taschenbuch erhältlich; eine zweibändige Auswahl seiner Dichtungen und seines »Gedankenbuchs« *Zibaldone* erschien in einer schönen Ausgabe.)

Zwischen dem Vesuv und dem **Monte Somma** liegt ein unheimliches und ausgebranntes Tal, das bezeichnende Namen trägt: **Valle del Gigante, Valle dell' Inferno, Atrio del Cavallo**. Durch dieses Tal führt der eindrucksvollste Spaziergang (Vorsicht bei der glühenden Sonne, die auf den Aschenkegel des Vulkans und auf die Lava brennt). Vom Colle Margherita aus umkreist man den Vesuv, fast immer auf gleicher Höhe, manchmal durch schattiges Unterholz, und erreicht in einem halben Bogen den Punkt, wo die Straßen nach Ottaviano bzw. nach Boscotrecase hinunterführen (beide Orte sind von hier ca. 8 km entfernt; zum Fuß des Kraters sind es bis zu einer Höhe von 1 040 Meter fast 2 km). Aufstieg/Abstieg von Ottaviano (vorbei an dem vom Camorrachef Cutolo gekauften **Medicikastell**) bzw. von Boscotrecase (für Autos mautpflichtig) ist nicht überlaufen und empfehlenswert.

Nur für geübte, gut ausgerüstete Wanderer ist der abenteuerliche Aufstieg auf den Monte Somma (entweder aus dem Valle del Gigante oder von Ottaviano aus). Gregorovius: »Nicht viele mag es geben, die auch seinen (des Vesuv) Zwillingsbruder, den Berg Somma besuchten ... Je weiter wir hinaufsteigen, desto wegeloser wurde der Berg, nicht einmal Hirten haben ihre Straße hier ausgetreten; oft verschwinden die schmalen Pfade und verlieren sich in Gebüschen oder in Abgründen und Schluchten ... Von keinem Punkt aus kann der Vesuv ein gleiches Bild gewähren, wie von der Spitze des Somma.« Was für ein Überraschungseffekt: »Noch sahen wir den Vesuv nicht. Wir näherten uns dem Gipfel des Somma, welchen ein hölzernes Kreuz bezeichnet, und noch ein paar Schritte auf dem scharfen Grat vorwärts, so wuchs plötzlich aus dem Boden empor, so stand vor uns die unbeschreibliche Gestalt des Aschenkegels, nah und nächst uns gegenüber. In grellstem Kontrast wurden wir von den lachenden Gefilden Kampaniens in die graue, leichenstarre Todeswüste versetzt, wo die freudenlose Natur in Asche trauert. Die Gewalt dieses Gegensatzes kann ich nicht schildern.«

Der Monte Somma (1 132 Meter am Punto del Nasone) ist der Kraterrand eines älteren und gewaltigeren Vulkans, in dessen riesigem Krater von 11 km Umfang sich später (vor ca. 14 000 Jahren; andere behaupten im Jahre 79 n. Chr., als Pompeji verschüttet wurde) der Kegel des heutigen Vesuv bildete (Umfang 1,5 km; seit dem Ausbruch von 1944 noch 1 277 Meter ü. d. M., beim Ausbruch 1906 noch 1 336 Meter). Zwischen dem Ausbruch im Jahre 1139 und dem von 1631 lag der Vulkan wie erloschen. Ebenso nach 1944. Von einigen Wissenschaftlern wurde das Erdbeben vom November 1980 als mögliches Vorzeichen eines Wiederauflebens einer größeren vulkanischen Tätigkeit gedeutet.

Seit Ende der 70er Jahre gab es Bemühungen von Umweltschützern und Vereinen (u. A. WWF, Quaderni Vesuviani, Club Alpino Italiano, Comitato Ecologico pro Vesuvio usw.), das ganze Gebiet Vesuv-Monte Somma als Regionalpark unter Naturschutz zu stellen. Es dauerte 20 Jahre, bis ein entsprechendes Gesetz verabschiedet wurde. Nun geht es darum, dieses Gesetz in die Realität umzusetzen. Ein Schritt in diese Richtung wurde getan mit der Renovierung und Wiedereröffnung der lebensfrohen »vesuvianischen Villen«, einst über hundert an der Zahl: die **Villa delle Ginestre**, wo Leopardi die letzten Jahre seines Lebens verbrachte (an der Straße von **Torre del Greco** und **Torre Annunziata**); vollständig renoviert die **Villa Campolieto** von Sanvitelli in Ercolano; die **Villa Vannucchi** und **Villa San Bruno** in San Giorgio a Cremano. Neben den Villen die halb in der Erde noch begrabenen Skelette antiker Städte (Ercolano und Pompeji)! Nirgends stoßen Lebensfreude und Todeskult so hart aufeinander wie im Zeichen des Vulkans.

P. K.

Apulien

Mehr als ein halbes Jahrhundert lag Apulien im Abseits Italiens – vergessen vom Mittelmeer-Verkehr, dem es einst Zentrum gewesen war, vergessen von den großen ökonomischen und kulturellen Veränderungen auf der übrigen Halbinsel, nicht mehr Ziel oder doch wichtige Etappe für ehrgeizige Eroberer, und auch nicht zum Kanon der klassischen Italienreisenden des 18. und 19. Jahrhunderts gehörend, die, wie Goethe, an der Westküste bis Neapel (und bestenfalls bis zum Tempelbezirk **Paestum**) kamen und sich von dort nach Sizilien einschifften.

Erst seit den 70er Jahren wird Apulien touristisch erschlossen: Ferienkolonien und die vom Wirtschaftswunder der 60er Jahre ermöglichten obligaten Eigenheime am Strand schießen wildwüchsig überall aus dem Boden und zerstören unter unseren Augen die Landschaft; über die Autobahn ist die Region nunmehr schneller und problemloser erreichbar als ihr guttut.

Der **Gargano**, der »sperone« (Sporn) des italienischen Stiefels, ist nicht zuletzt wegen seines einmaligen, an Mitteleuropa erinnernden Laubwaldes bei gleichzeitiger Mediterraneität, neuerdings zu einem »Geheimtip« westdeutscher Urlauber geworden.

Bis **Brindisi** kommen die vielen, die von hier mit der Autofähre nach Griechenland weiterwollen – allerdings werden nur wenige daran denken, daß sie sich auf antiker Route befinden: schon das römische Brundisium war das Ausfallstor nach Griechenland und Kleinasien. Hier endete die **Via Appia**, und dieses Ende war durch zwei Säulen markiert gewesen, von denen die eine noch steht (die zweite wurde im 17. Jahrhundert nach **Lecce** gebracht, wo sie heute auf der Piazza S. Oronzo die Statue des gleichnamigen Schutzheiligen trägt). Aber von Brindisi und dem Gargano abgesehen, und abgesehen auch von den zahlreichen Ferienkolonien am Meer, ist die Region Apulien für den, der reisen will, noch immer voller nur teilweise erschlossener Entdekkungen.

Einige Daten vorweg: Apulien ist die am wenigsten bergige Region (1% gegenüber 35% im italienischen Durchschnitt) und verfügt entsprechend über den größten Anteil an Flachland (54% gegenüber 23% für Italien). Es hat zugleich die längste Küste von allen italienischen Regionen (800 km), und entsprechend haben die apulischen Städte den direktesten Zugang zum Meer: keine ist weiter als 75 km von der Küste entfernt.

Wie kaum anderswo dominiert hier die Landwirtschaft – 80% der Bodenfläche wird landwirtschaftlich von 36,5% der Beschäftigten (Italien 18%) genutzt, aber mehr als 90% der Bevölkerung wohnt in größeren und mittleren Städten, statt auf dem Lande selbst: Apulien ist eine Region des Großgrundbesitzes, der Latifundien, die Arbeitskräfte werden als Lohn- und Saisonarbeiter in den Städten und städtischen Siedlungen rekrutiert, müssen von hier frühmorgens – wie Fabrikarbeiter – über weite Strecken auf die Felder fahren und kehren spätabends in ihre »Schlafstädte« zurück. Produziert wird vor allem für den Export, und zwar in Monokulturen: Wein, Olivenöl und Getreide. 50% des italienischen Öls, 60% der Tafeltrauben und 20% des Weins stammen von hier – letzterer wird wegen seiner Schwere vor allem nach Norden zum Verschnitt mit leichteren Qualitätssorten exportiert.

Unter den Weinexperten gilt das Gesetz des Matriarchats: Der männliche Wein ist der des Südens, der weibliche der des Nordens, und nach der Ehe – dem Verschnitt – gibt der weibliche den Namen. Ein Stück Ideologie des internen Kolonialismus? Erst in jüngster Zeit bemüht sich die Region, die Entwicklung eigener Qualitätsweine zu fördern, die mit dem Prädikat »denominazione d'origine controllata« DOC versehen sind – z. B. der Moscato di Trani, der Rosso, Bianco und Rosato von **Castel del Monte**, der Bianco Martina aus **Martina Franca**, der Locorotondo etc. Mit einer »Bacchus-Woche« – Settimane di Bacco – versucht **Brindisi** vom 13. bis 21. August so etwas wie ein »Oktoberfest des Weins« zu institutionalisieren.

Noch einige Daten über Apulien als Region des unterentwickelten Südens (diese, wie die vorigen, von 1976): 9,8% Analphabeten (Italien 4%), 7,6% mit Hochschulabschluß (Italien 10,2%), 441 km Straße per 100 000 Einwohner (Italien 530 km), Stromverbrauch pro Kopf 1 401 kWh (Italien 2 036), 173 Autos per 1 000 Einwohner (Italien 250), Beschäftigte in der Industrie

31% (Italien 43,5%) – die Liste ließe sich fortführen und differenzieren.

Kein Wunder, daß Apulien – zusammen mit der Basilicata, mit Kalabrien und Sizilien – eines der großen Emigrationsgebiete geworden ist: während der großen Krise der 90er Jahre des vorigen Jahrhunderts (als der »Zollkrieg« mit Frankreich 1887 abrupt den französischen Markt für Öl und Wein verschloß) nach Südamerika vor allem, in den 50er und 60er Jahren dann in die Schweiz und in die Bundesrepublik.

Die Capitanata: Steinerne Spuren der Staufer, Sarazenen, Franzosen

Apulien besteht aus drei historischen Teilen: die Capitanata, die Murge und dem Salent.

Wer auf der Autobahn oder mit dem Zug an der Adria entlang reist, kommt durch die Capitanata und deren ausgedehnte Ebene des »Tavoliere« (tavolo = der Tisch) mit der Provinzhauptstadt **Foggia.** Die Latifundien-Landwirtschaft mit ihren menschen- bzw. gehöfteleeren großen Anbauflächen ist hier besonders eindrucksvoll wahrnehmbar. Wer den mittleren Umweg über **Lucera** nicht scheut, der hat von dort aus einen einmaligen Blick über die Weite und Breite des Tavoliere und seine großflächige Besitzstruktur: nur 4% der Bevölkerung leben hier auf dem bearbeiteten Lande selbst, die übrigen sind in den Städten konzentriert, die, obwohl sie nicht gerade Kleinstädte sind (San Severo oder Cerignola z.B., die beiden »Grenzstädte« des Tavoliere, mit je etwa 50 000 Einwohnern), ihren ländlichen Charakter deutlich zur Schau tragen.

Lucera hat aber, abgesehen von dem Ausblick, den man von hier aus hat, auch noch ein sehenswertes Monument aufzuweisen: das Kastell. Dieses stammt mit seinen großen Befestigungsmauern aus der zweiten Hälfte des 13. Jahrhunderts, d. h. aus der Zeit, da die vom Papst gegen die Nachfahren des letzten Staufer-Kaisers bzw. Königs von Sizilien und Süditalien, *Friedrich II.* (Manfred und Konradin) ins Land gerufenen und belehnten Franzosen versuchten, hier Fuß zu fassen (sie wurden durch mehrere Volksaufstände, von denen die – von Verdi musikalisch dramatisierten – Sizilianischen Vespern, »Vespri Siciliani« (1282), die berühmtesten sind, schließlich vertrieben und durch die spanischen Bourbonen ersetzt, die sich dann – mit Unterbrechungen – bis 1861 hielten). Eingebaut in den Mauerring sieht man noch heute deutlich einen pyramidenartigen Festungssockel mit glatt abfallenden Seiten: Es ist die Basis eines staufischen *Palatiums*, das in mehr als einer Hinsicht das militärische und z.T. auch politische Zentrum jener kurzlebigen Staatsmacht darstellte.

Um Sizilien zu befrieden, hatte Friedrich II. ab 1223 die dort seit der Araberherrschaft ansässigen und immer wieder gegen die normannische, dann die staufische Zentralgewalt aufbegehrenden Sarazenen schließlich per Zwangsumsiedlung brutal von der Insel entfernt und sie in Lucera angesiedelt; es soll sich um 20 000 bis 60 000 Menschen gehandelt haben. Lucera hat – wie der Rundblick und die Lage des heutigen Kastells beweisen – eine beherrschende strategische Lage, nicht zuletzt liegt es dicht bei dem von Friedrich II. als Hauptregierungssitz vorgesehenen Foggia. Hier also siedelte der Kaiser die widerspenstigen Sarazenen an – gab ihnen aber alle religiösen und kulturellen Freiheiten, um die sie in Sizilien vergeblich gekämpft hatten; regiert wurden sie von einem eigenen Sultan, und auch ökonomisch entwickelte sich die Kolonie glänzend. Aus diesen Sarazenen, die im Laufe weniger Jahre (Friedrich II. starb 1250) zu den loyalsten Anhängern der Dynastie wurden, rekrutierte er seine Leibwache, das besagte Palatium enthielt den Staatsschatz und galt als der sicherste Platz des Reichs. Im Konflikt mit dem Papst, dem die Nachfolger Friedrichs dann schließlich unterlagen, spielte Lucera nicht zuletzt propagandistisch eine große Rolle: daß hier, mitten im christlichen Abendland, eine Heidenkolonie entstehen und florieren konnte, mit einer Moschee statt einer Kirche und einem (im Palatium vermuteten) kaiserlichen Harem, das bewies für die päpstliche Propaganda einmal mehr, daß der Kaiser ein Werkzeug des Teufels sei. Nachdem die Sarazenen auch den letzten Staufern – Manfred und Konradin – die Treue gehalten hatten, wurden sie schließlich von den christlichen Franzosen in einer Art kleinem Völkermord kurzerhand allesamt massakriert. Das danach errichtete Kastell der französischen Anjou ist dafür ein unfreiwilliges Monument.

Von der kaiserlichen Residenz in **Foggia** ist außer einem Portalbogen am Palazzo Arpi (mit einer Marmortafel) nichts übriggeblieben; die Stadt selbst gilt – im Sommer – als eine der heißesten Italiens; im Kriege wurde sie durch Luftangriffe stark zerstört, wobei die Zivilbevölkerung besonders hohe Verluste erlitt – zuverlässige Italiener behaupten, die Alliierten hätten bewußt diese Zivilbevölkerung treffen wollen, um die italienische Kampfmoral zu brechen.

Der Tavoliere erschließt sich vielleicht am besten bei einer Fahrt von Foggia in Richtung Gargano bzw. **Manfredonia** (letzteres hat seinen Namen von König Manfred, einem Sohn Friedrichs II.); er war einer der wichtigsten Ausgangshäfen für die Kreuzzüge, woran in der näheren Umgebung zahlreiche Kirchen und Klostergebäude erinnern. Was wir heute dort sehen, ist auf den ersten Blick »langweilig«: es sind landwirtschaftlich genutzte Großflächen. Erst einige Kilometer vor Manfredonia ändert sich die Landschaft. Man befindet sich fast unvermittelt in einer meist steinigen, mit Büschen und Gras bestandenen halbwilden Weidelandschaft. Zwischen beiden – diesem Streifen Weideland und der kultivierten Ebene – hat sich in der jüngsten Vergangenheit ein historisch-politisches Drama abgespielt, denn noch vor wenig mehr als 100 Jahren sah der ganze Tavoliere etwa so aus, wie er sich heute in den steinigeren und unfruchtbaren Landstrichen wenige Kilometer vor der Küste zeigt.

Weideland oder privates Ackerland?
Ferdinand Gregorovius über den Tavoliere

Ferdinand Gregorovius machte 1874 die Reise von Foggia nach Manfredonia – zu einem Zeitpunkt, da dieses seit der römischen Zeit unangetastete Land unmittelbar davorstand, vom jungen Nationalstaat einer Klasse von Latifundisten zum kapitalistischen Nutzen übereignet zu werden. Folgen wir seinen aufschlußreichen Beobachtungen:

»Der Anblick dieser apulischen Steppe versetzt den Reisenden in weit entlegene Länder und in eine vergangene Zivilisation, und doch ist diese wesentlich italienisch und schon den Zeiten angehörig, als das apulische Land noch Daunia hieß. Durch alle Jahrhunderte erhielt sich hier der Urzustand des Hirtenlebens; er begleitete als ein kaum veränderter Naturbestand alle politischen und sozialen Wandlungen Italiens und dauert noch in der Gegenwart fort.

Der Tavoliere umfaßt 800 italienische Quadratmeilen oder 300 000 Hektar. Er dehnt sich durch die ganze Capitanata aus und setzt sich südwärts fort bis in die Provinzen von Bari, in die Basilicata und die Terra von Otranto. Dieses Weideland ist nicht in solcher Ausdehnung, wohl aber zu einem großen Teil, seiner Bestimmung nach älter als die Zeit der Eroberungskriege der Römer in jenen Gegenden, welche sodann, wie man annimmt, unkultiviertes Eigentum des Staats blieben und dazu bestimmt wurden, die Zölle der öffentlichen Weiden zu vermehren. Wie weit der Tavoliere noch während des römischen Kaiserreichs, sodann zur Zeit der Herrschaft der Goten und Byzantiner dem ›ager publicus‹ zugehörte, oder ihm entzogen ward, kann nicht ermittelt werden. Im späteren Mittelalter, zur Zeit der Normannen und der Hohenstaufen, erscheint das apulische Weideland durchaus wieder als königliche Domäne, unter dem Begriff ›Rege Difese‹.

Doch erst am Anfange des 15. Jahrhunderts wurde die Verpachtung der königlichen Weiden systematisch eingeführt. Alfonso I. von Aragon gab das Gesetz, wonach alle Besitzer von Herden in den Berglandschaften gezwungen wurden, jene gegen Abgabe auf dem Tavoliere überwintern zu lassen. Eine darauf bezügliche Verwaltung wurde eingesetzt unter dem Titel ›Dogana della mena delle pecore in Puglia‹. Sie soll dem Fiskus die jährliche Summe von 300 000 Goldfloren eingebracht haben.

Wanderstraßen für die Herden wurden durch den Tavoliere abgesteckt und wie Chausseen mit Grenz- und Meilensteinen versehen. Sie heißen ›Tratturi‹.

Nichts ist sonderbarer als diese Tratturi. Sie durchziehen einen großen Teil Süditaliens von den Abruzzen Aquilas, vom Gran Sasso und vom Monte Majella bei Sulmona herab bis zu den Bergen in Kalabrien, wo sie ihr Ende nehmen. Seit Jahrhunderten sind sie dieselben geblieben, und es haben sich Millionen von

Schafen und Rindern auf ihnen bis zum heutigen Tage gleichmäßig fortbewegt, wie nur immer die Armeen Roms es auf der Via Flaminia oder Appia getan haben.

So zieht sich der Tratturo hin als ein grüner Streif Erde von 40 bis 80 und 100 Meter Breite. Auf ihm wandern die Herden fort, im Herbst in die Ebene herabsteigend, im Mai zu den heimatlichen Bergen zurückkehrend. Ich bin oft in Etrurien und Latium solchen Wanderzügen von Herden begegnet, wenn sie, zuweilen bis 5 000 Köpfe stark, die gewöhnliche Fahrstraße anfüllten, alles hemmend, was ihnen entgegenkam. Ihr Anblick war seltsam und bisweilen furchterregend, wenn die Herde aus Rindern bestand. Ich werde nie eine Hirtenszene in Cerveteri vergessen, wo ich ein paar tausend gehörnte Rinder vorüberstürmen sah, hinter sich die mit Lanzen hoch zu Roß einhersprengenden Hirten, ihre Generale.

Wie sonderbar muß erst der Anblick der einherziehenden Herden auf dem Tratturo Apuliens sein. Zu ihren Zeiten wandern sie hier Tag für Tag fast ohne Unterbrechung fort. Eine zusammengehörende Herde nennt man hier ›punta‹; sie besteht aus einer Menge von bisweilen 10 000 Stück. Jede ›punta‹ ist eine wohlgeordnete wandernde Republik; denn sie zerfällt wieder in Unterabteilungen von 300 bis 400 Stück, von denen jede sechs und mehr gewaltige Hunde bei sich hat. Zur Seite reiten die Hirten; den Zug schließt eine Menge von beladenen Maultieren und Pferden. So bewegen sich diese geregelten Massen auf dem Tratturo fort, wo das Vieh auch wandernd immer etwas Gras und Kraut abzurupfen findet. Von Manfredonia her begleitet ein Zweig des Tratturo in einiger Entfernung die Fahrstraße. Wir fuhren dort auf ihm eine Strecke entlang, um den Weg abzukürzen. Dann sah ich später den großen Tratturo Apuliens, wo er, von den Abruzzen kommend, an den Mauern der Stadt Andria vorbeizieht und südwärts sich in die Provinz Bari wendet. Dort steht ein Grenzstein mit der Inschrift: ›P. T. 1810‹, das heißt ›Publico Tratturo‹. Er stammt demnach aus der Zeit, wo Murat König von Neapel war. Ich betrachtete diesen Stein mit Respekt, wie ein geschichtliches Monument, und zeichnete seine Ziffern in meine Schreibtafel ein. Dieses Zwangssystem der öffentlichen Weiden im Tavoliere (pastorizia sforzata) wurde übrigens schon im vorigen Jahrhundert als ein den Interessen des Ackerbaus schädliches Institut wiederholt angegriffen und die Ansicht aufgestellt: daß jene ausgedehnten Triften im Kulturland zu verwandeln und den Pächtern im Wege des Abkaufs als Privateigentum zu überlassen seien. Unter dem französischen Regiment wurde in der Tat jenes System aufgehoben durch ein Gesetz vom 21. Mai 1806. Aber die bourbonische Regierung führte im Jahre 1817 den alten Zustand im Tavoliere wieder ein. Endlich wurde nach der Annexion Neapels an das Königreich Italien durch Gesetz vom 26. Februar 1865 das Edikt von 1817 wieder aufgehoben und die Befreiung der Weidetriften durch Abkauf festgestellt.

Der Weidezwang soll demnach aufhören, die Tratturi sollen verschwinden, die Pächter Eigentümer werden, und der Hirte soll sich in den Bauern verwandeln. Dieser Plan kam bereits teilweise zur Ausführung, aber er stößt auf vielen Widerspruch und große Hindernisse. Eine Reihe von Schriften ist darüber veröffentlicht worden, von denen ich nur zwei nenne: *Studien und Vorschläge über das Gesetz der Befreiung des Tavoliere Apuliens* vom Deputierten Giuseppe Andrea Angeloni (Neapel 1872), und *Der Tavoliere Apuliens oder die ökonomisch-industrielle Zukunft Italiens und Deutschlands* vom Ingenieur Consolini (Neapel 1872), ein Programm und Statut der internationalen Kreditbank, welches dem Fürsten Bismarck gewidmet ist. Diese beiden Schriften verteidigen die Aufhebung des Weidezwanges, aber andere Stimmen haben sich erhoben und erheben sich noch täglich gegen den Plan der Regierung. So brachte die ›Unità Nazionale‹ Neapels am 1. Juli dieses Jahres einen bemerkenswerten Aufsatz *Über die Aufhebung der Tratturi*, worin der Verfasser nachweist, daß diese Maßregel die Viehzucht Süditaliens zerstören, mit ihr auch den Ackerbau beeinträchtigen und ein Chaos von Rechtsverletzungen, von Streitigkeiten und Prozessen erzeugen müsse.

Die große Lebensfrage des Tavoliere, schon seit zehn Jahren Gegenstand des Studiums für die italienische Regierung und der Debatten im Parlament, schwebt demnach noch unentschieden.«

Wie heute jeder sehen kann, wurde diese Frage kurz danach entschieden in einer Weise, die an den von Marx für die englischen Einhegungen, die »enclosures« beschriebenen Prozeß der Ursprünglichen Akkumulation erinnert: die Konzentration von Großgrundbesitz, die Aufteilung des Gemeinbesitzes, der »commons«, und die Vertreibung, der »Auskauf« der Kleinbesitzer – nur daß es sich hier vor allem um Vieh- und Schafhirten handelte, deren alte Rechte dem Profitmotiv geopfert wurden. Aufschlußreich ist an der gerafften historischen Darstellung Gregorovius' der Hinweis, daß die ersten Versuche der privatwirtschaftlichen Nutzung des Tavoliere unter dem aufgeklärt-modernistischen Regime des Napoleon-Trabanten *Murat* als König von Neapel gemacht wurde, daß sich hingegen die 1816 restaurierte Bourbonenmonarchie bis zu ihrem Sturz 1863 für die Altrechte der Hirten und gegen die privat-kapitalistische Nutzung eingesetzt hatte.

Dies erklärt sozialgeschichtlich die sonst schwer verständliche Tatsache, warum die Bourbonen auch und gerade nach ihrer Vertreibung durch Garibaldi und der Einverleibung Süditaliens in den Einheitsstaat 1861 bei den untersten Volksklassen, den Bauern und Hirten vor allem, ihre aktivsten Parteigänger hatten: jene idealistisch-progressiven Intellektuellen, die in der Zeit der Restauration aus dem Norden kommend und an die radikalen bis revolutionären Traditionen der französischen Zeit anknüpfend, in den 40er und 50er Jahren die Bauern zum Aufstand gegen die repressive Bourbonenherrschaft agitieren wollten, fanden hier zu ihrer bitteren Enttäuschung kein revolutionsbereites Landproletariat vor, sondern sie wurden vielmehr von den zu Befreienden sofort beim bourbonischen Militär denunziert, teilweise sogar von ihnen massakriert. Für die Bauern und Hirten waren die Agitatoren aus dem Norden nichts als Fremde, die ihnen ihre kleinen Rechte und ihr kleines Eigentum im Interesse neuer und rücksichtsloser Herren abnehmen wollten. Später, nach der italienischen Einigung, rekrutierten sich aus diesen Bourbonen-Anhängern die sogenannten »Briganten«, gegen die die *Carabinieri* im Auftrag der sabaudischen Monarchie einen jahrzehntelangen brutalen Bürgerkrieg führten, der mehr Todesopfer forderte als die Schlachten der Einigungskriege selbst. Entweder Brigant oder Emigrant – »o brigante, o emigrante« – Räuber oder Auswanderer war die Alternative auch der vom Tavoliere Vertriebenen.

Zu Beginn der 80er Jahre des 19. Jahrhunderts war die Aufteilung und latifundistische Nutzbarmachung des Tavoliere abgeschlossen: hinter der Schutzmauer hoher Importzölle und mittels norditalienischen Kapitals und der billigen Arbeitskraft landloser Bauern wurde hier der Getreideanbau in Monokultur betrieben. Ähnlich wie in der Emilia (siehe das Kapitel »Landschaften« in Band I) organisierte sich der Widerstand der Landarbeiter in gewerkschaftsähnlichen Organisationen, den »leghe bracciantili«, die ihrerseits um die Jahrhundertwende von faschistischen Schlägerbanden, den »squadre fasciste«, bezahlt und organisiert von den Latifundisten, in einem brutalen Kleinkrieg mit indirekter Unterstützung von Militär und Carabinieri zerschlagen wurden. Das Zentrum dieser Auseinandersetzungen, dieses Klassenkampfes, war **Foggia**.

Noch einmal, zu Beginn der 30er Jahre, war der Tavoliere Zentrum einer von Rom gesteuerten ökonomischen Strategie: als das faschistische Regime nämlich versuchte, auf die Weltwirtschaftskrise durch die Propagierung der landwirtschaftlichen (und industriellen) Autarkie zu reagieren mit der großangelegten »Weizenschlacht«. Was immer noch an kleinbäuerlichen Resten und vor allem an Weideland für die Fleisch-, Milch- und Wollproduktion hier übriggeblieben war, wurde von einer zweiten Konzentrationswelle erfaßt und für den Getreideanbau umfunktioniert (die bis heute chronische Importabhängigkeit Italiens für Fleisch – der nach dem Erdöl größte Einzelposten, der mit Devisen bezahlt werden muß! – datiert u. a. von dieser langfristig katastrophalen Landwirtschaftsstrategie des faschistischen Regimes). Allerdings gab es zu dieser Zeit schon keinen organisierten Widerstand mehr – diesem war bereits durch die großen Auswanderungen der vorangegangenen Jahrzehnte das Rückgrat weitgehend gebrochen worden; 1936 bestand die Hälfte der landwirtschaftlich tätigen Bevölkerung Apuliens aus »freien« Landarbeitern, die aber nur während etwa eines Drittels des Jahres Arbeit fanden – zur Erntezeit kann man sie noch heute auf den Hauptplätzen der kleineren Städte als arbeitsuchende Tagelöhner beobachten. Daß die großbetriebliche, latifundistische Wirtschaft nicht auch zugleich Effizienz und Produktivität bedeutet, geht aus dem Vergleich mit den entwickelten kapitalistischen Unternehmen hervor: Apulien produziert 22,5 Quintale Weizen per ha, die Lombardei hingegen fast 40. Nur wegen der großen Flächen ist diese Produktion dennoch profitabel für die Großgrundbesitzer, weshalb bislang alle Versuche einer Landreform – was hier u.a. kleinere Produktionseinheiten und Produktdiversifikation hieße – an deren mächtigen Interessen gescheitert bzw. in Ansätzen steckengeblieben sind. Die Alternative heißt nach wie vor Abwanderung, Emigration.

Die Murge: Von Canne della Battaglia nach Alberobello. Italsider, der neue Herrscher im Golf von Tarent

An die Capitanata, die fast ganz vom Tavoliere beherrscht wird, schließt sich südöstlich die zweite historisch-geographische Region Apuliens an, die Murge. Vom relativ schmalen Küstenstreifen mit der Hauptstadt Bari abgesehen, handelt es sich hier vor allem um ein karstiges Plateau, dessen heutige landwirtschaftliche Nutzbarkeit nicht auf vermeintlich gute Bodenbedingungen, sondern auf intensivste menschliche Arbeit zurückgeht, hier befördert durch den Bau des Apulischen Aquäduktes, parallel zur landwirtschaftlichen Nutzung des Tavoliere.

Auf dieser Hochebene finden wir das zu Recht berühmte **Castel del Monte**, die »Krone Apuliens«, und, ebenfalls gewissermaßen am Eingang zu Le Murge (zwischen **Canosa** und **Barletta**), das Denkmals-Örtchen **Canne della Battaglia**. Hier soll die berühmte Schlacht von Cannae 216 v. Chr. stattgefunden haben, bei der es den Soldaten Hannibals aufgrund der sogenannten »schiefen Schlachtordnung« gelang, 70 000 römische Berufskollegen zu töten, bei nur 6–8 000 Verlusten der 40–50 000 Mann starken karthagischen Truppen.

Neuerdings wird mit fundierten Argumenten bestritten, daß

dieser Ort wirklich das historische Cannae sei, und angenommen, daß sich Cannae vielmehr rd. 100 km westlich im Tal des Flüßchens Celone bei der kleinen Ortschaft Castelluccio Valmaggiore nahe bei **Troia** befunden habe; aber 1938 war, wohl nicht ganz ohne die politisch-ideologische Motivation der Wiederbelebung römischen Erbes und römischer Geschichte im Dienste des faschistischen Regimes, Cannae hier nun einmal lokalisiert worden – es wurde viel Geld investiert, ein kleines Museum eingerichtet und der Name »della battaglia« eingeführt – und so ist es schwer, den möglichen Irrtum einzugestehen. Das faschistische Regime ließ auf einer römischen Granitsäule die Worte des Livius einmeißeln, dem zufolge kein anderes Volk ein derartiges Unglück überlebt hätte ...

Vor allem auf den sanfteren Hängen zur Meeresseite hin fallen die großen Haine von wuchtigen Olivenbäumen auf, die hier fast das Aussehen und die Größe nordischer Eichen haben und sich von den vergleichsweise zierlich-verknorpelten Oliven etwa des toskanischen Terrassenanbaus deutlich unterscheiden (etwa 50% der italienischen Ölproduktion stammt aus Apulien). In unmittelbarer Küstennähe überwiegen dann die Mandelbäume (Apulien ist nach Sizilien der größte Produzent), und natürlich finden wir immer wieder den Weinanbau.

Auf der Hochebene selbst, deren karge Vegetation unmittelbar ins Auge fällt, dominiert dort, wo der Ackerbau überhaupt möglich ist, der Weizen – angebaut auch hier von den großen Latifundien und ihren saisonalen Landarbeitern; und die Hälfte der Murge ist in der Hand von Großbetrieben von über 50 ha, 43% der Bevölkerung lebt von der Landarbeit. Der karstige Untergrund – bisweilen als »steinerner Schwamm« bezeichnet – produziert stellenweise bizarre Formen: einmal wären da die erst in den 60er Jahren erschlossenen Höhlen, **Castellane Grotte**, zu nennen, die für denjenigen, der an phantasievollen Stalagtiten- und Stalagmitenbildungen seine Freude hat, wohl einen Abstecher wert sind; zum anderen aber wurden in einigen der tiefen Kalkschluchten menschliche Wohnungen eingegraben, die dann später zum Kern von städtischen Siedlungen an den oberen Schluchtenrändern wurden. Die Stadt **Massafra** bietet dafür ein faszinierendes Beispiel.

Unbedingt aber sollte man die erst vor wenigen Jahren verlassene Höhlen»altstadt«, den *»Sasso« von Matera* besuchen (auch wenn **Matera** administrativ nicht zu Apulien, sondern zur Basilicata gehört) – eine Szenerie, vor allem bei untergehender Sonne, die man kaum wieder vergessen wird. Derzeit wird der Versuch unternommen, vor allem den »Sasso« als touristische Attraktion wiederzubeleben – ein Unternehmen, das den Bewohnern vielleicht ökonomischen Nutzen bringt, auch wenn das notwendigerweise auf Kosten der Armutsromantik geht.

Sieht man ab von dem historischen Erbe Apuliens aus der Zeit seiner Blüte zwischen der normannischen Eroberung und dem Ende der Stauferherrschaft (rd. 1000 bis 1300), das mit seinen einmaligen romanischen Kathedralen und Befestigungen noch eine Ahnung von der einstigen Schönheit dieses Landes vermittelt, das damals vorwiegend bewaldet und überall von weißen Stränden umgeben war, so ist das zweite »Juwel« das kleine Gebiet von **Valle d'Itria** mit seinen Trulli und dem Städtchen **Alberobello**. Wer je sich einen Begriff davon bilden möchte, wie ein ganz und gar traumhaftes Märchenland aussehen könnte, der findet es hier verwirklicht. Keine Beschreibung und kaum eine Fotografie kann diesem einmaligen Stück Kulturlandschaft gerecht werden. In seiner Besiedlungsstruktur ist es deutlich atypisch für Apulien und für den italienischen Süden überhaupt, eine »Oase der Bevölkerungsstreuung im Mezzogiorno«, aber auch eine »Oase der Gartenbaukultur im Herzen der Baum- und Getreidelandschaft Apuliens«. Der Blick auf das Valle d'Itria von **Martina Franca** – im Vergleich mit dem auf die menschen- und siedlungsleere Ebene des Tavoliere z.B. von Lucera – ist wie der Blick auf einen riesigen Garten voller kleiner fruchtbarer Felder, durchzogen von kleinen weißen Mauern und durchsetzt mit den weißen Spitzkuppeln der Trulli-Gehöfte. Die architektonische Struktur der Trulli (der Name scheint sich vom lateinischen »turris« und vom griechischen »torrulos« bzw. »trulla« für Kuppel herzuleiten) wurde inzwischen auch wissenschaftlich analysiert (Edward Allen: *Stone Shelters*).

In Alberobello findet man die von einem Lokalhistoriker eher liebevoll als kritisch verfaßte Darstellung: *La Storia dei Trulli di Alberobello* von Miriano Marraffa – aber ihre historische Genesis (griechisch? balkanisch?) ist gleichwohl noch immer umstritten. Dennoch gibt es zumindest eine historisch-politökonomische Erklärung, die ein hohes Maß von Glaubwürdigkeit hat und die das Geburtsjahr der Trulli auf 1550 ansetzt, als sie nämlich zum erstenmal in einem Dokument aus der Zeit Karls V. erwähnt werden. Es ist ein Stück Feudalismus-Geschichte und alles andere als die Geschichte eines glücklichen Märchenlandes:

Diese Geschichte beginnt mit der Rolle, die ein gewisser Graf Giulio Antonio I. Acquaviva 1480 bei der Vertreibung der Türken aus Otranto (dazu später mehr) gespielt hatte, wobei er selbst zu Tode kam; seiner Familie wurde dafür das damals so gut wie unbebaute, auch wenig ertragreiche Gebiet des heutigen Valle d'Itria vom König von Neapel als erbliches Lehen verliehen. Die Feudalherren bemühten sich mit Erfolg, Siedler ins Land zu ziehen, unternahmen auch selbst einiges, um das unwirtliche Land attraktiv zu machen durch den Bau einer Mühle, eines öffentlichen Backofens, einer Schlachterei, eines Wirtshauses etc. Um das Räuberunwesen zu unterbinden, ermutigten sie auch eine breit gestreute Flächenbesiedlung, die sich bis heute durchgehalten hat. Mit dem Versprechen geringerer Feudalabgaben warb man Bauern aus den angrenzenden Gebieten ab – aber, einmal besiedelt, wurde die Herrschaft drückender als anderswo, besonders unter dem Grafen Gian Girolamo II. (1620–1665). Steuern an den Lehnsherrn in Neapel wurden aufgrund eines Edikts, »Prammatica de Baronibus«, gezahlt auf der Basis fester, gemauerter Siedlungen – eine Art indirekter Zensus zur Berechnungsgrundlage. Um diese Steuern nun zu umgehen, bestand der Graf darauf, daß die bislang nur als Feldhütten verwendeten Trulli zur ausschließlichen Hausarchitektur wurden: die Trulli sind nämlich (ursprünglich) nicht gemauert, sondern mittels eines kunstvollen Systems geschichtete Rundhäuser aus den Kalksteinen der umliegenden Felder. Als solche nichtgemauerten Häuser meinte der Graf sie der Besteuerung entziehen zu können; sollte es jedoch dennoch zu einer königlichen Inspektion kommen, so waren diese Konstruktionen mit nur geringer Mühe in Steinhaufen verwandelbar und damit nicht mehr als Häuser erkennbar. 1644 trat dieser Fall auch in der Tat ein: aufgrund einer Anzeige des benachbarten Herzogs von Martina Franca beim spanischen Hofe Philipps IV. wurde ein Inspektor ins Land geschickt – aber der fand, da man von seiner Ankunft Wind bekommen hatte, in der Tat nichts Verdächtiges, nur Steinhaufen vor. Die leidtragen-

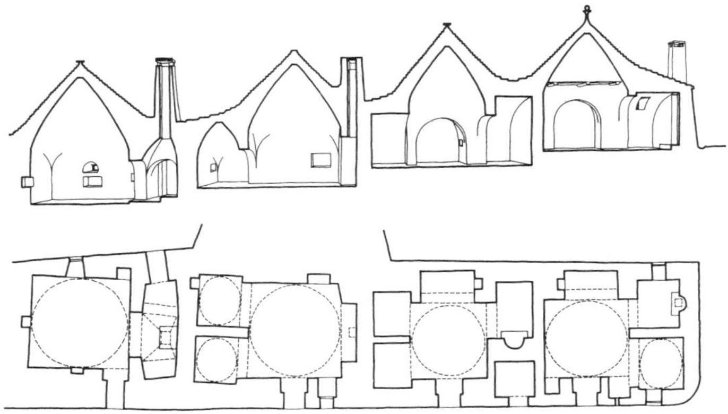

Querschnitt und Grundriß typischer Trulli in Alberobello, Rione Aia Piccola

den Bauern mußten anschließend alles wieder aufbauen (später wurde Gian Girolamo für andere Missetaten gegenüber seinen Bauern dennoch nach Spanien vor Gericht zitiert und starb dort im Zwangsexil). Geblieben sind also die Trulli als dominierende Architektur der Ebene um Alberobello – sie zeichnen sich durch eine besondere Funktionalität aus: billig im Material (gleichzeitig wird damit die Erde von den Steinen befreit), kühl im Sommer, warm im Winter, nicht zuletzt günstig für die Speicherung von Vorräten – und geblieben ist der breitgestreute Kleinbesitz (nachdem es 1797 vor dem Hintergrund der Französischen Revolution gelungen war, von Ferdinand IV. von Bourbon die Freiheit zu erhalten, d.h. den letzten regierenden Grafen der alten Familie seiner Rechte zu entkleiden).

Das Land, so wie wir es heute vor uns sehen – hier leben 53% der Bevölkerung auf dem von ihnen bebauten und bearbeiteten Land, verglichen mit den 4–10% im übrigen Apulien –, ist nahezu völlig menschliches Produkt, dem Karst und den Steinen über Generationen hinweg abgerungen. Oftmals bis zu einem Meter in die Tiefe aufgegraben, entsteint und mit fruchtbarer Erde aus Flußniederungen und anderen Ablagerungen neu aufgefüllt, hat diese Gartenlandschaft eine gewisse strukturelle Verwandtschaft mit den großen Terrassen-Kulturen Chinas: sie ist ein Kunstprodukt.

Aber sie hat auch etwas Museales: zuerst waren 1909 Teile von Alberobello unter Denkmalschutz gestellt worden; als 1930 der König die vom faschistischen Regime groß aufgezogene Levante-Ausstellung in **Bari** (es gibt sie heute noch jedes Jahr) besuchte und bei der Gelegenheit auch zum erstenmal die Trulli sah, wurde Valle d'Itria von Italien überhaupt erst wirklich entdeckt und nunmehr die gesamte Zone per Gesetz zur »zona monumentale« erklärt und strikte Auflagen zur Erhaltung ihres traditionellen Charakters gemacht. So ästhetisch befriedigend, ja begeisternd das für den Besucher sein mag: für die Bewohner selbst bedeutet das auch Stagnation und Rückentwicklung zugunsten eines unkreativen Tourismus, Alberobello als großer Zoo. Die Häuser sind klein (nur ein Fünftel hat mehr als zwei Zimmer), es fehlt ihnen an Komfort (26% sind ohne fließendes Wasser, 35% ohne Bad und Toilette), wer kann, zieht in moderne Wohnungen (das Durchschnittsalter der Familienoberhäupter liegt bei 60 Jahren, die Jungen ziehen aus), man lebt vom Fremdenverkehr. Ein 1960 unter der Ägide der Provinzbehörde für Tourismus im Trulli-Stil erbautes und mit ministerieller Präsenz eröffnetes Hotel der ersten Kategorie zeigt an, wohin die Entwicklung gelenkt wirk: Alberobello und Valle d'Itria auf dem Wege nach Venedig – mit dem täuschenden Unterschied, daß das dazugehörige »Mestre« (siehe das Kapitel über die Lagune von Venedig) hier nicht unmittelbar benachbart ist und die Idylle darum den Anschein des Echten hat.

Dieses »Mestre« Apuliens heißt **Tarent** (Taranto): einst eines der blühendsten Zentren Groß-Griechenlands (das Museum mit seinem besonders reichen Schatz an griechischen Vasen aus den verschiedenen Produktionsperioden legt davon Zeugnis ab), dann – aufgrund seiner geschützten und zugleich strategisch exponierten Lage – Kriegshafen (noch während des Zweiten Weltkrieges), ist heute seine einstige Schönheit kaum mehr wahrnehmbar. Sie ist verschwunden hinter den Industrieabgasen und den Wüstungen der staatseigenen Stahlwerke Italsider, dem wichtigsten neuen schwerindustriellen Zentrum nicht nur Apuliens, sondern des Mezzogiorno überhaupt. Hier haben wir eine jener sprichwörtlichen »Kathedralen in der Wüste« vor uns: eine Industrieanlage, die nicht zum Zentrum der differenzierten Entwicklung einer Region geworden ist. In ihrer Entstehungszeit hatte sie Erwartungen geweckt, bei Auf- und Ausbau Zehntausende angelockt und ihnen vorübergehend auch Arbeit gegeben, sie aber dann zugunsten effizienten, arbeitssparenden Produzierens bis auf relativ wenige qualifizierte Arbeiter wieder abgestoßen – nicht zurück aufs Land, dem waren sie entfremdet worden, sondern in die Emigration.

»Der neue Herrscher aus dem Norden«, schreibt der Journalist und Mezzogiorno-Experte Giovanni Russo, »so gefühllos wie der Stahl, den er produziert, hatte das einzige Interesse, sein Unternehmen auf die billigste und ergiebigste Weise zu vergrößern. Tarent hat nur einen einzigen, unerbittlichen Feudalherrn, der sehr viel starrer ist als die normannischen Krieger, die vor Jahrhunderten Apulien eroberten. Wie eine eiserne Schlange windet sich Italsider um Golf und Stadt.«

Der Salent: Lecce und Otranto. Barocker Zerfall und Vorposten der Christenheit

Der Südzipfel Apuliens schließlich, der italienische »Stiefelabsatz«, umfaßt den dritten Landesteil Apuliens, den Salent. Obwohl kaum mehr als eine gute Autostunde von Brindisi, der großen Hafenstadt, entfernt, liegt da seit Jahrhunderten eine so gut wie vergessene Stadt: Lecce. Gregorovius war zwar 1875 da und schrieb, die Stadt läge »wie am Ende der Welt«:

»Ich werde kaum irren, wenn ich voraussetze, daß die allermeisten Leser dieser Blätter kaum eine dunkle geographische oder geschichtliche Vorstellung von Lecce haben, und daß sie in einige Verlegenheit geraten, wenn ich ihnen andere uralte Städte dieses Landes nenne, wie Ostuni, Galatone, Nardo, Gallipoli, Oria, Manduria, Francavilla. Denn sind sie aufrichtig, so werden sie bekennen, daß sie davon geradesoviel wissen wie von irgendwelchen Orten in einer Provinz Kleinasiens.« Die Vermutung, daß sich daran – trotz des Gregorovius warmer Fürsprache – bis heute wenig geändert habe, drängt sich auf.

Der Lecceser Journalist Ernesto Alvino, der vor kurzem im Auftrag des provinzialen Tourismus-Büros den ersten kleinen

Stadtführer schrieb – er nennt sich *Un giorno a Lecce, città inconsueta* und kann kostenlos bezogen werden von der Azienda Autonoma di Soggiorno e Turismo di Lecce – (den Gregorovius scheint er nicht zu kennen), zitiert als erste ausländische Entdekker Lecces den englischen Architekten Martin Briggs (1902!) und den französischen Schriftsteller Paul Bourget (1891!). Und noch immer ist man hier als Tourist etwas Besonderes. Das Besondere der Stadt dürfte wohl der in Italien und Europa einmalige »Lecceser Barock« sein: eine ganze Altstadt nahezu homogen im eigenwilligsten Spätbarock gebaut – Fassaden vor allem von Bürgerpalästen und Kirchen, die, nachts in gelblichem Licht angestrahlt, einen unvergeßlichen Eindruck hinterlassen. Im Unterschied zum mitteleuropäischen Barock, dessen Architekten eine internationale Kundschaft bedienten und darum für eine gewisse Einheitlichkeit, eine internationale Austauschbarkeit der stilistischen und architektonischen Elemente sorgten, handelte es sich bei den Schöpfern von Lecce (in einer Zeit des ökonomischen Aufschwungs von Handel und Verkehr unter der Bourbonen-Monarchie, 16. und 17. Jahrhundert) durchweg um lokale Architekten, die sich hier gewissermaßen ihren eigenen, von den großen Vorbildern unvorbelasteten Barock zusammenstellten. In der »Entfaltung eines ungewöhnlichen Reichtums architektonischen Schmuckes, der oft die Grenzen des Schönen überschreitet, und bunt, zopfig, schwerfällig und überladen wirkt« (Gregorovius), kann man zwar zu Recht einen künstlerischen Provinzialismus konstatieren – andererseits aber auch zugleich die einmalige Erscheinung eines eben genuinen Provinzialismus, der in der Isolation von den großen Kulturbewegungen aus dem gleichen Zeitgeist sich mit eigenen Mitteln seine urbane Landschaft gestaltet und keine Anleihen anderswo macht.

Heute ist die Stadt zweigeteilt in die barocke Altstadt, die, unter weitgehenden Denkmalschutz gestellt, nicht nur wegen ihres weichen Baumaterials, sondern auch sozial zerfällt und sich entvölkert, und zweitens in das moderne Lecce, das sich unvermittelt an den historischen Teil anschließt. Ein drittes, unsichtbares Lecce ist das der Emigration ... Ernesto Alvino sieht, auch wenn er auf den Tourismus setzt (in seinem sympathisch geschriebenen Büchlein zieht er es vor, von den »Gästen« zu sprechen), die Zukunft der historischen Schönheit von Lecce so ähnlich, wie es das Schicksal z. B. der Trulli von Alberobello zu sein scheint – Entwicklung der Unterentwicklung durch museales Einfrieren von Historischem für den Bildungs- und Erholungsreisenden aus den Metropolen. »Die nun so gut wie unbewohnte Barockstadt scheint nur noch von der Barmherzigkeit der Zeit vor Verfall und Zusammenbruch geschützt zu werden. Ein Verfall, in dem sich so etwas wie eine ›archäologische Barock-Zone‹ von Lecce ankündigt, eine Art neues Pompeji, das nur noch neugierigen Touristen von morgen geöffnet sein mag: kleine Plätze und Straßen, Gassen, Höfe, Loggien, deren Leben allein aus Erinnerung besteht.«

Lecce ist die Hauptstadt einer Provinz historisch anderen Namens: *Terra d'Otranto* – genannt also nach jener Hauptstadt (auch sie ein wichtiger Ausgangs- und Schlußpunkt des Kreuzzugsjahrhunderts), die, exponiert wie kaum eine andere italienische Hafenstadt, auf Asien hin orientiert ist. Heute ist Otranto Zentrum eines – von der Entwicklungsbehörde »Cassa per il Mezzogiorno« mit Subsidien geförderten – Luxus-Tourismus geschmackvoller Hotels und Ferienkomplexe, Mittelpunkt einer karstigen Küste, deren zahlreiche, meist vom Meer mittels Booten zugängliche Grotten menschliche Besiedlung seit dem Neolithikum nachweisen.

Die in regelmäßigen Abständen hier besonders auffallenden Turmruinen stammen aus den 20er und 30er Jahren des 16. Jahrhunderts: zur Abwehr weiterer Sarazeneneinfälle hieß Karl V. seinen neapolitanischen Vizekönig, Süditalien mittels dieses »Frühwarnsystems« zu schützen; insgesamt 365 solcher in Sichtweite errichteter Türme wurden damals gebaut (zuvor hatte Karl V. 1535 gegen die nordafrikanischen Sarazenen-Piraten einen erfolgreichen Feldzug nach Tunis und Algier unternommen, nach seiner Rückkehr wurden ihm dafür Triumphbögen errichtet: z.B. in Lecce und Palermo).

Aber **Otranto** selbst hat im Grunde nur einen Moment historischer Größe und Bedeutung, von dem die Stadt bis heute in ihrer Mythologie, ihrem Selbstverständnis, ihrer Erinnerungssymbolik zu leben scheint: die Eroberung durch die Türken 1480. Vorangegangen war der Fall von Konstantinopel (1453) und das anscheinend unaufhaltsame osmanische Vordringen auf dem Balkan; um der (später tatsächlich eingetretenen) Gefahr zu entgehen, in der Adria eingeschlossen zu werden bzw. um seine eigenen balkanischen Niederlassungen aus der Gefahrenzone zu nehmen, legte die Republik Venedig den Türken einen Angriff auf das Königreich Neapel nahe, das seinerseits u.a. Aspirationen auf das Venedig gehörende Zypern hatte; auch Lorenzo di Medici hatte seine Hand im Spiel, mittels der Türken das Königreich Neapel zu schwächen, das seinerseits über Siena Florenz bedrohte. Kurz: die Türken wurden von einer rivalisierenden politischen Fraktion gegen eine andere eingeladen, in Italien zu landen – was sie dann mit Erfolg in Otranto taten. Die Osmanen selbst hatten vermutlich weiterreichende Pläne – über diesen ersten Brückenkopf hinaus wollten sie von Süditalien nach Spanien (und von da nach Südfrankreich) vorstoßen, wo die christliche »Reconquista« noch nicht abgeschlossen, also ein starkes islamisches Element noch vorhanden war.

Allerdings machten die Türken bei Otranto vermutlich einen Fehler: ihr Befehlshaber Achmet Bassà, empört über den 15tägigen erbitterten Widerstand der befestigten Stadt, ließ nicht nur den Erzbischof in der Kathedrale auf seinem Thron sitzend erschlagen, sondern tags darauf auch 800 Gefangene, die sich (so die Legende) nicht zum Islam bekehren wollten, einzeln köpfen. Tatsächlich wurden sie vermutlich deshalb hingerichtet, weil sie (die Türken jener Zeit machten keine Gefangene) keine Lösegelder aufzubringen vermochten. Mit dieser sofort in ganz Italien propagandistisch verbreiteten Tat verloren die Türken die taktische Unterstützung ihrer insgeheimen italienischen Verbündeten und hatten nun das ganze Land gegen sich – Bassà wurde zurückgerufen, Otranto später zurückerobert.

Die Gebeine der Märtyrer finden sich heute hinter Glasfenstern eingemauert in der Krypta der **Kathedrale** (die übrigens über einen bemerkenswerten Mosaikfußboden aus der normannischen Zeit verfügt: einen riesigen Lebensbaum mit mythologischen und alttestamentarischen Darstellungen), und ihrer Geschichte begegnet man bis heute auf Schritt und Tritt: Otranto versteht sich seitdem als so etwas wie der Vorkämpfer für das christliche Abendland, ohne dessen Martyrium die gesamte europäische und Weltgeschichte ganz anders verlaufen wäre. Folgt man z.B. der Darstellung des Lokalhistorikers Grazio Gianfreda *Otranto nella storia* – man bekommt das Buch am Ort –, so spiegelt sich in der Geschichte Otrantos die gesamte italienische, europäische, ja sogar Menschheitsgeschichte (s. die neolithischen Höhlenzeichnungen).

Im Oktober 1980 fand der Papst die Märtyrer-Legende immerhin wichtig genug, um dem 5 000-Einwohner-Städtchen einen mit großer Publizität begleiteten Besuch abzustatten, wofür die lokale DC-Regierung 600 Millionen Lire von der Region Apulien (auch sie DC) erhielt (das Geld endete in den Taschen örtlicher Bauunternehmer) – verglichen mit nur 100 Millionen, die die Regionalregierung jährlich für die Altenunterstützung ausgibt.

Tatsächlich hat sich die Stadt von jener Zerstörung im Jahre 1480 nie wieder erholt; das **Kastell** wurde im Zuge der erwähnten Schutzmaßnahmen gegen die sarazenischen Piraten unter Karl V. ausgebaut, und zu Beginn des 19. Jahrhunderts erscheint der Name der Stadt noch einmal – aber eher als Farce: Napoleon verlieh seinem berühmten Polizeiminister Fouché (von Stefan Zweig im gleichnamigen Roman als exemplarisches »Bildnis eines politischen Menschen« porträtiert) den Titel eines »Herzogs von Otranto« ...

Übrigens: Der in der englischen Literatur- und Kulturgeschichte wohl nicht ganz unbedeutende Roman von Horace Walpole (Sohn des großen Politikers Sir Robert Walpole), *The Castle of Otranto* (1764), der als eine »gotische Geschichte« in den Kontext der Wiederentdeckung des Mittelalters gehört (Ossian, in Deutschland Herder etc.), hat mit der Burg von Otranto nur den Namen gemein und ist ohne lokales Kolorit.

E. K.

Monopoli, eine Kleinstadt in Apulien

Die Autobahn Neapel–Bari führt in einem Querschnitt durch die klassischen süditalienischen Agrarlandschaften: durch den arbeitsintensiven Gartenbau der Terra del Lavoro um Neapel; durch die Haselnußwäldchen von Baiano, schon am Fuß des Gebirges; durch die vom armen Kleinbesitz gezeichnete Gegend von **Avellino** (hier tangieren wir bis Lacedonia das Gebiet der Erdbebenkatastrophe vom November 1980); schließlich, bei **Benevent**, an der Grenze zwischen Kampanien und Apulien, durch die baumlose, klassische Landschaft des Latifundiums, die dann abfällt zum Tavoliere di Puglia, zu einem weiten »Tafelland«, das einst die Winterweide für die riesigen Schafherden des Apennin war und Ende des 19. Jahrhunderts zur Kornkammer Apuliens wurde (siehe dazu das Kapitel »Apulien«).

Dieses Land gehörte der Krone, und gegen geringes Entgelt weideten hier im 17. und 18. Jahrhundert jeden Winter an die 4,5 Millionen Schafe. Als nach der Auflösung der feudalen Besitzverhältnisse – im Kampf um das Eigentum dieser Fläche – das große bürgerliche Privateigentum über die Hirten und ihre Allmenden Sieger wurde, wurde dieses Land zu einem apulischen Amerika: Gehölz, Macchia und Steppe wurden unter den Pflug genommen, die Hirten wurden vertrieben, und von nun an entschieden Weltmarktpreise (bzw. die Zölle auf Getreide) über Hunger und Auskommen, über Verbleib oder Auswanderung eines neues ländlichen Proletariats, das sich in **Cerignola, S. Severo, Foggia** und anderen Landstädten konzentrierte.

Neben der Poebene ist dieser nördliche Teil Apuliens die Wiege der italienischen Landarbeitergewerkschaft (und damit der italienischen Arbeiterbewegung), und es ist kein Zufall, daß aus Foggia der bedeutendste Agrarexperte der Kommunistischen Partei, *Ruggero Grieco* (1893–1956), stammte und aus Cerignola *Giuseppe Di Vittorio* (1892–1957), bis zu seinem Exil (1928) Landarbeiter und Organisator der Landarbeiterbewegung, nach dem

Zweiten Weltkrieg Generalsekretär des kommunistisch-sozialistischen Gewerkschaftsbundes CGIL. Sein Bild hängt auch heute noch in fast allen Gewerkschaftshäusern. In **Cerignola** erinnert am alten Bahnhofsplatz ein heute verblichenes Wandbild an diese populäre Figur, aber die Sicherung von Spuren und Zeichen der Landarbeiterbewegung und ihrer Kultur ist sehr schwierig und hat erst in den letzten Jahren begonnen. In Cerignola z.B. wurden einige in den Fels gehauene Zisternen, in denen das Getreide gelagert wurde, Anfang der 80er Jahre restauriert. Es handelt sich um ein Areal zwischen Via Delfi und Via Piave mit über 600 Zisternen, das bis heute zugebaut wurde oder als Schuttabladeplatz verkam. Andere Zeugnisse sind unbeachtet geblieben oder verschwunden. Von den großen Landarbeiterkämpfen nach dem Zweiten Weltkrieg (regelrechte Aufstände in S. Severo, **Andria** und anderen Städten) blieben in **Torremaggiore** (15 km südlich von S. Severo) die Gräber der drei von der Polizei erschossenen Arbeiter und auf dem Platz eine Marmortafel, die an diese Opfer erinnert. In einer »primitiven« mündlichen Überlieferung leben diese Ereignisse weiter und in dem Bild, das *Paolo Cinanni*, einer der Führer der Landarbeiterkämpfe jener Zeit, Jahre später gemalt hat.

Natürlich trat in den tragischen und fanatischen 50er Jahren in dieser armen und rebellischen Landschaft auch ein Wunderheiliger auf, der anscheinend stigmatisierte *Pater Pio*, in dessen riesiges Pilgerhotel und Hospital in **S. Giovanni Rotondo** (am Fuß des **Gargano**) auch heute noch, lange Jahre nach dem Tod des Wundertäters, Menschen aus aller Welt wallfahren.

Die Landschaft des Tavoliere setzt sich zum Teil auf den Hochebenen der Murge fort, ein zum Meer parallel verlaufender Höhenzug. Die Autobahn durchquert nun das Küstenland zwischen Murge und Meer, und die Landschaft ändert sich mit einem Schlag: es dominieren der Ölbaum, Mandelbäume und Reben, die *Culture arboree* (die Rebe wird zu den Baumkulturen gezählt). Bis zur Südspitze Apuliens fährt man Hunderte von Kilometern durch diese von Reben und Mandeln durchsetzten, zuweilen durch Gartenkulturen intensivierten Olivenpflanzungen.

Es gilt die Faustregel, daß sich Baumkulturen und Latifundien ausschließen, denn Baumkulturen setzen ein enges Verhältnis von Bauern und Boden voraus, eine intensive Pflege des Bodens, die im Latifundium nicht gewährleistet wird. Die Baumkulturen Apuliens sind zu einem großen Teil Ergebnis eines besonderen Pachtvertrags, der *Colonia miglioratatria*, den es in verschiedenen Ausführungen gab, je nach Boden, Art der Bebauung, aber vor allem je nach Kräfteverhältnis zwischen Bauern und Grundbesitzern. Das Land wurde den Bauern zur Verbesserung überlassen und fiel nach einer bestimmten Zeit ganz oder zum größten Teil an den Grundherrn zurück, natürlich mit allen Meliorationen, die der Bauer durchgeführt hatte und nur kurz genießen konnte. Im Vertrag war genau festgelegt, welche Bäume oder Reben gepflanzt werden mußten, und die Bauern zerschlugen mit Pickeln und schweren Hacken die karstige Oberfläche und schufen so in jahrzehntelanger Arbeit die großartigen Baumkulturen Apuliens (und mit den ausgehauenen Steinen die langen Mauern, die die Pflanzungen begrenzen).

Vor allem die Ölbäume, die in zweijährigem Rhythmus tragen, erforderten, um dem Bauern mindestens etwas für seine Mühe zu geben, längere Pachtzeiten (z. B. die *Colonia perpetua*, ein Art Erbpacht) oder andere Nutzungsrechte. In weiten Teilen der ölbaumbestandenen Regionen Süditaliens genoß der Eigentümer das Ernterecht in der guten Zeit vom 15. Dezember bis 15. Januar, während den Bauern ein Nachleserecht blieb. Bei der Auflösung dieser Arten von feudalem Mischbesitz und bei der Aufteilung der eingezogenen Kirchengüter nach 1861 wurden in einigen wenigen Gebieten des Südens lebensfähige Kleinbauernstellen geschaffen, während anderswo – wie z. B. im Tavoliere bei der Auflösung der königlichen Domänen – die Bauern ihrer Rechte beraubt und proletarisiert wurden.

Wenn wir die Autobahn bei Bari verlassen und die Superstrada N 16 in Richtung Brindisi nehmen, erreichen wir nach etwa 45 km die *Zona dei Trulli e delle Grotte*, die Gegend der Trulli und Grotten, wo sich der bäuerliche Kleinbesitz auch durch Landzuteilungen nach 1861 konsolidieren konnte. In dieser, durch Streusiedlung gezeichneten Baum- und Gartenlandschaft geben wir die Superstrada und damit auch die globale, rasch zusammenfassende Autobahnperspektive auf und fahren nach Monopoli hinein, in das Gewirr von Details einer süditalienischen Kleinstadt.

Monopoli: ein erster Überblick

Monopoli ist eine Stadt von
10 000 Seelen und die häßlichste von den vielen,
die an dem adriatischen Meere liegen
Johann Hermann v. Riedesel, 1768

Monopoli gefällt mir, weil der tägliche Markt auf der **Piazza XX Settembre** jeden Morgen ein mittelstädtisches maßvolles und ländlich reiches Bild an frischem Gemüse, Früchten und allen Arten von Fischen bietet, weil man in den Monaten, in denen es sie gibt, an verschiedenen Ecken Seeigel (*Ricci*) ausschlürfen kann, weil die Bar Roma (am Markt) und die Bar Leoci (an der **Piazza Vittorio Emanuele**) wunderbare Süßigkeiten produzieren, meist arabischer Tradition wie in Sizilien auch, viele aus Marzipan (Marci panis, Markusbrot, aus Teig von bitteren oder süßen Mandeln und Zucker unter Zusatz von Rosenwasser, oft mit Zuckergelee übergossen oder mit kandierten Früchten belegt), und weil es nichts Besonderes gibt, was man sich unbedingt anschauen muß.

Die Küste nördlich der Stadt ist durch Abwässer und Industriegebiet zum Baden ungeeignet geworden, aber die Felsen mit eingestreuten kleinen Sandbuchten südlich der Stadt eignen sich wunderbar zum Baden, und der *Lido Bianco* ist ein Restaurant, wo man baden, alle Arten von *Cozze* (Miesmuscheln) und Fisch essen und herrlich im Freien sitzen kann (auch im Winter geöffnet). In der Altstadt gibt es zwei sehr empfehlenswerte und sehr billige Kneipen (sehr guter *pesce fritto misto*): *»da Pierino«* zwischen dem Rathaus und der **Chiesa Amalfitana**, und unten am Hafen, an der **Piazza Garibaldi**, die Trattoria del Porto (*»da Orazio«*), ohne Speisekarten, zuverlässig, d. h. ohne Nepp, schöne Gewölbe mit großen Steinplatten als Fußboden, Kneipen, wie man sie auch in Apulien immer seltener findet. Ich bin überzeugt, man kann hier nur genußvoll essen, wenn man nicht vom Auto direkt in die Kneipe steigt, sondern vorher an Hand von ein paar Details zuerst einmal ein Verhältnis zum Ort einfädelt, wenn man zunächst einmal die Füße auf den Boden bekommt, übrigens auf historischen Boden, über den viel Geschichte gegangen ist.

Monopoli besteht aus drei klar erkennbaren Stadtteilen: der auf einer Halbinsel vorgelagerten Altstadt (arabischer Grundriß), dem *Borgo Murattiano*, d. h. der Muratschen Vorstadt mit dem schachbrettförmigen Grundriß aus der Übergangszeit zwischen neapolitanischer Aufklärung und französischer Herrschaft und aus einem Gürtel von zusammengewürfelten Neubauten aus dem Bau-Chaos der letzten 30 Jahre.

Übrigens ist dies genau die gleiche Gesamtanlage, die wir auch in **Bari** finden, nur daß die Proportionen dort so sind, daß Altstadt und Schachbrett gegenüber dem aufgeblasenen Zement kaum mehr ins Gewicht fallen. In Monopoli hingegen leben noch etwa 5 000 Menschen in der Altstadt, 12 000 Menschen in der Muratschen Vorstadt, ebenso viele in den Neubauten und etwa 15 000 in Streusiedlungen auf dem Land. Die Gemeinde hat also rund 45 000 Einwohner, einen Fischerei- und Handelshafen, ein stillgelegtes Zementwerk, Europas größte Keramikfabrik (600 Beschäftigte) und kleinere Mittelbetriebe.

Im Umland herrscht der bäuerliche Kleinbesitz vor (Durchschnittsgröße vier Hektar). Die Art der Bebauung (Mandeln, Oliven, Gemüse) erzeugt Bedarf an meist weiblicher Saisonarbeit. Um die Stadt herum liegt ein Ring alter, intensiver Gartenkulturen. Solange Monopoli eine kleine Agrarstadt war, also fast bis zum Ende der 60er Jahre, gab es eine kontinuierliche Auswanderung von Arbeitskräften, vor allem von freigesetzten Bauern und Handwerkern, ohne daß diese Abwanderung jemals einen absoluten Bevölkerungsrückgang verursacht hätte. Es handelte sich also um eine Art von »endemischer Krankheit«, die die Auswanderung bis heute geblieben ist. Um die Auswanderung und Rückwanderung in einer kleinen, blühenden Stadt und nicht in den üblichen desolaten Gebirgsgegenden des Mezzogiorno zu studieren, kam ich ursprünglich nach Monopoli.

Ein Spaziergang durch die Stadt fängt an der **Piazza Vittorio Emanuele** an, dem *Borgo*, wie jedermann diesen Platz nennt, weil er das Scharnier zwischen Altstadt und Muratschem Borgo darstellt. Hier findet gewöhnlich der *passeggio* statt, d. h. Monopoli trifft sich und flaniert, wobei jede soziale Gruppe ihre Ecke besetzt oder eine bestimmte Bahn einnimmt.

Am Platz eine Gedenktafel für den von den Roten Brigaden umgebrachten Staatsmann *Aldo Moro*, der zu Lebzeiten ein genialer Taktiker des Ausgleichs zwischen Kommunisten und Christdemokraten war, ein Politiker, der durch die Kunst des Zögerns die italienischen Kommunisten zermürbte, aber auch ein großer Lokalpolitiker, ein regelrechter Boss, durch dessen Sekretariat enorme öffentliche Gelder zur Industrialisierung der Region Bari in Bewegung gesetzt wurden. Nach seinem Martyrium wagt kein Mensch mehr, nach der Herkunft und Verwendung dieser Summen oder nach anderen Geschäften, die Moro durch seine Autorität abdeckte, zu fragen.

Auf der anderen Seite des Platzes, an der Westseite, hängt an der Ecke der **Via Umberto I** eine Tafel, die ebenfalls an ein Attentat erinnert, an das »furchtbarste Verbrechen dieses Jahrhunderts«, wie versichert wird, nämlich an den von einem Anarchisten verübten Mord an König Umberto I. im Jahre 1900. Zwei weitere Tafeln an der Südseite erinnern an harmlosere Dinge, an die Zusammenkunft bürgerlicher Verschwörer im Jahre 1848 (»gegen die verhaßte Dynastie der Bourbonen«) und an einen Baron, der sich um die Mitte des vorigen Jahrhunderts ebenfalls Verdienste um die Einigung Italiens erworben hatte.

Neben dem Rathaus, an der Seitenwand der Kirche **S. Francesco**, wird des »größten Sohnes der Stadt«, des Juristen und Abgeordneten *Luigi Indelli* gedacht, der während der Einigungsbewegung ebenfalls zu den Verschwörern gegen die Bourbonen gehört hatte. Monopoli hat also eine ausgeprägt antibourbonische, liberal-nationale Tradition, die nach der Einigung Italiens nahtlos in einen Kolonialismus überging, der durch die Eroberung afrikanischer Provinzen der Übervölkerung des Südens Raum schaffen wollte. Wie gleich vier Tafeln am Portal bzw. im Hof des Rathauses zeigen, hat Monopoli seinen Blutzoll für die »Zivilisierung der barbarischen Afrikaner« bezahlt.

Der Liberalismus in Monopoli, dessen tragende Schicht die Grundbesitzer waren, blieb bis nach dem Zweiten Weltkrieg tonangebend, national und monarchistisch. Bei der Volksabstimmung über Monarchie oder Republik im Juni 1946 stimmten 10 000 Wähler für und ca. 2 000 Wähler gegen die Monarchie. Die Christdemokraten, die in den 50er Jahren auch im Süden trotz Klientelismus und Korruption zu einer modernen Volkspartei wurden (modern und korrupt schließt sich ja nicht unbedingt aus), regieren unangefochten die Gemeinde. Relativ stark sind die Neofaschisten, die Stimmen des PCI liegen bei ca. 10%, und das ist selbst für Süditalien ein magerer Prozentsatz. Die alte Bischofsstadt Monopoli ist also eine Hochburg süditalienischer Bürgerlichkeit.

Die Altstadt: Dom und Felsenkirchen. Die Madonna und die Mönche, die aus dem Osten kamen

Im **Dom** wird in der ersten Seitenkapelle, unmittelbar nach dem Eintritt rechts, in einem großen Glasschrank eine Reihe von alten Balken verehrt. Mit ihnen hat es folgende Bewandtnis: im Jahre 1107 stand hier, auf dem Boden eines heidnisch-römischen Heiligtums, eine kleine Kirche, die abgerissen wurde, um einer großen Kathedrale Platz zu machen. Der Bischof von Monopoli, Romualdo, trieb den Bau voran, der aber trotzdem ins Stocken kam, da die Mittel fehlten, um den Dachstuhl zu vollenden.

Doch die Madonna half. Dreimal mußte sie einem Bürger im Traum erscheinen, ehe sich dieser aufmachte und den Bischof benachrichtigte, daß ein großes Floß mit dem Bildnis der Gottesmutter im Hafen angetrieben sei. In feierlicher Prozession wurde – da sich das Gesicht bestätigte – das dringend benötigte Holz samt Bildnis eingeholt und der Bau vollendet. In den Jahren 1742–1770 wurde die Kathedrale dann völlig umgebaut. Seither werden die Balken in der Seitenkapelle verehrt. Das auf Holz gemalte Bildnis einer byzantinischen Madonna können wir auf der Empore über dem Hochaltar bewundern (zuerst hebt sich ein kostbarer Vorhang, dann eine silberne Hülle, und nach diesem Effekt erscheint das Gnadenbild, eine sehenswerte byzantinische Ikone). Die Landung der Madonna della Madia (Madia ist ein sonst völlig unüblicher Ausdruck des monopolitanischen Dialekts für Floß) erfolgte am 16. Dezember 1117, und seither wird jedes Jahr an diesem Tag und am 14. August die Madonna in einer großen Prozession gefeiert.

Was steckt hinter der Geschichte? Anläßlich der 800-Jahrfeier des Wunders schrieb der Bischof von Monopoli in einer 1921 erschienenen Broschüre: »Zu jener Zeit entfernten sich die Ostvölker geistig von Rom, darum verließen ihre Heiligen, ihre Bilder und geistigen Schätze auf göttliche Anordnung hin dieses Volk und kamen nach Westen.«

Zwischen 1050 und 1150 vollzog sich das Schisma zwischen Byzanz und Rom, zwischen der griechischen und lateinischen Kirche. In den Jahren zuvor war – da es ja nie um bloße Glaubensfragen geht – die ionische Küste Süditaliens, die seit dem siebenten Jahrhundert unter byzantinisch-griechischer Herrschaft gestanden hatte, mit Hilfe der Normannen dem Westen einverleibt worden (in ganz Süditalien, aber vor allem im östlichen Kalabrien, gab es bis vor wenigen Jahren noch geschlossene griechischsprechende Minderheiten). Die Heiligen verlassen den häretischen Osten, das war die Botschaft der Madonna. Die Bilder sprechen, die Bauten, die um sie errichtet werden, verkünden diese Botschaft (»monumento eloquente, storia parlante, wer kann da noch zweifeln?« schreibt der Bischof 1921).

Das Wunder von Monopoli war eine Episode, der ein anderer Vorgang von großer Bedeutung für die römisch-katholische Christenheit vorausgegangen war: die Verbringung der Reliquien des hl. Nikolaus aus Kleinasien nach Bari im Jahre 1087. In der Krypta des Doms von **Bari**, gestützt auf die Autorität dieses Heiligen, wurde 1097/98 ein Konzil gegen das östliche Schisma abgehalten, und es wurde zum Kreuzzug, zur Rückgewinnung des ganzen Ostens aufgerufen. Bari wurde, ähnlich wie **Trani** und Monopoli, einer der Hauptstützpunkte für die Kreuzfahrerflotten.

Noch 1264 brachten Engel auf göttliche Anordnung hin das Haus der Mutter Gottes aus Nazareth direkt nach **Loreto**, an die Adriaküste südlich von **Ancona**, wo es auch heute noch unter großem Kommerz verehrt wird. Die Entführung der Reliquien des hl. Marcus im Jahre 828 von Alexandria nach Venedig gehört ebenfalls in diesen Kontext, obgleich diese Tat weniger ein Akt der Ost-West-Polemik war, als vielmehr Auftakt eines großen Reliquienhandels, der in der Folgezeit jahrhundertelang blühte. Die Venezianer hatten an der Zuspitzung der Ost-West-Auseinandersetzung wenig Interesse und versuchten immer, sich zwischen den Fronten einen eigenen Handlungs- und Handelsspielraum zu erhalten und auszubauen. Dies gilt übrigens auch für Monopoli, das sich damals trotz der Exil-Madonna weniger als Vorposten Roms, d.h. des Westens, sondern vielmehr als Brücke zwischen Ost und West verstand und aufgrund dieser Funktion eine kulturelle und materielle Blüte erlebte.

Der die Kreuzzüge betreffende Teil der monopolitanischen Geschichte ist eindrucksvoll belegt durch das von Normannen begründete ehemalige Benediktinerkloster **S. Stefano** (heute Privatbesitz mit anliegendem Campingplatz). Ein angenehmer Spaziergang längs der Südküste führt zum vier Kilometer entfernten Kloster, das 1086 an der Stelle einer römischen Befestigung zwischen zwei Buchten, die später den Kreuzfahrern als Häfen dienten, gegründet worden war. Das Kloster kam bald schon in den Besitz eines der Ritterorden, aus denen später der Malteserritterorden hervorging. Es diente als Hospital, Nachschubzentrum und Herberge für Pilger und Kreuzfahrer.

Von S. Stefano sind es nur wenige hundert Meter zur Provinzstraße N 379, die parallel zur antiken **Via Traiana** verläuft, von der an wenigen Stellen noch Spuren zu finden sind (z. B. bei den neuen Sozialbauten am Kilometerstein 1 und wenige hundert Meter südlich der Abzweigung nach S. Stefano). Auf der Provinzstraße in Richtung Süden finden wir nach etwa einem Kilometer rechts ein gelbes Hinweisschild zur Felsenkirche **Cristo Campanarello** mit einem Fresko aus dem 12. Jahrhundert. Felsenkirchen und Krypten finden sich an zahlreichen Orten am Fuß der Murge, wo sich bereits im 8. Jahrhundert in natürlichen Höhlen Flüchtlinge aus dem Osten, Einsiedler oder Gemeinschaften von Mönchen niederließen oder neu bildeten, Anhänger des hl. Basilius, die im religiösen Streit um die Verehrung von Bildwerken in den Westen gegangen waren. Sie brachten das Mönchstum, das sich in Ägypten, Syrien und Kappadozien schon seit Jahrhunderten entwickelt hatte, nach Apulien.

In Felsenhöhlen zu wohnen bzw. in ihnen Heiligtümer einzurichten, ist kein besonderer Akt von Kasteiung, sondern Teil einer im Mittelmeerraum überall verbreiteten besonderen Art von Wohnkultur, die jahrhundertelang auch der damaligen »städtischen« Wohnkultur keineswegs unterlegen war und sich in **Matera** in der an Apulien angrenzenden Provinz Basilicata, z.B. bis in dieses Jahrhundert hinein, allerdings unter immer armseligeren Umständen, erhalten hat. (Die *Sassi* von Matera sind unbedingt sehenswert.) Die Höhle Cristo Campanarello liegt auf dem

Gelände einer *Masseria*, eines Gutshofs, wo ich nicht unfreundlich empfangen wurde. Aber man erklärte mir klipp und klar, daß ich Kapelle und Fresko nicht sehen könne, da in ihr gegenwärtig Stroh für das Vieh gelagert werde. Erst wenn das Stroh verbraucht sei, könne ich wiederkommen. Andere Höhlen, die ich suchte, waren verschüttet oder unauffindbar, z.T. von neuen Häusern überbaut. Diese hier war wenigstens noch in Funktion, wenn auch nur für das Vieh.

Doch mitten in Monopoli, wenige Schritte vom Dom entfernt, kann man ohne Schwierigkeiten eine solche Höhle, die Kapelle **S. Maria del Soccorso**, betreten, solange sie ein alter Kustos eben noch offenhält. Wirklich großen Eindruck machte mir eine Andacht, die an den Ostern folgenden acht Donnerstagen in der Krypta **Spirito Santo** stattfindet. Eine mehrschiffige kleine romanische Höhlenkirche war durch Kerzen erhellt, und sowohl der Abstieg in die Höhle als auch das Wiederhinaustreten in die Natur waren ein Erlebnis (trotz unmittelbarer Nähe der Superstrada; um zu dieser Kirche zu kommen, wendet man sich vor dem Friedhof stehend nach links und folgt etwa einen Kilometer der kleinen Straße, die zwischen den Gärten aus Monopoli hinausführt).

Nicht nur in Monopoli, sondern überall an der apulischen Küste, finden wir also die Zeichen und Spuren intensiver Ost-West-Beziehungen: Heiligtümer, Reliquien und Kapellen östlicher Tradition; arabische Stadtgrundrisse, Haus- und Gartenanlagen und Konfekt (ich vergaß, in der Zeit nach der Völkerwanderung und einer ersten byzantinischen Herrschaft war **Bari** von 847–871 arabisches Emirat); Klöster, Burgen und Häfen von Kreuzrittern; in den Städten Paläste, deren wirtschaftliches Fundament auf dem Orienthandel ruhte.

Einige Namen und Paläste in Monopoli erinnern an die venezianische Herrschaft um 1500 – damals bewegte sich Monopoli, wie andere Hafenstädte auch, im gefährlichen Spiel der drei Großmächte, der Venezianer, Spanier und Türken, die miteinander um die Kontrolle des Mittelmeeres rangen. Der Ausbau des ursprünglichen Stauferkastells und der Stadtmauern, die im Süden noch erhalten sind, erinnern hingegen an die Herrschaft der Spanier, die 1530 Monopoli eroberten und von nun an für 200 Jahre Süditalien beherrschten.

Unter spanischer Herrschaft, fest einverleibt in das Königreich Neapel, erlebte die Stadt und die gesamte apulische Küste den Niedergang der alten Handelsbeziehungen. Monopoli intensivierte neue Handelsbeziehungen erst wieder im 18. Jahrhundert auf Grund der landwirtschaftlichen Entwicklung im eigenen Hinterland. Die großen Olivenhaine am Fuß der Murge warfen bei einer intensiven Pflege ansehnliche Erträge ab, und so wurde bis zum Ende des Königreichs Neapel Monopoli einer der bedeutendsten Häfen für die Ausfuhr von Olivenöl. Baulicher Ausdruck dieser Landwirtschaft und Kultur sind die *»Masserie«*, die, oftmals festungsmäßig ausgebaut, die Agrarlandschaft nicht nur Apuliens bis zum 19. Jahrhundert beherrschten. Es handelt sich um Gutshöfe, die als Verwaltungszentren und Vorratslager dienten. Die Gegend von Monopoli und **Polignano** ist reich an diesen Bauten (über 300!), und auf einige der schönsten Masserie machen gelbe Hinweisschilder aufmerksam.

Zwei habe ich besucht, die Masseria Spina, im Norden der Stadt, und die Masseria Conchia, am Fuß der Murge (zahlreiche andere Masserie sieht man so beim Vorbeifahren).

Die **Masseria Spina** liegt genau zwischen Monopoli und Polignano an der alten Staatsstraße 16, am nördlichen Rand der Industriezone von Monopoli (gelbes Hinweisschild, von Monopoli kommend links). Das Gelände der Plastikfabrik Puglia und der Ceramica Puglia gehörte früher zum Gut, das heute mit möglichst geringem Arbeitsaufwand kaum mehr bewirtschaftet wird.

Eine ältere Bauersfrau empfängt uns am Eingang und erzählt gerne (in der Hoffnung auf eine kleine Nebeneinnahme und tief beeindruckt vom Fernsehen, das schon hier war, vom Film, der hier gedreht wurde, von den Kunsthistorikern, die sich über die Form der Zinnen streiten). Sie führt uns die Stufen hinunter in die alte Ölmühle, die vor ein paar Jahren mechanisiert und dann verlassen wurde, und sie zeigt – da sie unser Interesse erkannte, den Raum, in dem bis vor zwei Jahrzehnten die saisonalen Arbeitskräfte schliefen und aßen (die gemeinsame Schüssel, aus der gegessen wurde, liegt noch in der Ecke). Vor der Mechanisierung der Landwirtschaft gab es auf diesem Gut Pferde zum Pflügen, Dutzende von Männern zum Mähen, Dreschen und zur Arbeit in der Ölmühle. Es gab Hunderte von Frauen, die im Dezember und Januar die Oliven pflückten, während heute die Früchte in riesige, auf dem Boden liegende Netze fallen, was die Qualität des Öls mindert, aber Arbeitskräfte spart.

Interessanter als die zugängliche Kirche und das unzugängliche Herrenhaus aus dem 18. Jahrhundert ist die im Grün versteckte ältere **Masseria Spina piccola**, auf deren Gelände wiederum Höhlen von Mönchen des hl. Basilius zu sehen sind. Die ältere Masseria besteht vor allem aus einem wehrhaften zentralen Turmbau. Ein Vergleich der älteren und jüngeren Masseria Spina läßt nicht so sehr auf die Fortschritte der Architektur als vielmehr auf die Fortschritte der sozialen Verhältnisse schließen. Aus der befestigten Vorrats- und Kommandostelle des 16. Jahrhunderts wurde im 18. Jahrhundert ein durch Mauern abgesicherter großer Gutshof, und am Ende des gleichen Jahrhunderts herrschten auf dem Land bei Monopoli schon derartig friedliche Verhältnisse und ein derartiger Reichtum, daß sich die Grundbesitzer in der hügeligen Landschaft bei Cozzana (etwa acht Kilometer von Monopoli auf der Straße nach **Castellana**) eine Reihe klassizistischer Villen bauen konnten. Die schönste dieser Villen, die Villa Meo Evoli, deren Besitzer auch die Masseria Spina gehört, ist als bescheidenes privates Museum (mit antiker Vasensammlung) zu besichtigen.

Zuerst Piraten und Korsaren (»nach den Reliquien landeten die Türken«), dann Banditen (versprengte Söldner und arme, entwurzelte Bauern) und oftmals beide zusammen, hatten in vielen Landstrichen Süditaliens bis ins 19. Jahrhundert das Leben auf dem Land unsicher gemacht. Um die zunehmenden Türkeneinfälle abzuwehren (1480 **Otranto**, 1534 **Terracina** und **Ostia**, 1537 **Castro** in Apulien, 1544 **Elba, Giglio, Gaeta**), wurden im 16. Jahrhundert die vereinzelten »Sarazenentürme« der italienischen Küste zu einem System von kommunizierenden Signaltürmen ausgebaut, von denen heute an der Küste von Monopoli nur noch dürftige Reste zu sehen sind (**Torre Cintola, Torre Equazia** usw.). Die Türme der Masserie, wie z.B. der alte Turm der Spina piccola, standen mit diesen Signaltürmen in Verbindung. Die Überfälle türkischer und arabischer Piraten und Korsaren endeten 1830 mit der Einnahme Algiers durch die Franzosen, doch muß gesagt werden, daß die Korsaren (Söldner, die im Dienste einer Macht standen, während die Piraten auf eigene Faust, als eigene Unternehmer losschlugen) zwischen dem 15. und 18. Jahrhundert nur zum Teil aus dem Osten oder von der nordafrikanischen Küste kamen und zu einem anderen Teil im Dienste Venedigs, Genuas, des Papstes oder des Kaisers plünderten.

Die Befestigung der Masserie kann nur z.T. mit der Gefahr, die von außen, vom Meer her drohte, erklärt werden, denn zunehmend traten mit der spanischen Mißwirtschaft des 16. und 17. Jahrhunderts, mit der Krise des Feudalstaates im 18. Jahrhundert und mit der Privatisierung des Gemeinbesitzes und der Kirchengüter im 19. Jahrhundert Banden entwurzelter und enteigneter Bauern auf, die immer wieder die Masserie, die Vorrats- und Kapitalsammelstellen bzw. die Kommandostellen des Großgrundbesitzes angriffen und zerstörten.

Im Gebiet von Monopoli vollzog sich die Auflösung der feudalen Ordnung unter Bedingungen, die die Intensivierung der landwirtschaftlichen Produktion ermöglichten (auch deshalb war im 18. Jahrhundert wieder Geld da, siehe Domneubau, Palazzo Palmieri, Villen usw.) und das kleine bäuerliche Eigentum nicht zerstörten, sondern konsolidierten, so daß mittlere, aber wirtschaftlich sehr rentable Güter (deren größtes, die Masseria Conchia, umfaßt 185 Hektar) neben zahlreichen kleinen Bauernstellen koexistierten. Auf der »Ausgewogenheit« dieser Symbiose beruht der soziale Friede, der die Landschaft um Monopoli ganz im Gegensatz zum Tavoliere, zur Hochfläche der Murge oder zu Städten wie **Andria** bis heute kennzeichnet. In Monopoli kam es weder in den stürmischen Zeiten nach dem Ersten, noch in den Zeiten nach dem Zweiten Weltkrieg zu nennenswerten sozialen Auseinandersetzungen oder gar zu Landbesetzungen. Paolo Cinanni hat gezeigt, daß die örtliche Verteilung, Intensität und Inhalte der Bauernkämpfe in Italien bis zur Periode intensiver Landbesetzungen 1944–1949 unerklärlich bleiben ohne eine Analyse der Bedingungen, unter denen sich die feudalen Verhältnisse vor über hundert Jahren auflösten. Denn das Klassenbewußtsein auf dem Land erwächst nicht nur aus den unmittelbaren Erfahrungen am Arbeitsplatz, sondern in größerem Ausmaß, als dies in der Stadt der Fall sein kann, aus dem langen Gedächtnis auch der vor Generationen erlittenen Enteignungen (Paolo Cinanni: *Lotte per la terra nel Mezzogiorno 1943–1953*, Venedig 1979).

Wie groß die Klassenunterschiede aber auch in Monopoli trotz einer etwas ausgeglicheneren Besitzverteilung waren, ist in der **Masseria Conchia** mit einem Blick zu ersehen. Gleich neben dem Eingangstor links sind über den Ställen die Wohnungen der Landarbeiter erhalten, die im Vergleich zum Gutshaus des Pächters bzw. zu den Villen der Grundbesitzer die Unterschiedlichkeit der Lebensverhältnisse dokumentieren. Conchia ist als Anlage und im landwirtschaftlichen Kontext besser erhalten als Spina und lohnt auf jeden Fall einen Besuch (an der Straße nach Alberobello, nach etwa drei Kilometern gelbes Hinweisschild nach links). Der Weg vom unteren Eingangstor des Besitzes zum Gutshof führt hügelan durch eine für die Masserie klassische Kombination des Anbaus von Ölbäumen und Getreide bzw. Ölbäumen und Weide. Eine Intensivierung des Gemüseanbaus oder der Futtermittelproduktion wurde in der weiteren Umgebung Monopolis erst möglich durch die Bohrung arthesischer Brunnen Ende der 60er Jahre. Auf dem Weg von Monopoli nach Conchia finden wir an mehreren Stellen zwischen den Olivenhainen intensiven Gartenbau, der einen Teil der in der traditionellen Landwirtschaft freigesetzten Arbeitskräfte aufgenommen hat.

Ausflüge und Spaziergänge: vier Vorschläge

Erstens: Stadtspaziergang vom Borgo (**Piazza Vittorio Emanuele**) zur Kirche **S. Domenico** (Rosette), zum **Dom**, zum **Palazzo Palmieri** (einem renovierungsbedürftigen schönen barokken Palast) zur **S. Maria del Soccorso**, zur **Piazza Garibaldi** und zur Kirche **S. Maria degli Amalfitani** (einer romanischen Kirche der ehemals amalfitanischen Kolonie über der Krypta einer Höhlenkapelle; wer Zeit hat, holt sich den Schlüssel in der Kirche **S. Francesco**).

Zweitens: Auf der Küstenstraße nach Süden nach **S. Stefano** und **Cristo Campanellaro** (4 km). Wer Lust hat, kann am Meer weiterfahren zu den Ruinen der antiken Stadt **Egnazia** (11 km) und nach **Savelletri**, wo man ausgezeichnet Fisch ißt (14,5 km).

Drittens: Zur **Masseria Spina** und zur Nachbarstadt im Norden, **Polignano** (8 km); eindrucksvoll ist, wie die Altstadt von Polignano auf Naturgrotten über dem Meer steht. In einer dieser Grotten, **Grotta Palazzeschi**, Restaurantbetrieb. Wer sich für Tropfsteinhöhlen interessiert, sollte unbedingt die Grotten von **Castellana** (15 km) besuchen.

Viertens: Zu den Villen von **Cozzana** und zur **Masseria Conchia** und anderen Masserie am Fuß der Murge. Einen der schönsten Ausflüge, die man sich vorstellen kann, unternahm ich im Frühling mit dem Fahrrad: Monopoli – S. Stefano – Egnazia und von hier querdurch auf Feldwegen nach **Fasano**; von hier zurück auf dem alten Feldweg nach Monopoli, vorbei an der **Masseria Martucci**, Masseria Conchia und der Kirche **Cristo delle Zolle** bis zur Straße Alberobello – Monopoli. Der Weg Fasano – Monopoli (ca. 12 km) ist auch zu Fuß ein wunderbarer Spaziergang.

P. K.

Sardinien

Eines Tages, so wird in **Arzachena** erzählt, kreuzte ein fremder Prinz mit seiner Yacht vor der sardinischen Küste. Müde von tausend Abenteuern entdeckte er in den Inseln und zahlreichen Buchten der östlichen Gallura den Ort, an dem er Ruhe finden könne, ein Paradies des Friedens. Doch bevor der Prinz von dieser Erde Besitz nehmen konnte, mußte er, wie in allen Märchen, ein Rätsel lösen: wie läßt sich ein Paradies bewohnbar machen, nachdem nun einmal nach dem Sündenfall die Menschen sich kleiden und nähren müssen, Licht und Wasser brauchen?

In einem Interview (mit *Il Mondo*, 28. Dez. 1977) erklärte *Prinz Aga Khan*, warum er, anstatt der Ruhe, an der Costa Smeralda ein neues Abenteuer fand: »Einige Freunde, unter ihnen einer der Direktoren der Weltbank, hatten in der Nähe von Olbia 40 Hektar Land gekauft. Sie zeigten mir Fotografien, und ich beschloß, mitzumachen. Ich fuhr nach Sardinien. Um von Olbia aus zu meinem Besitz zu kommen, benötigte ich damals acht Stunden. Ich hatte schlecht investiert, denn bei einem solchen Zeitaufwand war es mir unmöglich, die Schönheit des Ortes zu genießen. Da konnte ich genausogut im Urwald des Amazonas eine Villa bauen. Es gab nichts: kein Wasser, kein Licht, keine Straßen. Wenn wir an diesem Ort Ferien machen wollten, mußten wir zuerst Infrastrukturen bereitstellen. So beschloß ich, mit meinen Freunden weiterzumachen und die ursprüngliche Initiative in eine große Investition zu verwandeln.«

Costa Smeralda, Smaragdküste, nannte der Prinz das Gebiet, das die Hirten bis dahin *Monti di Mola* geheißen hatten. Die Augen des Prinzen sahen die Küste, die der Hirten die Weiden an den Berghängen. Die neue Benennung bedeutete neue Besitznahme und ein neues Verhältnis der Menschen zu diesem Ort.

Auf der 5 000 Hektar großen Halbinsel zwischen dem Golf von Cugnana und dem Golf von Arzachena hatten bisher 80 Hirtenfamilien gelebt, in primitiven Steinhäusern, den *stazzi*, oder in einer der zahlreichen Höhlungen der Felsen, wie man sie in Sardinien überall antrifft. Ernst Jünger hat auf einem seiner botanischen Streifzüge durch die Insel folgendes von dieser primitiven Wohnung geschrieben: »Ich stand lange davor, mit Ehrfurcht, denn es war die älteste Wohnung, die ich jemals gesehen hatte, und älter kann keine sein. Sie war längst vor den Steinzeithöhlen und Pyramiden, vor Ilions Mauern und Agamemnons Palast. Sie war, ehe an die Nuraghen und Großsteinbauten gedacht wurde. Sie war nicht nur die erste, sondern ist auch die stärkste; mächtiger als Städte aus Wolkenkratzern und technische Großwunder. Sie ist nicht nur stärker und ehrwürdiger, sondern sie stellt auch eine der großen Fragen, der großen Prüfungen an den Zeitwenden. Zuweilen wird der Mensch im Schicksalszwange aus den Palästen der Geschichte vor diese seine erste Wohnung geführt und gefragt, ob er ihrer noch gewachsen, ihrer noch würdig ist. Hier wird er gerichtet und ausgerichtet vom Unveränderlichen, das der Geschichte zugrunde liegt. Der Mensch neigt dazu, dieses Unveränderliche, wie hier den Inbegriff der Wohnung, in die ferne Vergangenheit zu rücken, an seine Anfänge. Das ist ein Augentrug. Es liegt im Mittelpunkt, im Innersten des Waldes, und die Kulturen kreisen darum herum. Demgegenüber liegen die großen Zerstörungsmittel nur am Rand.« (*Am Sarazenenturm*, Frankfurt 1955).

Die Abgesandten des Prinzen, der europäischen Banken und Versicherungsgesellschaften traten vor die Wohnungen der Hirten und schlugen einen Tausch vor, Geld gegen den Boden und alles, was darauf wächst. In Arzachena kursieren noch viele Erzählungen über diesen Tausch.

Ein Notar fragt einen Ziegenhirten, wieviel er für seine Weiden verlange. »Viel Geld«, sagte der Hirte. »Eine Milliarde Lire?« fragte der Notar. »Millionen und aber Millionen Lire«, sagte der Ziegenhirt, überlegen lächelnd. Die größte vorstellbare Summe waren Millionen, eine unvorstellbare Summe waren Millionen und aber Millionen. Die Antwort wollte bedeuten, das Land ist unverkäuflich.

Triumph des Rechtsstaates: die großen Banken und Versicherungen, die Prinzen und Jet-set-Abenteurer mußten mit Ziegenhirten der Monti di Mola von gleich zu gleich verhandeln, Äquivalente tauschen. Für die Hirten von Arzachena hatte dieser Tausch den Charakter der Einmaligkeit, für den Wert des Objekts gab es kein Maß. Es war karges, unproduktives Land, das sie besaßen und hergeben sollten, aber es umschloß ihr Leben, hatte ihre ganze Existenzweise geformt. Daher ihre Vorstellung, es gäbe keine Äquivalente und keine mögliche Gleichheit, eine erste Reaktion, die bald überwunden wurde.

Für das Konsortium lag die Sache einfach: mochten auch die Monti di Mola unverkäuflich sein, d.h. keinen Marktwert haben, so gab es doch vergleichbare Böden relativ unproduktiven Weidelandes, und diese Böden hatten ihren Preis, so sehr war Sardinien nun doch nicht von der Welt abgeschnitten. Auch die Hirten lebten im Bereich der Warenzirkulation, aus der sie ihre Armut nur teilweise herausgehalten hatte. Über lokale Mittelsmänner war der Ankauf des gesamten Bodens nur eine Frage des Takts und der Zeit. 100 Lire pro Quadratmeter in den Jahren 1955–1960 waren ein guter Preis für nichts als Macchia und Steine. Von diesem Standpunkt aus gesehen lachten sich auch die Hirten ins Fäustchen, denn sie hatten den Fremden den wertlosesten Boden der ganzen Umgebung verkauft. »Für die Hirten war dieser Verkauf Wunder und Raub, die Käufer waren Wohltäter und Diebe zugleich.« (Bachisio Bandinu: *Costa Smeralda*, ein ausgezeichnetes Buch über den Kulturzusammenstoß an der Costa Smeralda.)

Märchenprinz und Abenteuerkapital: Die Kolonisierung der Küste

Vorsicht vor den falschen Alternativen wie: die archaische Welt Sardiniens oder moderner Fremdenverkehr, Rückständigkeit oder Entwicklung, Fremdenverkehr oder kein Fremdenverkehr. Sie verhüllen die eigentlichen Fragen nach der Qualität der Entwicklung und des Fremdenverkehrs und nach dem Verhältnis des Früheren zum Heutigen.

Im Jahre 1961 wird das Projekt »Costa Smeralda« der Öffentlichkeit vorgestellt. An dieser unberührten Küste soll eine neue Côte d'Azur entstehen, eine neue Oase der Erholung für die, denen die Côte d'Azur durch Massentourismus verleidet ist. Die vielfältigen und leichten Spuren des Lebens und der Arbeit von 80 Hirtenfamilien und ihrer Vorfahren wurden nicht einmal wahrgenommen. In den Augen der Neuankömmlinge, der Bierkönige, Filmschauspieler, Adligen und Finanzleute konnte inmitten einer unberührten Natur und einer geschichtslosen Umwelt ein neues Modell erholsamen Zusammenseins entwickelt werden. Auch die Reichen pflegen ihre sozialen Utopien.

In seinem Buch *Costa Smeralda* analysiert Bandinu das Modell dieser Erholung der oberen Zehntausend: die Liturgie ihres Tagesablaufs, die Hierarchie ihrer Architektur, die Symbole ihrer Erholungszeremonien, ihre Initiationsriten und Verhaltensvorschriften. Doch nicht einmal die Costa Smeralda wurde zu einem reinen Paradies für Reiche. Denn Geld ist Geld, Grundstücke sind Waren, und die Grundstückspreise stiegen.

Hatte das Konsortium den Quadratmeter zu 100 Lire gekauft, konnte es nun, nach einer ersten Infrastrukturausstattung – für die der Staat erhebliche Mittel zuschoß – den Quadratmeter baureifen Bodens für ein Vielfaches verkaufen. Nachdem die Pioniere des Unternehmens in der ersten Reihe ihre Villen und Gemeinschaftseinrichtungen hingesetzt hatten, verkauften sie den zweiten, dann den dritten Rang usw. (mit der Entfernung vom Meer, dem Hafen, den Clubs usw. sinken die Preise) und holten auf diese Weise ihre Ausgaben wieder herein. Die zweit- und drittrangigen Kapitalanleger durften nun ihrerseits kaufen und verkaufen, vermieten, Geschäfte und Boutiquen eröffnen, so daß in würdiger Hackordnung die Beute verteilt wurde.

Was von der ursprünglichen Utopie blieb, sind einige Luxusvillen und First-Class-Hotels mit Yachthafen usw., die heute zunehmend als Köder für die Touristengruppen dienen, die einmal im Schatten des großen Lebens ihre Ferien verbringen wollen. Es blieb außerdem eine besondere »Unberührtheit«: in der Entwicklungslogik der Costa Smeralda spielen die Einheimischen keine Rolle. Das Feriengebiet hat extraterritorialen Charakter, selbst der Tod ist verbannt, denn in diesem Paradies, das im Sommer die Bevölkerung einer mittleren Stadt beherbergt, gibt es keinen Friedhof.

Aber die Costa Smeralda spielt für die hinter den Bergen, im Hinterland liegenden Dörfer eine Rolle. Anfang der 60er Jahre ging es in **Arzachena** zu wie in den Goldstädten des vorigen Jahrhunderts. Das Spekulationsfieber hatte auch die Einwohner ergriffen. Geld zirkulierte und floß in die seltsamsten Taschen. Das bisherige Sozialgefüge wurde aufgelöst, alte Spielregeln und Lebensweisen wurden von einem Tag auf den anderen in Frage gestellt.

Die Tatsache, daß die Monti di Mola zur Costa Smeralda wurden, daß in einem Jahrzehnt an Stelle der Höhlen und *stazzi* der Hirten Luxuswohnungen entstanden, daß neue, komplexere wirtschaftliche Abhängigkeiten geknüpft wurden, die außerhalb aller bisherigen Erfahrung lagen, mußte auf das Umland und Hinterland der Costa Smeralda eine ungeheure Wirkung ausüben. Wieder einmal hatte sich das alte sardische Sprichwort bewahrheitet: »furat chie venit da'e su mare«, »es stiehlt, wer über das Meer kommt«. Allenthalben wurde die sardische Küste auf diese Weise kolonisiert. Belgisches Kapital, das aus dem Kongo floh, »erschloß« z. B. die **Costa del Paradiso** und schuf eine »extraterritoriale« Villensiedlung mit eigenen »guardiani« und »pistoleros« und eigenen Autonummern (zumindest in der »Gründerzeit«, 1966). Die relativ unbesiedelte sardische Küste wurde Anfang der 60er Jahre zu einem Eldorado für Abenteuerkapital. Sardisch blieben nur die Arbeitskräfte und einige lokale Kollaborateure. Auch die Banden, die sich auf Menschenraub und Erpressung spezialisierten, sind sardisch. Sie haben sich auf ihre Art und außerhalb des Rechtsstaats das Prinzip von der »Gleichheit« der Tauschpartner und Tauschwerte zu eigen gemacht.

Vielleicht ist die Kolonisierung der Küste durch große, kapitalstarke Konsortien, wie im Falle der Costa Smeralda, dem üblichen italienischen, kleinkarierten Raubbau vorzuziehen? Heute ist das Konsortium des Aga Khan mit Hotels, Yachthäfen, Wasserwerken, Reisebüros, Werften, landwirtschaftlichen Betrieben, mit der Fluggesellschaft Alisarda, einem Golfclub, Bauunternehmen und Immobilienagenturen eines der größten Unternehmen Sardiniens und kann daher erheblichen Einfluß auf die Insel ausüben.

Im November 1989 trat Aga Khan außerdem in die bisher nur Mitgliedern der Familie Agnelli vorbehaltene Kommanditgesellschaft Giovanni Agnelli & C. ein, die das Agnelli-Imperium kontrolliert (siehe das Kapitel »Turin« in Band I). Man versteht, daß die Regierung Andreotti ein Regionalgesetz der Region Sardinien außer Kraft setzte, das im Mai 1989 ein zweijähriges Bauverbot für die gesamte sardische Küste erlassen hatte (ein absolutes Verbot bis zu einer Tiefe von 500 m vom Strand, ein relatives bis zu einer Tiefe von 2 km). Das ging gegen die Interessen nicht nur der kleinen Villenbesitzer, sondern der ganzen italienischen Hochfinanz. Berlusconi, Bagnasco, Lucchini und wie sie alle heißen sind alle im großen Immobilienausverkauf der Küste engagiert. Das Bauvolumen an den sardischen Küsten ist in den 90er Jahren vervielfacht worden (man spricht von 50 Millionen Kubikmetern). Wenn die Herren und ihre Gesellschaften die Küste bebaut und ihre Gewinne realisiert haben, werden sie, genau wie die Piraten, aufbrechen zu neuen Ufern.

Orgosolo oder die Gleichzeitigkeit des Ungleichzeitigen

Das Gegenstück zur Costa Smeralda ist Orgosolo, ein Dorf mit etwa 5 000 Einwohnern im Innern der Insel, das heute als Symbol steht für den Widerstand des archaischen Sardiniens gegen die Kolonisierung von außen.

Orgosolo ist bekannt als das Dorf, in dem bis in die 60er Jahre hinein die Blutrache und der Banditismus in ihren archaischen Formen (also nicht in den modernen Varianten des Menschenraubs und Killertums) überlebt hatten. Aus diesem leicht gruseligen Grund fahren im Sommer täglich Touristenbusse von der Küste aus hoch; alternative, politisch angehauchte Kleintouristen besuchen das Dorf und finden sich im Petit Hotel ein, einem empfehlenswerten, bescheidenen Hotel des Ortes. Das Petit Hotel organisiert für die Touristen ein Picknick im Freien: Spanferkel werden am Feuer gebraten, eine Quelle plätschert unter Korkeichen, gegessen wird auf den traditionellen Korkplatten, Weinflaschen kreisen ununterbrochen, bis schließlich die zur Familie gehörenden »Köche« und »Führer« eine Musikkassette mit sardischen Liedern abfahren lassen. Ein an die Autobatterie angeschlossener Lautsprecher hängt in den Bäumen, und es wird getanzt, zuerst nur die Sarden, dann nach und nach auch die Touristen. Bewundernswert, mit welcher Liebenswürdigkeit, wobei ich vor allem die in diesem Wort enthaltene »Würde« unterstreiche, die Orgosolesen mit den Omnibusgästen umgehen.

Orgosolo wurde zuerst von der Polizei, dann von Wissenschaftlern und Intellektuellen, dann von der NATO und schließlich vom Fremdenverkehr entdeckt.

Bevor die Polizei ins Innere Sardiniens einrückte, also vor dem Entstehen des italienischen Staats – ein Ereignis, von dem die sardischen Hirten nichts wußten, mit dem sie nichts zu tun hatten, dessen Folgen sie aber bitter zu spüren bekamen –, lebten die Hirten nach jahrtausendealten Regeln (das ist keine Übertreibung) zusammen. Es gab genaue Normen, auf welche Weise und unter welchen Umständen ein Viehdiebstahl erfolgen konnte (das ganze Altertum ist voll von heroischen Kuhhirten und Viehräubern) und auf welche Weise er zu ahnden war. Es war festgelegt, wie man sich nach bestimmten Beleidigungen zu verhalten habe. Die Weiden waren Gemeineigentum, und feste Gebräuche bestimmten ihre Nutzung. Das Gesetz der Gastfreundschaft war »heilig«, was sehr komplexe Rechte und Pflichten beinhaltete.

Der Zusammenstoß dieses Normensystems mit den von außen aufgezwungenen, staatlichen Normen schuf den »Banditismus«. Mehr noch, die Tätigkeit des Staates und die fortschreitende kapitalistische Entwicklung lieferten mit der Privatisierung des Gemeineigentums und mit der Bedrohung der Existenz der nomadisierenden Viehwirtschaft neue Konfliktstoffe, so daß der Banditismus mit zunehmender Modernisierung der Insel zunahm statt abnahm. Im Jahre 1820 wurde der sogenannte »Erlaß zur Einfriedung« von Gemeineigentum herausgegeben, der in den folgenden Jahren den Bauern und Hirten gestatten sollte, das von ihnen bewirtschaftete Gebiet mit Hecken, Mauern oder Gräben einzuzäunen und als Eigentum zu übernehmen. Dieses Edikt wurde zum Freibrief für die Starken, sich möglichst viel Land zusammenzuraffen. Ein zeitgenössisches Lied sagt:

Tancas serradas a muru
fattas a s'affera afferra,
si su chelu fit in terra,
l'haian serradu puru.

(Der Boden wird mit Mauern verschlossen / errichtet im Raffen und Raffen / wäre der Himmel hier Boden / wäre auch er schon verschlossen.)

In Orgosolo widerstand die alte Ordnung den neuen Gesetzen. Leute, die einzäunen wollten, »bekamen Pulver zu riechen«. Aber weiter unten im Land, in den Hügeln und Ebenen, wurde eingezäunt. Die Hirten aus den Bergen, die im Winter ihre Schafe in niedere Höhenlagen trieben, verloren ihre Weidemöglichkeiten oder mußten teure Pachten zahlen. Der Banditismus nahm damit seinen eigentlichen Aufschwung; die von den Grundbesitzern gerufene Polizei veranstaltete regelrechte Menschenjagden auf flüchtige Hirten (berühmt ist ein Foto, das Soldaten um einen erlegten »Banditen« gruppiert zeigt), und die brutale Repression schuf neue Banditen.

Das war nicht nur im 19. Jahrhundert so. Noch nach dem Zweiten Weltkrieg gab es im Innern Sardiniens zahlreiche Überfälle auf Polizeistationen, reiche Grundbesitzer, Geldtransporte und Kollaborateure. Aus der damaligen Presse läßt sich das Vorgehen der Polizei ablesen. Der Präfekt von **Nuoro**, Dr. Volpes, erklärte am 1. Dezember 1953 vor der Presse: »Die Orgosolesen sind Bestien. Ruhe und Ordnung lassen sich nur herstellen, wenn man nach Mussolinis Beispiel die Banditen von Orgosolo kurzweg auf dem Dorfplatz hängt und die übrigen Einwohner deportiert.« Die römische Tageszeitung *Il Messaggero* schlug den Einsatz von Flammenwerfern vor und eine Strafexpedition, »ähnlich der, die Marschall Graziani seinerzeit in Libyen unternahm«.

Es war tatsächlich ein Kolonialkrieg, den Italien im Innern Sardiniens führte. Die italienische Öffentlichkeit wußte nichts oder wollte über die Grausamkeiten dieses Krieges ebenso wenig wissen wie die französische Öffentlichkeit über den beginnenden Algerienkrieg. »Im Jahre 1945 blieben die Toten von Cétif unbemerkt«, schreibt *Frantz Fanon* zur Vorgeschichte des Algerienkrieges, »1947 gaben die Toten von Madagaskar eine kleine Meldung in den Zeitungen ab. Noch Anfang der 50er Jahre nahm die Welt ziemlich gleichgültig Notiz von der Unterdrükkung in Kenia, Bizerta, Elisabethville, im algerischen Bled ...«.

Die großen Bauernkämpfe in Süditalien zwischen 1945 und 1953, der sizilianische und sardische Banditismus und Separatismus, die Massaker von Melissa, Torremaggiore und Portella della Ginestra waren letztlich Kämpfe der Dritten Welt in Europa. Das Ziel der Landreform und einer eigenständigen Entwicklung verband diese Kämpfe mit der antikolonialen Bewegung, die in den gleichen Jahren das ganze südliche Mittelmeer erfaßt hatte. Heute sehen wir Süditalien und die Inseln vorwiegend als Südspitze Europas. Anfang der 50er Jahre konnte man diesen Süden ebensogut als die nördliche Verlängerung Nordafrikas bezeichnen. Der sizilianische Bauer und der sardische Hirte standen, gemessen an ihrer Kultur und an ihren spezifischen Bedürfnissen dem algerischen Fellachen näher als einem Mailänder Industriearbeiter oder römischen Handwerker.

Nicht die Politiker, wohl aber Ethnologen und Schriftsteller erkannten diesen Zusammenhang. Franco Cagnetta, Arzt und Ethnologe, der in den Jahren 1950–1954 am Beispiel Orgosolo die archaische Hirtengesellschaft Sardiniens untersuchte, schrieb in seinem Buch *Die Banditen von Orgosolo* (Frankfurt 1986): »Orgosolo bietet dem Ethnologen ein in Italien und im Europa der Gegenwart einzigartiges Forschungsfeld. Historische Ursachen und damit verbundene Milieubedingungen ... führten dazu, daß dieser Ort heute eine kleine, völlig isolierte Welt darstellt. Von den Dörfern Sardiniens, die in ihrer Geschichte alle eine ähnliche Phase durchlaufen haben, hat Orgosolo seine ursprüngliche soziale Struktur und seine Ideologie am reinsten bewahrt. Sie wurzeln in einem der ältesten Kulturkreise Europas.« Und ferner: »Orgosolo ist eine der ältesten Ortschaften in ganz Italien und vermutlich im ganzen Mittelmeerraum.«

In jenen Jahren schrieb Pasolini Gedichte, in denen die Präsenz der Dritten Welt in Italien, die »Präsenz von Millionen dunkler Seelen, für die das Christentum die Schale des Heidentums ist, die die bürgerliche Welt der Städte als unerlöste Masse belagern« (*Le ceneri di Gramsci*), eine entscheidende Rolle spielt. Die Gleichzeitigkeit des Ungleichzeitigen drückt Pasolini folgendermaßen aus:

... das ist Italien
und das ist Italien nicht.
Mit der Urgeschichte ist die Geschichte.
Zusammen leben sie, wenn Licht
die Frucht ist eines dunklen Kerns.

Die erbarmungslose Vernichtung des Früheren im Heute, die das Bürgertum mit allen zur Verfügung stehenden Medien zu vollziehen versuchte, nannte Pasolini später Genozid, Völkermord.

Cagnetta war Augenzeuge der Polizeieinsätze in Orgosolo und schrieb: »Diese Methoden eines Kolonialkriegs, deren sich die italienische Regierung Orgosolo gegenüber bedient, müssen das Gewissen jedes zivilisierten Menschen verletzen. Nach allem, was ich während meiner Studien in Orgosolo gesehen und gehört habe, darf ich mit der Wahrheit nicht länger zurückhalten. Länger zu schweigen wäre ein Verbrechen.«

Nach dem Bericht von Franco Cagnetta drehte Vittorio De Seta den Film »Banditi a Orgosolo«, der 1961 auf der Biennale in Venedig preisgekrönt wurde. Gegen Ende der 60er Jahre setzte das italienische Parlament eine parlamentarische Untersuchungskommission ein, die »das Phänomen der sardischen Kriminalität« untersuchen sollte. Nach den Fallschirmjägern schickte der Staat nun »Experten«, ein erster großer Sieg der Vernunft.

Aber auch die Nato kam nach Orgosolo. Unter militärischen Gesichtspunkten sind Inseln wie Sizilien und Sardinien so etwas wie ideale Flugzeugträger. Außerdem waren die Militärs, ähnlich wie schon Aga Khan, von der »Unberührtheit« der Insel begeistert. **Pratobello**, eine Hochebene über Orgosolo, wäre ein idealer Truppenübungsplatz. Peppino Marotto, Sekretär der Camera di lavoro von Orgosolo (Gewerkschaftshaus der CGIL), einer der Führer der Kämpfe um Pratobello, sagte dazu: »Die Militärs wurden angezogen von der Einöde, die sie in dieser Landschaft sahen. Für uns hingegen ist diese Landschaft voller Leben. Wir sehen in ihr unsere Zukunft. Wir sehen sie voller Tiere und Weiden, eine Garantie, daß Orgosolo überlebt.«

Auf einer Kassette, die man in Nuoro und Orgosolo kaufen kann, singt Peppino Marotto das Kampflied von Pratobello, das den passiven Widerstand der gesamten Bevölkerung (der Frauen, Kinder, Greise, der Pfarrer, der Kommunisten, der Gewerkschaften usw.), die Besetzung von Pratobello gegen Panzer und Polizei und schließlich den Abzug des Militärs schildert. Dieser Sieg wäre nicht möglich gewesen, wenn nicht überall in Italien Studenten und Arbeiter in jenem Sommer und Herbst 1969 ähnliche Kämpfe geführt hätten und wenn Orgosolo in den 60er Jahren nicht eine tiefgreifende Entwicklung durchgemacht hätte, die die Anwendung neuer Kampfformen (passiver Widerstand) und ein neues Bewußtsein mit sich brachten.

Das ist das Spannende an Orgosolo: untersuchen, wie aus dem mythenbedeckten, archaischen Ort, den Cagnetta beschrieb, ein modernes Dorf wurde, ein »normales«, sardisches Dorf, dessen Besonderheit nicht in der Rückständigkeit seiner Hirtenkultur und in den Resten eines Banditismus besteht, sondern in der Art, wie das Dorf seine eigene Geschichte und die Geschichte der Neuzeit aufgearbeitet hat. Orgosolo ist bewußt und mit offenen Augen in die Geschichte eingetreten.

Jeder, der nach Orgosolo fährt, kann diese Behauptung nachprüfen. Die Häuserwände der wichtigsten Straßen sind mit Bildern aus der jüngsten Geschichte bemalt. Deutsche Analphabeten haben ihre Bildzeitung, sardische Dörfer – vor allem die Dörfer im Norden von **Cagliari** in der Nähe des Nato-Stützpunktes **Decimomannu** haben ihre *Murales*, ihre Wandbilder. Diejenigen Orgosolos wurden im ausgezeichneten Bildband *Corazzu, Bilder des Widerstandes an den Mauern Orgosolos* (Prometh-Verlag, Köln) von Granzer und Schütze ausführlich dokumentiert. Die Themen der Wandbilder von Orgosolo sind: die sardische Geschichte, das Leben Gramscis, die sozialen und wirtschaftlichen Probleme der Hirten, Antimilitarismus, internationale Politik. Aber von allen Wandbildern, die ich in Sardinien sah (die schönsten gibt es in den Dörfern um den Nato-Stützpunkt Decimomannu bei Cagliari), hat mich am meisten das Gedicht eines jungen Lyrikers, Antonio Sini, ergriffen, der in seinem Dorf San Sperate zum Tod des mexikanischen Freskenmalers Siqueiros, 1975, an die Wand schrieb:

parti serenu Alfaru
non ti dies pena
pro s'istoria nos abarra sempre
un muru biancu.
Geh heiter Siqueiros,
geh ohne Sorgen
für die Geschichte bleibt uns immer
eine weiße Wand.

Auch die »heroischen Zeiten« Orgosolos sind heute Geschichte geworden.

Sardinien bietet mehr als die Costa Smeralda und die Feriengettos an der Küste; der sardische »Widerstand« und die besondere kulturelle und soziale Eigenart der Sarden drücken sich in vielen Formen aus und an vielen Orten, nicht nur in Orgosolo.

Wie Sardinien kennenlernen? Bereits die Wahl des Transportmittels scheint mir entscheidend zu sein. Es mag schwer sein, auf der Insel ohne eigenes Auto zu reisen. Aber es lohnt sich, den Wagen nicht mitzunehmen, das Blechgehäuse zu sprengen, das uns zu autonom und zu kontaktarm durch die Landschaften und vorbei an den Menschen trägt. Mehr als anderswo in Italien muß man sich in Sardinien auf das Land einstellen, um es kennenzulernen. Die automobile Freiheit – anderswo ein Genuß – beeinträchtigt unsere ohnehin schwache Fähigkeit, Rhythmus und Art der Reise dem Land anzupassen, uns dem Land auszusetzen. Aber ich will nicht vom Auto abraten, sondern zur Eisenbahn zuraten.

Die Hauptsehenswürdigkeiten Sardiniens, die *Nuraghen* (riesige Wohntürme aus dem 2. Jahrtausend vor Christus. Es gibt etwa 7 000, z.T. sehr gut erhaltene Nuraghen über die Insel verstreut) und die sardisch-pisanischen Kirchen aus dem 12. Jahrhundert, sind mit der Eisenbahn, notfalls auch mit dem Bus, erreichbar.

Das Schönste an Sardinien, die Landschaft und die Menschen, lernt man auf den weitschweifigen Schmalspurbahnen, deren Linienführung sich noch ganz dem Gelände anpassen muß, wohl am besten kennen. Bestärkt durch D. H. Lawrence und Elio Vittorini, die das Lob der sardischen Bahnfahrten schrieben (in: *Sea and Sardinia* und *Sardegna come un' infanzia*), versuche ich die Beschreibung einiger Strecken und Ausflüge.

Cagliari, Porto Torres und Olbia bzw. Golfo Aranci sind Endpunkte der großen staatlichen Linie, die die ganze Insel durchzieht und die von zwei Querlinien privater Eisenbahnen (aber unter staatlicher Aufsicht) gekreuzt wird: Bosa–Nuoro und Alghero–Sassari–Palau. Diese »private« Gesellschaft betreibt auch im Südosten der Insel die Linie Cagliari–Arbatax bzw. Cagliari–Sorgono. Landschaftlich am schönsten sind die Strecken Arbatax–Mandas, Mandas–Sorgono und Tempio–Palau. Diese Nebenstrecken der Ferrovie Complementari della Sardegna (FCS)

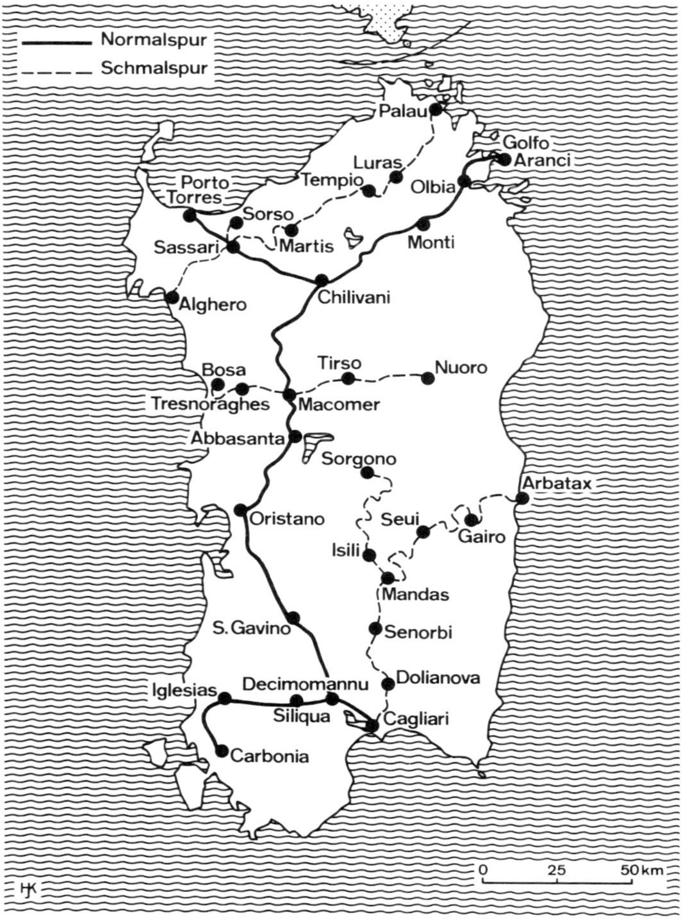

Die sardischen Eisenbahnen

sind hundert Jahre nach ihrer Inbetriebnahme von der Stillegung bedroht. »Italia Nostra« und einige Bürgerinitiativen versuchen, diese einzigartigen Gebirgsstrecken zu retten.

Porto Torres – Sassari – Alghero
Wer in **Porto Torres** landet und sich für die pisanischen Kirchen des 12. Jahrhunderts interessiert, sollte sich unbedingt **San Gavino** anschauen und eventuell auch noch den Spaziergang nach S. Gavino a Mare machen. Die Petrolchemie hat das früher hübsche Hafenstädtchen ruiniert.

Sassari, die zweitgrößte Stadt Sardiniens, besitzt ein sehr schönes Museum für Volkskunde und Archäologie und einen Dom in der Altstadt mit Barockfassade im spanischen Stil. Man fährt am besten gleich weiter nach **Alghero**, einer spanischen Stadt, in der heute noch eine Minderheit katalanisch spricht und die, auch wegen ihrer wunderbaren Umgebung, einen längeren Aufenthalt lohnt (in der Via del Teatro die gotische Kirche **S. Francesco** aus dem 14. Jahrhundert). Am **Capo Caccia** und in der Bucht von **Porto Conte** gibt es auch gediegene bessere Hotels, und wer es sich leisten kann, sollte in Alghero Aragoste (Hummer) essen, so wie sie hier zubereitet werden.

Sassari – Tempio – Palau
Mit der Eisenbahn quer durch die Korkeichenwälder und Felsenlandschaften der Gallura. Ideal wäre, die 150 km lange Strecke in zwei oder mehreren Tagen zu fahren (Übernachtung z.B. in Tempio).

Für die 90 km lange Strecke Sassari–Tempio braucht der Dieseltriebwagen zwei Stunden. Die Zeit liegt über der sonstigen Durchschnittsgeschwindigkeit von 30–35 km, bei der man die Hasen neben dem Zug herlaufen sieht. Unter den Nebenstrecken ist diese die modernste. Sie wurde 1932 eingeweiht. Fast an jedem Bahnhof hat man Lust auszusteigen und Spaziergänge zu unternehmen. In **Osilo** bereits, kaum 18 km von Sassari entfernt, würde sich das lohnen (hübscher Ort, berühmte Trachten, Burg der Malaspina mit Ausblick, sardische Teppichkunst, Ausflug zur Kirche **Nostra Signora di Bonaria** mit Blick über die Gallura bis nach Korsika).

Auf jeden Fall aber würde ich in **Laerru** (km 54) aussteigen und zu Fuß zur etwa 6 km entfernten Kirche **S. Pietro delle Immagini** gehen, entweder entlang der Hauptstraße oder auf Pfaden über den Monte Ultana (ca. 90 Minuten, wenn man sich zurechtfindet). Auf dem Weg über den Monte Ultana begegnet man prähistorischen und frühgeschichtlichen Gräbern und einigen

»domus de ianas« (»Feengräber«) aus dem 2. Jahrtausend vor Christus. Neben der Kirche San Pietro delle Immagini (oder San Pietro di Simbranos) Reste heidnischer Opferstätten und eines Nuraghen. Die Kirche aus dem 13. Jahrhundert ist wie alle sardischen Kirchen kein blendendes Kunstwerk. Aber solche Spaziergänge, Landkirchen, menschliche Spuren aus Jahrtausenden, gehören für mich zum Schönsten, was Sardinien bietet. Von hier aus kann man auf Feldwegen Perfugas erreichen und wieder den Zug nehmen. Übernachtung in **Tempio Pausania**, und von hier gibt es Gelegenheiten zu Wanderungen in den Naturpark des Monte Limbara. Der TCI-Führer empfiehlt den Aufstieg von Calangianus aus, an dem Kirchlein S. Paulu vorbei, über den Punkt »la Signora« (636 m ü. d. M.), ein großer Fels, der von Ferne einer Frau ähnelt, durch das Tal des Razzucciu zum Gipfel M. Biancu (1 150 m ü. d. M.) und von hier zum eigentlichen Gipfel (1 359 m).

Von Tempio fährt der Zug die 59 km bis **Palau** in 100 Minuten. Ich kann keine Landschaften beschreiben, das muß man selbst sehen. In Palau erreicht man die Inselwelt zwischen Sardinien und Korsika. Man kann auf die Insel **La Maddalena** übersetzen – inzwischen Stützpunkt für atomgetriebene U-Boote – und von hier auf einer Brücke auf die Insel **Caprera** (6 km), wo *Garibaldi* lange Jahre als Bauer lebte und 1882 starb. Sein einfaches Haus mit verschiedenen Wirtschaftsgebäuden, sein Grab und die Vegetation der Insel (mit 34 km Küste) sind sehenswert.

Bosa – Macomer – Nuoro

Von der Westküste ins Innere führt die älteste Strecke, die 1888 dem Verkehr übergeben wurde. Für die erste Teilstrecke Bosa – Macomer (48 km) braucht der Zug 1 Stunde und 30 Minuten, während die Straße nach Macomer nur 33 km lang ist und von einem Autobus in 60 Minuten zurückgelegt wird. (Inzwischen fährt die Schmalspurbahn nur noch die Strecke Macomer–**Tresnuraghes**; von und bis Bosa dann Busverkehr.)

Bosa ist ein kleines, zauberhaftes Städtchen und Bischofssitz am Fluß Temo, der vom Meer bis zur Stadt schiffbar ist, an dessen Ufer deshalb auch in der Stadt Fischerboote anlegen. Am Fluß liegen vergessene ehemalige Gerbereien aus der Frühzeit der Industrialisierung. Spaziergang zur Burg und zur sehenswerten Kirche **S. Pietro Extramuros** auf der Südseite des Temo (11.

bis 12. Jahrhundert). Nach **Bosa Marina**, zum Meer, sind es etwa 2,5 km. Die Oma, die im Film »Lina Braake« die Bank beklaut und nach Italien ausbüxt, wollte sich hier in Bosa niederlassen, was meine volle Billigung findet. In der Trattoria am Marktplatz ißt man hervorragend, und in den Kellern der Stadt gibt es vorzüglichen Malvasier!

Die Bahnlinie Bosa – Macomer macht zuerst eine abenteuerliche Schleife nach Süden, um uns ein Stück Küste und die Täler zu zeigen, in denen der Malvasier wächst. Die Bahn steigt und erreicht in **Sindia** die Höhe von 509 Metern. Hier kann man aussteigen und sich im Dorf die Kirche S. Pietro (12. Jahrhundert) anschauen bzw. einen Spaziergang zur ehemaligen Zisterzienserabtei **S. Maria di Corte** machen (Schlüssel in der Pfarrkirche von Sindia). Kenner bewundern burgundische Einflüsse dieser nicht durch spätere Zutaten veränderten, ursprünglich gebliebenen Zisterzienserarchitektur (12. Jahrhundert). Von Sindia aus Spaziergang (ca. eine Std.) auf den Monte Rughe (666 m ü. d. M.).

Zwischen Sindia und **Macomer** sieht man vom Zug aus mehrere Nuraghen. Von Macomer aus empfiehlt sich ein Spaziergang zum **Nuraghe S. Barbara** (1 Std., in der großen Autobahnschleife), am Westhang des Marghine, eines langen Gebirgszuges, auf dessen Kamm, vorbei an zahlreichen Nuraghen, schöne Höhenwanderungen möglich sein sollen (schreibt der sehr gründliche, vor allem kunsthistorisch solide Rainer Pauli: *Sardinien*, Köln 1978; ausgezeichnet ist der Sardinienführer von Eberhard Fohrer, Göttingen 1988; außerdem *Sardinien* von H. Klüver und Lidia Pala, Hamburg 1990).

Die Eisenbahn Macomer – Nuoro, 61 km, benötigt für die Strecke 90 Minuten. Etwa 25 km folgt sie dem Gebirgszug des Marghine, so daß Höhenwanderer ohne große Probleme zur Bahnlinie und zu einem der Bahnhöfe hinuntersteigen können. Sehenswert ist **Silanus**, 13,5 km von Macomer entfernt, die Kirche **S. Sabina**. In der Nähe der Kirche eine *tomba di giganti*, ein »Gigantengrab«, und ein Nuraghe. Wer große Kunstwerke traditioneller Art sucht, wird enttäuscht sein. Hier gibt es eben nicht viel mehr als eine bescheidene Landkirche aus dem 12. Jahrhundert mit einem einzigartigen, seltsamen Grundriß und einen Megalithbau aus dem 2. Jahrtausend vor Christus. Zeugnisse menschlicher Kontinuität in einer kargen und weiten Landschaft, neben der Landstraße und nur 15 Minuten vom Bahnhof entfernt. Im Dorf selbst, im Kirchgarten von S. Lorenzo, stehen fünf Bätylen (kultisch-religiöse Steinmale der Megalithkultur).

Nuoro, die Endstation der Linie, war bis vor ein paar Jahrzehnten ein verschlafenes Provinznest, das nun ohne Chance auf Erlösung zu Zement und Beton erstarrt ist, mit einem Trachtenmuseum und dem sehenswerten, als Museum eingerichteten Geburtshaus der Schriftstellerin und Literaturnobelpreisträgerin Grazia Deledda (ihre Romane *Marianna Sirca* und *Die Maske des Priesters* sind auch auf deutsch erschienen). Weiter Blick nach **Oliena** und zum Sopramonte. Von hier nach **Orgosolo** sind es nicht einmal 30 Kilometer.

Cagliari – Mandas – Sorgono:

Von **Cagliari** nach **Mandas** (68 km) benötigt die Bahn ca. 100 Minuten. Die eigentlich reizvolle Strecke in das gebirgige Innere der Insel ist Mandas – Sorgono (97 km). Für sie benötigt die Bahn fast drei Stunden (nur zwei Züge am Tag!). Von Mandas aus kann man einen Ausflug zum größten Nuraghen-Komplex Sardiniens, **Barumini**, machen (ca. 20 km), bevor man den Zug ins Innere nimmt.

Bei **Aritzo** erreicht die Bahn das Massiv des Gennargentu. Wer wirklich gut zu Fuß ist und sich orientieren kann, kann von hier aus auf den **Gennargentu** (ca. 5 Stunden) bis zum **Bruncu Spina** (1 829 Meter) und von da nach Fonni wandern. Vor Jahren bin ich noch vor dem Bruncu Spina abgebogen, zum Übernachten nach **Desulo** abgestiegen, am nächsten Tag von Desulo nach Fonni und von **Fonni** über **Pratobello** nach **Orgosolo** gewandert. Trotz einiger Skilifte (am Monte Spada) und einiger geteerter Straßen bleibt dieses Gebiet mit seiner freundlichen Hirtenbevölkerung eines der schönsten Gebiete zum Wandern, das ich kenne.

Auch **Sorgono** eignet sich als Ausgangspunkt für Wanderungen und als Aufenthalt. Empfehlenswert ist die Jugendherberge in **Tonara**, auf deren Gelände man auch zelten kann.

Arbatax – Mandas

Diese fast schon legendäre Strecke durch die schönste Gebirgslandschaft, die man sich vorstellen kann, wurde 1894 eingeweiht und steht heute vor der Stillegung, wenn sich nicht »Italia Nostra« und ökologische Gruppen doch noch durchsetzen. (159 km in sechseinhalb (!) Stunden, ein Zug pro Tag.)

Olbia – Sassari – Cagliari
An der großen Strecke Olbia – Sassari – Cagliari lohnt ein Halt in **Chilivani**, dem Knotenpunkt, an dem die Linie nach Cagliari abzweigt. Etwa 7 km vom Bahnhof entfernt liegt die eindrucksvolle Kirche **S. Antioco di Bisarcia** aus dem 12. Jahrhundert.

Auf der Linie Chilivani-Cagliari kommt nach 20 km nach Chilivani, im Valle dei Nuraghi, der Bahnhof von **Torralba**. Nur 1,2 km vom Bahnhof entfernt liegt der zusammen mit Barumini bedeutendste Nuraghen-Komplex Sardiniens, **San Antine**. Von hier aus Wanderung – leider muß man die Autobahn überqueren – zum Kloster S. Pietro di Sorres, das zu den ersten romanischen Bauten der Insel gehört und heute noch von Mönchen bewohnt wird.

Wer mit wenig Gepäck, mit Lust zu Spaziergängen und mit der Eisenbahn nach Sardinien fährt, kann nichts falsch machen, die Insel ist überall wunderbar.

P. K.

Waldbrände

Wer im Sommer – im Juli und August vorzugsweise – reist, dem werden unvermeidlich die Rauchwolken über den bewaldeten Hügeln, sei es im Apennin, sei es an den Küsten, auffallen, die bei Nacht meist einen spektakulären Anblick bieten: Waldbrände. Aber auch ihre Spuren sieht man überall: Die oft riesigen braunen Flächen inmitten grüner Busch- und Waldzonen zeugen von vergangenen Bränden. Es handelt sich hier um ein Problem von katastrophalen Ausmaßen.

Italien ist ein Land der Gebirge, Berge und Hügel – nur 23 % seiner Oberfläche bestehen aus (landwirtschaftlich leicht nutzbarer) Ebene. Einst war das Land reich an Wäldern, aber sein Baumbestand wurde rücksichtslos dezimiert von den schiffbauenden Römern des klassischen Altertums ebenso wie von den Handelsrepubliken der Renaissance. Was damals der diesem Raubbau folgenden Erosion zum Opfer fiel, ist offensichtlich nicht wieder gutzumachen: Die Busch- und Gehölzlandschaften des toskanischen und emilianischen Apennin etwa sind Zeugen davon.

Aber die die Grenzen des ökologisch Erträglichen überschreitenden Zerstörungen gehören der Gegenwart an. Zu Beginn des 19. Jahrhunderts besaß das Land noch 15 Millionen Hektar Wald, heute sind davon nur noch sechs Millionen Hektar übriggeblieben. Zum Teil galten diese Abholzungen dem Gewinn von zusätzlichem Land für die Landwirtschaft, waren sie diktiert vom Straßen- und Eisenbahnbau oder vom Landhunger der Städte und insofern »unvermeidlich«. Dem hat sich jedoch neuerdings das Abbrennen von Wald zum Zwecke der Ansiedlung von Luxusvillen und Sommerhäusern hinzugesellt (besonders in den Küstenzonen und auf Sardinien), außerdem der Waldbrand als sozialer Protest.

Von 1970 bis 1986 wurden fast zwei Millionen Hektar durch Brand vernichtet: ca. 45% Wald, 55% Gras- und Baumland, darunter Obst- und Olivenhaine. Im Jahresdurchschnitt waren das mit 52 000 Hektar Wald etwas weniger als 1% des nationalen Waldbestands. Dann schien es, als bekäme man das Problem unter Kontrolle – bis zum (wie es ein kürzliches Dossier der Staatlichen Forstverwaltung zusammen mit der Umweltliga nannte) *annus horribilis* 1993, als ganze 203 143 Hektar in Flammen aufgingen. Schlimmer schien es nun nicht mehr werden zu können – bis zum Sommer 1998, der den »heißesten Juli seit 600 Jahren« (was so viel heißt wie: seitdem man meteorologische Daten hat) bescherte und als der schlimmste Sommer der Dekade gilt. Nunmehr heißt die veröffentlichte Schreckensnachricht, es seien in der ersten Hälfte der 90er Jahre 540 000 Hektar vernichtet worden, ein Gebiet von der Größe Liguriens.

An der Spitze liegt regelmäßig Sardinien, gefolgt von Kalabrien und Sizilien, dann von Ligurien (mit seinem Landhunger prospektiver Villenbauer) und der Toskana. Kein Zweifel besteht daran, daß 95 % der Brände absichtlich gelegt werden; nur wenige gehen auf das Konto landesüblicher Fahrlässigkeit wie des weitverbreiteten Verbrennens von Heu (seit es kaum mehr Viehzucht gibt) oder touristischen Leichtsinns. Wie jeder Besucher leicht feststellen kann, haben die Italiener ein geradezu »unterentwickeltes« Umweltbewußtsein, jedenfalls was das Verhalten in der Natur oder die Behandlung von Abfällen betrifft; Vereinigungen wie der Automobilclub ACI haben bisher kaum ernsthafte Erziehungsanstrengungen auf diesem Sektor unternommen. Und deswegen bleibt auch der kollektive Aufschrei über die nicht wiedergutzumachende Zerstörung dieses Naturerbes aus – man zuckt bloß die Achseln: »so ist es eben, wir haben zu viele Verrückte«.

Dabei ist Holz für das waldarme Land als Rohstoff eine Mangelware von größter ökonomischer Bedeutung: Der Import von Zellulose und Holzderivaten im allgemeinen steht an dritter Stelle (nach Erdöl und Fleisch) der Einfuhrkategorien; drei Viertel des italienischen Bedarfs an Holzprodukten müssen importiert werden. Der jährliche Brandschaden an vernichtetem Holz allein bewegt sich um 6–7 % der für den Import auszugebenden Summe, und doch stehen den mit der Brandbekämpfung befaßten Institutionen – dem Militär, der Waldschutzpolizei und den Regionen – nicht genügend Mittel, Flugzeuge und Hubschrauber vor allem, zur Verfügung, um den sommerlichen Bedarf zu decken. Es scheint ein Kampf gegen Windmühlenflügel zu sein: von 341 (1981) auf 3 609 (1985) Flugstunden ist der Einsatz gestiegen und reicht immer noch nicht aus.

Im August 1989 waren in Sardinien die Waldbrände besonders verheerend: In einem Monat gab es 21 Tote und 30 000 zerstörte Hektar Wald. Auch hier wurden in der Presse die verschiedensten Hypothesen aufgestellt. Sie reichten von der Mafia über lokale Streitigkeiten bis zur Bau- und Touristenspekulation, die Waldgebiete zerstört, um dann ungestört dort bauen zu können. Der Europaabgeordnete der sardischen Aktionspartei Mario Melis wollte angesichts des hohen »technologischen Standards« präzise gezielter Waldbrände nicht mehr an die üblichen Streitereien zwischen Hirten und Landwirten glauben, die sich wechselseitig Weideland streitig machen wollen: »Sardinien regt den Appetit von Leuten an, die in lohnende Aktivitäten wie die Tourismusindustrie investieren wollen.« (*La Repubblica*, 31. 8. 1989)

Der Prozentsatz der Brände steigt am Sonntag statistisch signifikant an (Wochentagsdurchschnitt über 13, sonntags knapp 17 %). Man hat schon als Brandstifter Jugendliche entdeckt, die sich einen Spaß daraus machten, die Hubschrauber zu den Löschoperationen ankommen zu sehen; aber auch jugendliche deutsche Touristen wurden entdeckt, die – mit welchen Motiven auch immer – Feuer legten: Im Sommer ist Italien in der Tat wie ein trockener Reisigberg. Aber da es nur in den seltensten Fällen gelungen ist, die Brandstifter zu fassen (Methode: eine langsam brennende Kerze im Unterholz – erst Stunden später bricht das Feuer aus), bleiben die Motive weitgehend ungeklärt oder sind Gegenstand der Spekulation. Jäger, die Rache nehmen an einem Waldbesitzer, der ihnen die Vogeljagd, eines der wenigen männlichen Frühherbstvergnügen, untersagt hat, Pyromanie pur, die (nicht ganz falsche) Vermutung, daß sich das 1975er Gesetz über die Nichtbebauung von abgebrannten Grundstücken auf die Dauer nicht wird durchsetzen lassen usw.

Und dann eben auch immer wieder die Arbeitsbeschaffung durch Wiederaufforsten als Motiv. Wie das dann in der Praxis aussieht, ist eine Tragikomödie all'italiana – wie hier am Beispiel der Region Latium 1978/79: 800 Millionen Lire bereitgestellt, verteilt auf 365 Gemeinden ergibt 4–7 Millionen pro Gemeinde, davon lassen einige die notwendigen Löcher graben, aber für die Pflanzen ist dann kein Geld mehr da; andere graben die Löcher und setzen junge Bäume, aber für deren Schutz durch Zäune etc. steht dann nichts mehr zur Verfügung, so daß die aufgeforsteten

Stücke innerhalb kürzester Zeit vom Wild und vom weidenden Vieh aufgefressen oder einfach zertrampelt werden.

Angesichts der Dimensionen dieser Katastrophe ist es erstaunlich, daß Soziologen, Ökonomen, Politologen, ja die gesamte politische Publizistik weitgehend hilf- und ratlos dastehen und keine schlüssigen Erklärungen anzubieten haben – nur vage und sich oft widersprechende Hypothesen. Noch erstaunlicher ist, daß Regionen und Zonen mit der größten Präsenz von staatlichen Forstangestellten zugleich die meisten Brandstiftungen verzeichnen. Das könnte – und ist in einigen Fällen empirisch belegbar – zu der Erklärung führen, daß Jäger, schwarze Waldarbeiter und kriminelle Organisationen Vertreter des Staats, die ihre Tätigkeiten kontrollieren könnten, loswerden wollen – und tatsächlich sind Brandstiftungen dann zurückgegangen, wenn die »forestali« abgezogen wurden. Die gegenteilige Hypothese ist aber auch beweisbar: daß nämlich die Forstangestellten sowohl persönlich als auch durch das Einstellen von saisonalen bzw. Ad-hoc-Arbeitskräften im Katastrophenfall Zusatzverdienste haben; die in den letzten Jahren schwerstbetroffenen Regionen Sizilien und Kalabrien haben zugleich die größte Dichte an Forstbeamten. Daraufhin hat eine Kommune (Bracigliano bei Salerno) die Logik umgedreht: Bei Waldbränden wird der Lohn reduziert – und sie gingen zurück ... Eine andere ebenfalls plausible Erklärung liegt in der Privatisierung der Löschdienste, vor allem der Hubschraubereinsätze, denn die werden nach Flugstunden bezahlt und haben offensichtlich Interesse an dieser Arbeit. Beweisen läßt sich das natürlich nicht. Und ein weiterer Zusammenhang: Bauern, Schäfer und Wochenend-Villenbauer sehen sich geschädigt durch die – lobenswerte – Politik der Regionen, Nationalparks einzurichten und zu erweitern; das bringt rechtliche Beschränkungen im Straßen- und Wohnungsbau, für die Weidewirtschaft, die Holzindustrie und die Landwirtschaft mit sich: Sowohl im Süden als auch in der Toskana und in Ligurien sind die naturgeschützten Zonen besonders häufig Opfer von Brandanschlägen geworden.

Italien ist – allem schönen Augenschein zum Trotz – ein schwieriges Land, schwer zu entziffern, einer Logik gehorchend, die nicht die des »Nordens«, der calvinistisch-kapitalistischen Kultur ist. Alle rationalen Erklärungen der Selbstzerstörung dieses Landes laufen letzten Endes ins Leere. Auch der vereinzelte

Klageruf eines Kommentators im *Corriere della Sera* (Vincenzo Consolo, 20. 8. 1998) wird unerhört und folgenlos bleiben: »Das ganze Land brennt, von Süden nach Norden, diese Halbinsel, die zu den schönsten der Welt gehört wegen der Einmaligkeit ihres Gleichgewichts zwischen Natur und Kultur, dieses zerbrechliche Land, verwundet bereits von der blinden Gewalt der Natur, Erdbeben, Überschwemmungen: Aber hinter den Bränden da ist keine Logik, kein Plan. Und es fehlen sogar die Worte, um diese Kriminellen zu definieren. Früher nannte man sie ›Pyromanen‹, Feuerwütige, diese wenigen Opfer einer psychischen Krankheit, die die Psychiatrie heilen kann. Die heutige Krankheit, weit verbreitet und ungreifbar, gehört nicht mehr der Psyche an, sondern dem Geist und der Seele, sie gehört zur ›Normalität‹ unserer Kultur ... Es möchte scheinen, als haßten diese Brandstifter sich und alles, was ihnen unter die Augen kommt: in der Natur, als Denkmäler, in den Menschen, alles was ausgeglichen, harmonisch und schön ist. Sie hassen und wollen töten, zerstören. Die unerträgliche Leere, die Wüste, die sie in sich tragen, die wollen sie objektivieren, auch um sich herum sehen, stumpfsinnig, in öden Steppen versteinerter Lava meditieren, in Aschenwüsten ohne Menschen, ohne auch nur die Spur von Kunst und Kultur.«

Wenn der Sommer vorbei ist – in der Regel nach dem großen Wetterumschwung von Ferragosto, den »Ferien des Augustus«, *dem* Ferientag Italiens (15. August) –, wenn die erste große Gewitterwelle über das Land zieht, berichten Zeitungen und Fernsehen mit immer dramatischeren Bildern von Überschwemmungen, abgerutschten Hängen, verschütteten Straßen und Schienensträngen: Folgeerscheinungen der zerstörten Vegetation und Bodenerosion. Italienischer Herbst.

Und wenn, was zu vermuten ist, der Prozeß der Zerstörung des italienischen Waldbestands so weiter geht wie in den letzten zehn Jahren, so wird es – wie die Statistiker berechnet haben – in 100 Jahren kaum mehr ein Stück geschlossenen Waldes geben.

E. K.

Sizilien

Sizilien ist nicht nur eine eigene Reise wert, sondern angesichts der Entfernungen geht es eigentlich auch gar nicht anders (empfehlenswert: Fährschiff von Genua, Livorno oder Neapel nach Palermo) – und es gibt kaum eine Region Italiens (oder gar Europas?), die gleichermaßen geschichtsträchtig und polit-ökonomisch lehrreich ist. Die reiseführenden Bücher sollen und können auch für die folgenden fragmentarischen Hilfestellungen bei der eigenen Entdeckung nicht ersetzt werden, aber *das* Sizilienbuch oder -kapitel muß erst noch geschrieben werden. Zum Glück jedoch spiegelt sich Sizilien wie keine andere Region Italiens in der eigenen Literatur: Verga, De Roberto, Pirandello, Vittorini, Quasimodo, Brancati, Buttita, Sciascia, Tomasi Di Lampedusa, Bufalino, Consolo, unerschöpfliche Quellen und Reisebegleiter für ein unerschöpfliches Land.

Goethe hingegen beließ es bei dem Aphorismus, der in keinem italienischen, geschweige denn deutschen Sizilienbuch fehlt: »Italien ohne Sizilien macht gar kein Bild in der Seele: hier ist erst der Schlüssel zu allem« In der Tat finden wir in Sizilien zumindest einige Schlüssel zum Verständnis Italiens. (Goethe selbst glaubte sich, darüber hinaus, am 17. April 1787 im Botanischen Garten von Palermo auch noch auf der Spur zur Entdekkung der »Urpflanze«: »Eine solche muß es denn doch geben! Woran würde ich sonst erkennen, daß dieses oder jenes Gebilde eine Pflanze sei, wenn nicht alle nach einem Muster gebildet wären.«)

Von der Normannenherrschaft zur Macht der Mafia: Versuch, das Stadtbild Palermos historisch zu lesen

Die meisten Türen zum Italienverständnis in sizilianischer Perspektive öffnet noch immer die Historie. Um nicht zu weit auszuholen – und ohne deswegen die überwältigende Größe der griechischen Tempel dem legitimen touristischen Interesse zu verweigern –, beginnen wir unsere Reise mit der normannischen Eroberung und ihren Folgen. Sie ist architektonisch sozusagen handgreiflich in den großen Kathedralen von **Palermo, Monreale** und **Cefalù** sowie im noch immer so genannten Normannenpalast von Palermo.

Es ist immerhin erstaunlich, daß Goethe, sonst so wachen Auges reisend und beobachtend, davon nichts zu berichten weiß. Der sizilianische Anthropologe Guiseppe Pitrè, der vor rund 100 Jahren den Palermo-Aufenthalt Goethes minutiös rekonstruierte (*Goethe in Palermo nella primavera del 1787*, Palermo 1976) und dabei vor allem die Auslassung wichtiger Namen und Persönlichkeiten beklagte, die Goethe weitergeholfen und informiert hatten, fragte sich, ob dieser wohl die Gemächer Rogers und die Palatinische Kapelle im Normannenpalast überhaupt gesehen habe, und antwortet: so oder so – er fand sie offensichtlich nicht erwähnenswert »möge Gott ihm vergeben«. Pitrè hat recht.

Die Stilsymbiose von normannischen und arabisch-byzantinischen Elementen erschließt sich auch dem unbefangenen Auge ohne Schwierigkeiten, und die entsprechenden Kultur-Reiseführer wissen dazu das Nötige zu sagen. Dahinter verbirgt sich jedoch mehr als Kunst- und Kulturgeschichte, nämlich ein zentraler Aspekt italienischer und politischer Ökonomie von heute. Anlaß oder Vorwand für die normannische Eroberung Siziliens war ein Konflikt innerhalb der arabischen herrschenden Klasse, die ihrerseits Sizilien in der ersten Hälfte des 9. Jahrhunderts von Byzanz erobert hatte und zur Unterstützung der einen »Fraktion« die kriegstüchtigen normannischen Ritter unter *Robert Guiscard* und *Roger* 1050 ins Land rief – wo die Normannen dann auch gleich blieben und sich selbst zur Herrschaft einsetzten.

Einerseits war dies das Pendant zur normannischen Eroberung Englands, 1066. Sie legte aber hier, andererseits, die Fundamente zur späteren Feudalisierung nicht nur Siziliens, sondern auch Süditaliens, denn zuvor hatten die Normannen bereits Apulien erobert. Damit war die bis heute zentrale »ungleiche« Entwicklung der beiden Teile Italiens – der inneritalienische »Nord-Süd-Konflikt« – eingeleitet worden.

Ein Stück dieser Geschichte läßt sich am Stadtplan von **Palermo** bzw. noch plastischer an einer Luftaufnahme des Stadtzentrums ablesen. Was wir hier zunächst feststellen, ist ein Gewirr von Straßen, die von einem rechtwinkligen Straßenkreuz und einer etwas breiteren Querachse durchschnitten werden.

– Das *Straßengewirr* geht zurück auf die rund 200jährige arabische Periode (831 arabische und 1072 normannische Eroberung Palermos), die urbanistisch gesprochen aber bis ins 17. Jahrhundert fortdauert (die Normannen haben, außer dem heutigen **Palazzo Reale**, ebenso wie ihre deutschstämmigen Nachfolger städtebaulich kaum Spuren hinterlassen) – nämlich in Form eines irregulären, bewußt die Rechtwinkligkeit vermeidenden Wegenetzes mit seinen vielfältigen Kurven, Sackgassen und Querverbindungen (die typische arabische Stadt entwickelte sich vom Primat des Wohnhauses her, das mit anderen Wohnhäusern durch Wege verbunden wird, nicht aber vom Straßennetz aus, an dem entlang dann Wohnhäuser gebaut werden, wie es in der okzidentalen Tradition in der Regel der Fall ist).

Ehe die italienische Einheit ihre Hegemonie auch durch die Anpassung alter historischer Straßennamen an die sabaudische politische Terminologie sich manifestieren ließ (keine italienische Stadt ohne ihre »Via dei Mille« = 1 000 Garibaldini, die mit ihrer Landung in Sizilien den Anschluß an die piemontesische Monarchie einleiteten, ohne ein Garibaldi-Denkmal, ohne einen »Corso Umberto« = der zweite Monarch nach der Gründung des Königsreiches, usw.; siehe dazu das Kapitel »Straßennamen«), konnte man im Namen des heutigen **Corso Vittorio Emanuele** (= der Gründungskönig), nämlich dem »Cassaro«, noch den arabischen Namen für Kastell (al-Kasr) wiedererkennen, das in der Nähe der heutigen Kathedrale lag. Auch die meisten anderen arabischen Namen sind inzwischen dieser kulturellen Nivellierung anheimgefallen – und nicht nur diese.

Luftaufnahme des Stadtzentrums von Palermo

– Das *rechtwinklige Straßenkreuz* hingegen ist das Resultat des bis dahin radikalsten urbanistischen Eingriffs jener feudalen Aristokratie, die sich seit der Befestigung bourbonisch-spanischer Macht in der Stadt niedergelassen hatte und nun bis ins 19. Jahrhundert hinein in der neugeschaffenen Via Maqueda (benannt nach dem Vizekönig, der am 24. Juli des Jahres 1600 mit einem Silbernen Hämmerchen die Bauarbeiten eröffnete) ihre Paläste baute. Mit der neuen Vierteilung war nicht nur eine administrative Neuordnung der Stadt verbunden, sondern auch eine kommerziell motivierte Öffnung nach allen Seiten.

Barocker Rationalität entsprechend orientierte sich das städtische Selbstverständnis von diesem zentralen Platz der **Quattro Canti** (vier Ecken) aus: vier Stadtteile unter vier Schutzheiligen, als Kreuz im Stadtwappen wiederkehrend, in den Nischen der vier Eckhäuser unter den Statuen der Heiligen die der vier letzten spanischen Könige, darunter die vier Jahreszeiten, und jeder der vier Stadtteile historisch-mythologisch zurückgeführt auf die Überlebenden von vier zerstörten griechischen bzw. phönizischen Städten (Segesta, Mozia, Elma und Solunto); jede Fassade zeigt in ihren drei Stockwerken die drei klassischen Stilarten (dorisch, jonisch, korinthisch) – die Anlage, an der ab 1600 rd. 20 Jahre gebaut wurde (Vorbild war auch die Kreuzung der Quattro Fontane in Rom), blieb, bis der moderne Verkehr sie zur bloßen Straßenkreuzung erniedrigte, das Zentrum Palermos: Treffpunkt für Spaziergänger, Nachrichtenbörse und Aushangsort für Theateranzeigen, Markt für Stellungsuchende und Hausdiener – Fassade aber auch für die armen Wohnungen unmittelbar dahinter.

Das Kreuz, das die beiden wichtigsten Straßen Palermos bilden, ist schließlich auch das heilige Zeichen, das die Stadt schützen soll, und Ausrichtung auf die Rolle der Kirche, die zur Zeit der Gegenreformation mit ihren zahlreichen Orden den entscheidenden kulturellen und politischen Einfluß auf die Stadt ausübte (nicht zufällig hatte die Hauptstadt Siziliens keine Universität – die höhere Bildung blieb bis ins 18. Jahrhundert Aufgabe der Jesuiten).

– Schließlich die auf dem Luftbild deutlich sichtbare weitere *Querachse* (es handelt sich um die **Via Roma**): sie ist die einzig durchgeführte der vier im Jahre 1885 für das historische Stadtzentrum geplanten »Erschließungsstraßen«. Gebaut wurde sie (worauf schon der »nationale« Name der Hauptstadt Rom hinweist) nach dem Anschluß Siziliens an das Königreich Italien und dem damit verbundenen – kurzfristigen – wirtschaftlichen Aufschwung der Stadt und vor allem des Hafens. Die Via Roma und, deutlicher noch, die Fortführung der **Via Maqueda** in die **Via Libertà** öffnen die Stadt nach Norden zu jener nunmehr schachbrettartigen Straßenordnung (auf unserer Photographie nicht mehr sichtbar), die von den großbürgerlichen Wohnblocks mit ihren Hotels, Cafés und eleganten Geschäften aus der Jahrhundertwende direkt hinüber führt in die Neubauviertel schlechter Qualität, die die ganze Ebene von Palermo und die **Conca d'Oro**, einst das Paradies der Zitronen- und Orangenhaine, vernichtet haben (die beste Übersicht über Palermo und die Conca d'Oro hat man vom Belvedere des Doms von **Monreale**).

Die Stadtentwicklung Palermos Ende der 50er und Anfang der 60er Jahre war Ergebnis eines unglaublichen Baufiebers. In den 100 Jahren seit dem »Anschluß« Siziliens an den italienischen Einheitsstaat hat sich die Bevölkerung Palermos mehr als verdoppelt, auf rund eine halbe Million im Jahre 1951. Bis zum Jahre 1987 wuchs dann die Bevölkerung auf 750 000, und wie überall fanden der Zustrom und Teile der alteingesessenen Bevölkerung neue Wohnungen an der Peripherie. Das historische Stadtzentrum entleerte sich: 1951 lebten hier noch 125 000, 1977 noch 50 000 und 1987 nur noch 35 000 Menschen. Eine traurige Besonderheit Palermos ist sowohl das Ausmaß dieser Entvölkerung als auch das entstandene Vakuum, das im Gegensatz zu anderen Städten nicht durch neue Aktivitäten und Funktionen besetzt wurde. Es ist bis heute schwer, eine befriedigende Erklärung zu finden für einen so weitreichenden Exodus einer angestammten Bevölkerung aus ihrem alten Wohngebiet. Es handelt sich um eine »soziale Katastrophe«, wie sie Anthropologen meist nur für außereuropäische Gesellschaften beschrieben haben. Ein doppeltes Unglück, denn das Verlassen der alten Lebenssphäre endete in den neuen, noch trostloseren Vierteln der Peripherie (man schaue sich das Stadtviertel ZEN an). Die alliierten Bombardements von 1943 haben große Lücken in die Altstadt gerissen, und Palermo ist heute wahrscheinlich die einzige europäische Großstadt, in der diese Bombenschäden immer noch nicht behoben sind. Dann kam das Erdbeben von 1968. So wurden in 30 Jahren große Teile der Innenstadt zu einer Ruine. Das lebhafte Treiben der großen Straßenmärkte, insbesondere der berühmten **Vucceria** und des **Ballarò**, verdecken nur notdürftig die Skelette von Häusern, die nur noch als Lager dienen, und die Zugänge zu Gassen, die wegen Einsturzgefahr völlig gesperrt sind. In der **Via Alloro**, einer der ehemals prächtigen Palaststraßen Palermos, ist ein halber Palast eingestürzt und verschwunden, der immer noch mit einem Stern im Baedeker steht. Hier wird nun seit Ende der 80er Jahre restauriert, in einem fast aussichtslosen Wettlauf mit der Zeit, im Kampf mit der Natur, die sich in die Gemäuer eingenistet hat, und mit dem sozialen Elend, das der Natur Gesellschaft leistet. Es gehört zu den Wundern von Palermo, daß aus diesem Gemisch zwei architektonisch und sozial bedeutsame Projekte hervorgegangen sind: das **Teatro Garibaldi** in der Via Castrofilippo und nicht weit davon die Kirche **S. Maria dello Spasimo**.

Die Geschichte des Teatro Garibaldi ist symptomatisch. Es wurde 1862 für Volksstücke und Komödien erbaut und zu Ehren des Nationalhelden mit Szenen seiner Kämpfe ausgeschmückt. Vor dem Zweiten Weltkrieg noch Theater für Stücke in Mundart, wurde es danach ein Kino, das 1973 zumachte. Innerhalb weniger Jahre stürzte das Dach ein und verschwand die gesamte Inneneinrichtung. Die Ruine wurde 1995 wieder gedeckt, was von den Logen und Rängen übrig blieb, wurde baulich abgesichert, die eingestürzte Rückwand des Gebäudes blieb ein riesiges, geradezu metaphysisches Loch, das den Himmel, die Geräusche und die Umrisse der umliegenden Häuser ins Theater holt. Aus diesem besonderen, im Winter nicht bespielbaren Raum entwickelte in den letzten Jahren einer der wichtigsten Regisseure Italiens, Carlo Cecchi, seine Theaterarbeit zu Shakespeare für ein außerordentlich gemischtes Publikum: Kinder und Erwachsene des Stadtviertels, die Intellektuellen Palermos und auswärtige Gäste.

Die Ruine, überraschend umfunktioniert zum Symbol für Dauer und Vitalität, ist auch das Konzept des »Spasimo«. Dieses Kloster aus dem frühen 16. Jahrhundert wurde bald nach seiner Erbauung in die neuen Verteidigungsanlagen der Stadt integriert und geriet schon im 18. Jahrhundert in Verfall. Trotzdem wurde es 150 Jahre lang, bis 1986, als Armen- und Krankenhaus genutzt. Heute bildet die Kirchenruine mit ihren Bäumen und Pflanzen einen großartigen Raum für Ausstellungen und Konzerte.

Nicht weit von hier, in der Via Vetraia 59, erinnert ein großes, gelbes Schild daran, daß in dem verrammelten und leeren Haus der 1992 von der Mafia ermordete Richter *Paolo Borsellino* geboren wurde. Der spektakuläre Mord an Giovanni Falcone und Paolo Borsellino (mit ihrem gepanzerten Wagen wurde ein Stück Autobahn in die Luft gesprengt) ist ein Wendepunkt in der Geschichte der Mafia und Mafiabekämpfung. Der ein Jahr später angebrachte Text, der noch wenige Jahre zuvor unmöglich gewesen wäre und nur demjenigen harmlos erscheint, der die Lage hier nicht kennt, besagt: »Hier, wo Paolo Borsellino geboren wurde, beginnen die Bürger Palermos die Sanierung des historischen Stadtkerns.«

Dieser Kern Palermos war immer wimmelndes Volksleben gewesen, das mit den prächtigen Palästen vereinbar war und an ihnen ihre Stütze fand (die sterile, räumliche Trennung von arm und reich ist eine der asozialen, kulturfeindlichen Erfindungen der Neuzeit). Und ihrerseits waren die Paläste Teil eines riesigen informativen Netzes, das die gesamte damals bekannte Welt umspannte. Man kann dies ersehen im **Palazzo Abatellis** (unweit in der Via Alloro), in dem sich die **Galleria Regionale Della Sicilia** befindet (in älteren Büchern noch Galleria Nazionale bezeichnet). Die hier gesammelten, zum Teil einzigartigen Kunstwerke aus der Zeit zwischen dem 12. und 18. Jahrhundert sind nicht das Ergebnis der Sammlerleidenschaft eines Einzelnen oder eines Fürsten, sondern eines lebendigen Austauschs zwischen der Stadt und der »Welt«. An der Herkunft der Exponate läßt sich dieses Netz rekonstruieren: im 12. bis 14. Jahrhundert Erzeugnisse aus Genua, Byzanz und der arabischen Welt von Malaga bis Syrien; im 15. Jahrhundert überwiegen die spätgotischen Einflüsse aus Katalonien und der spanischen Levante, die das Vordringen der italienischen Renaissance verzögerten. Daß das kein Verlust war, beweist der Palazzo Abatellis selbst, und einem Piero Della Francesca durchaus ebenbürtig sind z.B. die *Annunziata* (1473) des Antonello von Messina (1430–1479) oder die Büste der Eleonora von Aragon des Francesco Laurana. Bemerkenswert um 1500 die Präsenz der spätgotischen niederländischen Malerei aus den damals noch spanischen Provinzen im Norden, die auch auf dem Höhepunkt der italienischen Malerei höchstes Ansehen genoß. Von Antonello berichtet Vasari, er sei nach Flandern gereist, um von Van Eyck in die Geheimnisse der in den Niederlanden ganz neu praktizierten Ölmalerei eingeweiht zu werden. (Wer Antonello entdecken will, findet seine seltenen Bilder außer in London, Berlin und Dresden im Museo Regionale in Messina, im Museo Mandaralisca in Cefalù und im Museo di Palazzo Bellomo in Syrakus.) Großartig schließlich noch in diesem wunderbaren, von Carlo Scarpa Anfang der 50er Jahre restaurierten Museum ist das riesige Fresko *Triumph des Todes*, das aus dem **Palazzo Scalfani** stammt. Die wirre Baugeschichte dieses Palastes (zwischen der Kathedrale und dem Palazzo Reale, zuerst Sitz eines der großen normannischen Geschlechter, dann Hospital, später Kaserne) ist durch eine Restaurierung Mitte der 90er Jahre etwas »geordnet« worden.

Um den kleinen Spaziergang im Viertel der **Kalsa** abzuschließen, empfiehlt sich der Gang zum Giardino Garibaldi an der Piazza Marina, mit ihrem wunderbaren Baumbestand (Ficus Magnolioides, mit phantastischen Luftwurzeln; Heimat unbekannt, 1897 erstmals klassifiziert von Borzi). Auf den Platz blickt der **Palazzo Chiaramonte** oder **Steri**, erbaut 1320 von einer der berühmtesten Familien Palermos, die von den Aragonesen vernichtet wurde, dann Sitz des Vizekönigs, später der Inquisition bis zu deren Abschaffung erst im Jahre 1782, dann Zollamt, Armenhaus, Sitz der Justizverwaltung und, nach seiner Restaurierung in den 70er Jahren, Sitz des Rektorats der Universität (Eingang rechts vom Palazzo an der Schranke vorbei).

Von der Piazza Marina sind es nur noch ein paar Schritte zum Meer, genauer: zur **Porta Felice**. An diesem großen Portal zum Meer wurde lange und mit Unterbrechungen von 1582 bis 1637 gebaut. Es hat sein Gegenstück in der Porta Nuova am anderen Ende des Cassaro, der Ost-West-Achse Palermos (die Hauptachse der ältesten Städte folgt dem Sonnenlauf), der heutigen Via Vittorio Emanuele. An dieser Achse reihten sich, jahrhundertelang, wie an einer Schnur die wichtigsten öffentlichen Bauten der Stadt: die Gerichte und die Inquisition, das Staatsarchiv, das Rathaus, das Polizeipräsidium, der Sitz des Erzbischofs, das Korps der Karabinieri, die Kathedrale. Im verrückten Gewirr der Stadt ein einziger, großer Durchblick: die Institutionen der Herrschaft. Und ein Ausblick: die Weite des Meers, der Blick auf die Welt.

Vom Meer sieht man heute nicht mehr viel (und auch die Perspektiven der Macht haben sich entscheidend verändert). Der von den Architekten Benevolo, Cervellati und Insolera 1989 vorgelegte Plan zur Sanierung der palermitanischen Altstadt sah vor, die Stadt wieder zum Meer hin zu öffnen. Das mag seltsam klingen für eine alte Hafenstadt wie Palermo. Tatsache ist jedoch, daß die Bevölkerung in den letzten Jahrzehnten ihr Verhältnis zum Meer ökonomisch und kulturell völlig verändert hat. Die Seepromenade wurde zur Müllhalde, die Wohngebiete wurden durch den Ausbau einer Schnellstraße vom Ufer getrennt, Paläste mit ihren Fassaden zur Bucht verfielen, Restaurants, Geschäfte, Freizeitmöglichkeiten, die früher Stadt und Meer verbanden, sind in den 80er Jahren gänzlich verschwunden.

Der vorgelegte Plan sieht Vergünstigungen für die Restaurierung der Altstadt vor und legt die baulichen Richtlinien fest. Die Zahl der im Zentrum lebenden Menschen soll auf 50 000 gebracht werden (1987 waren es 35 000, während die nach heutigen Begriffen optimale Zahl bei 60 000 liegt).

Ein Bürgermeister ohne Furcht und Tadel und ritterliche Puppenspiele

Die geplante Stadterneuerung ist Teil einer regelrechten »Kulturrevolution«, die mit dem Namen des seit 1987 amtierenden Bürgermeisters Leoluca Orlando verbunden ist (der bei den Wahlen im Jahre 2000 laut Gesetz nicht mehr kandidieren darf). Um zu verstehen, warum dieser Mann zu einer Art Mythos geworden ist, muß man zunächst seine Vorgänger kennen. Seit Menschengedenken hat es kein Bürgermeister Palermos gewagt, sich dem Spiel mit der Mafia zu verweigern. Manche, wie Ciancimino, der starke Mann der 70er Jahre, waren Männer der Mafia und konnten erst Jahrzehnte später gerichtlich belangt werden. Andere, wie Insalaco, wurden, nachdem sie ihren Dienst getan hatten und zuviel wußten, von der Mafia selbst ermordet. Wie sie alle war auch Leoluca Orlando ein Christdemokrat. Aber er nahm es ernst im Kampf gegen die Mafia und wurde deshalb von den Notabeln der Partei, den Gioia, Lima (von der Mafia nach geleisteten Diensten ermordet) und Andreotti (seit einigen Jahren als Förderer der Mafia gerichtlich verklagt) aus der Partei gedrängt. Orlando hat es fertiggebracht, quer durch die Parteien die »Menschen guten Willens« zu mobilisieren und aus Palermo ein »politisches Laboratorium« zu machen. Basiskatholiken, Grüne, Jesuiten, erstmals sich organisierende Angehörige von Mafiaopfern, Kommunisten, Unabhängige usw. haben, von Kardinal Pappalardo ermutigt, es gewagt, die von der Mafia verordnete Friedhofsruhe, die Tabus der Macht und die von der Politik verlangten Regeln systemkonformen Verhaltens zu durchbrechen. Parallel zu dieser »kleinen Kulturrevolution« setzten sich – nicht ohne Kämpfe – innerhalb der Justiz neue Methoden der Mafiabekämpfung durch. Erstmals arbeiteten die Richter und Staatsanwälte nicht mehr vereinzelt, sondern als »pool«; erstmals wurde systematisch der ökonomische Hintergrund der Mafiageschäfte beleuchtet und erfaßt; erstmals ging man nicht mehr vom kleinen Mafioso aus, um sich mühsam die Organisationsstränge entlang bis zur Spitze durchzuarbeiten (was nie gelang), sondern die »cupola« selbst, die oberste Interessens- und Befehlsstruktur wurde ermittelt und aufs Korn genommen, und erstmals versuchte man, mit wechselndem Erfolg, Geständnisse und

Mitarbeit von Mafiabossen zu erhalten und zu verwerten. Die Richter Borsellino und Falconi bezahlten diesen Einsatz mit ihrem Leben. Doch dieser Mord bedeutete auch eine Wende: Der Konsens der Mafia begann abzubröckeln. Seitdem wird die Mafia zunehmend in die »schmutzigen« Geschäfte abgedrängt, wo sie leichter isoliert werden kann. Die Grenzen zwischen »sauberen« und »schmutzigen« Geschäften, die in der Bodenspekulation, im Waffenhandel und in anderen Sparten bisher fließend waren, ein Umstand, der die Mafia schützte, konnten deutlicher gezogen werden. Im schönen Dokumentarfilm von Birgitta Ashoff und Toti Palma *Palermo. Die wunderbare Katastrophe* (1998) sagt Leoluca Orlando: »Es gibt die Mafia weiterhin, und sie ist ungeheuer stark. Aber sie ist nicht mehr überall und mit allem verquickt.«

Man kann dies an Kleinigkeiten sehen, die plötzlich eine leuchtende Symbolkraft bekommen. Im Jahre 1998 konnte das **Teatro Massimo**, mit 1 400 Plätzen eines der größten Opernhäuser Europas, nach dreiundzwanzig Jahren ständiger Renovierung wieder eröffnet werden. Nicht endende Renovierungen sind Teil einer »Ökonomie der Destruktion«, d. h. einer Ökonomie, die durch Destruktion Arbeitsplätze und Einkommen schafft. In dieser Verbindung gab es einen Konsens zwischen Arbeitslosen und Mafia, dem sich die Politik fügte bzw. aus dem sie Gewinn zu ziehen suchte. Analoge Phänomene lassen sich überall im Süden beobachten, etwa wenn Forstarbeiter zwecks Arbeitsbeschaffung bei der Aufforstung Waldbrände legen (siehe das Kapitel Waldbrände; man lächle nicht über solche archaischen Methoden. Die moderne Ökonomie, die Menschen krank macht oder Prophylaxe verhindert, um im Gesundheitswesen kostspielige Apparaturen entwickeln und Krankenhäuser bauen zu können, ist da viel weiter! Um von der Rüstungsindustrie zu schweigen). Im Süden steckt dahinter das Prinzip, daß Sachfunktionen nur Anerkennung finden in Verbindung mit anderen »sozialen« Funktionen. Das Nichtfunktionieren der öffentlichen Verwaltung bedeutet, daß etwas anderes »funktioniert«, z. B. die Arbeitsbeschaffung für die Klientel oder die Straffreiheit für gewisse Verstöße oder die informelle Anerkennung von formal abgeschafften Privilegien. Also keine einfache Zweckrationalität, sondern ein verschachteltes Mehrzwecksystem. Goethe zitiert dazu aus Palermo die Antwort eines

Kleinhändlers auf seine Frage, warum auf den Straßen der Unrat nicht beseitigt werde:

»Die Rede gehe im Volke, daß gerade die, welche für Reinlichkeit zu sorgen hätten, wegen ihres großen Einflusses nicht genötigt werden könnten, die Gelder pflichtgemäß zu verwenden, und dabei sei noch der wunderliche Umstand, daß man fürchte, nach weggeschafftem misthaftem Geströhde werde erst deutlich zum Vorschein kommen, wie schlecht das Pflaster darunter beschaffen sei, wodurch denn abermals die unredliche Verwaltung einer andern Kasse zutage kommen würde. Das alles aber sei, setzte er mit possierlichem Ausdruck hinzu, nur Auslegung von Übelgesinnten, er aber von der Meinung derjenigen, welche behaupten: der Adel erhalte seinen Karossen diese weiche Unterlage, damit sie des Abends ihre herkömmliche Lustfahrt auf elastischem Boden bequem vollbringen könnten ...«

Die »Revolution« Orlandos bestand darin, einen wirklichen Konsens für die Restaurierung des Theaters zu entwickeln, sei es durch Schaffung alternativer Arbeitsplätze, sei es durch Appelle an den Bürgerstolz im Vertrauen auf die Imagewirkung einer politisch-ästhetischen Entscheidung zugunsten kultureller Investitionen. So ist heute das Teatro Massimo nicht nur ein Symbol des Bündnisses von Bürgertum und Aristokratie nach der Einigung Italiens, sondern auch der Erneuerung Palermos in der Gegenwart.

Gebaut wurde das Teatro Massimo in den Jahren nach der Einigung Italiens 1875–1897 am Rande der damaligen Altstadt (abgerissen wurden dafür ein Tor und zahlreiche Häuser) und als Brückenkopf für die neuen Stadtviertel im Norden. Vor dem Theater, das man morgens besichtigen kann, stehen als Überbleibsel jener Epoche Kioske im reinsten Jugendstil, der damals in Palermo Triumphe feierte. Die Opernsaison ist leider kurz und beschränkt sich auf die Monate Dezember bis April. Vor dem Theater und auch an anderen Plätzen geben Palmen dem Raum ihre Prägung, die Via della Libertà hingegen ist von Platanen bestanden, ein Zitat der Pariser Boulevards.

Wer sich für faschistische Architektur interessiert, der findet in Palermo ein besonders reines Exempel: gleich neben dem Teatro Massimo in der Via Scarlatti eine Feuerwehrstation und daneben ein Tempel für Kriegsversehrte (**Casa del Mutilato**), ausgeschmückt mit Mussolini-Zitaten zum Tag der Gründung des

Imperiums nach der Eroberung Äthiopiens (1936) und verziert mit Sinnsprüchen wie: »Fu seme il fante e la vittoria il fiore« (Der Soldat war die Saat, der Sieg die Blüte)...

Nicht versäumen sollte man in Palermo eine Aufführung in einem der noch immer gut funktionierenden Marionettentheater (durch entsprechende bunte Schilder im Zentrum erkenntlich) und entsprechend einen Besuch im *Internationalen Marionettenmuseum* (Museo internazionale delle marionette, **Palazzo Fatta, Piazza Marina**, 19).

Die Geschichte des Marionettentheaters mag als solche alt sein – die ihres wichtigsten Themas, mittelalterliche Ritterkämpfer, ist es erstaunlicherweise nicht. Ursprünglich handelte es sich um spätmittelalterliche französische Literaturtexte und -themen, um die Gestalt Karls des Großen kreisend; die italienische Literatur hat diese später aufgenommen, der »Orlando Furioso« von Ariost ist das bedeutendste Beispiel dafür. Ein sizilianischer Volkschullehrer namens *Giusto Lodico* faßte um die Mitte des 19. Jahrhunderts die zahlreichen Rittergeschichten zu einem geschlossenen Romantext, eine Art »Nibelungenlied«, zusammen: die *Storia dei paladini di Francia* (das Buch liegt fast überall aus). Dank der Romantik einerseits, der neuen bühnentechnischen Möglichkeiten andererseits erfuhren die Marionetten-Ritterspektakel nun eine breite Renaissance: in Rom so gut wie in Neapel, Catania und Palermo – aber nur in Sizilien haben sie ihre Popularität fast unvermindert bis heute erhalten können.

Es gelang dem Autor der »Storia«, mit den Ritterfiguren eine feste Typologie zu entwickeln, von der aus es möglich war, die eigene Wirklichkeit zu interpretieren – und zwar auf eine ideologisch derart ambivalente Weise, daß sich sowohl Herren wie Beherrschte mit der Botschaft identifizieren konnten: die einen, indem es gute Herrschaft gab und diese obsiegte, die anderen, indem die Rebellion gegen das Unrecht und den Verräter gerechtfertigt wurde. Bis heute nennt man einen, dem man nicht trauen kann, einen »Gano di Maganza«; ein geiziger Reicher, der sich übers Ohr hauen läßt, ist ein »Karl der Große« oder der starke, aber naive Held, der bei den Frauen kein Glück hat, wird zu einem »Orlando« usw. Anekdoten von einer ans Magische grenzenden Identifikation mit diesen Puppen-Figuren durch das aktiv anteilnehmende Publikum gibt es zur Genüge, und dieses besteht keineswegs nur aus Kindern.

Kultur und Agrikultur: Arabisches Erbe und Bourbonenbarock in Sizilien

Im Unterschied zu William the Conqueror, dem normannischen Eroberer, war der Normanne Roger I. fünfzehn Jahre lang (1086–1101) ein toleranter Herrscher, was die von ihm vorgefundenen griechischen, römischen und vor allem die arabischen Traditionen und Religionen anbetrifft. Sichtbar ist das in der Architektur, die auch unter seinen Nachfolgern ihren Reiz aus der einzigartigen Symbiose arabischer, byzantinischer und normannischer Stilelemente bezieht (**San Giovanni Degli Eremiti**, die **Martorana** und die gleich daneben liegende Kirche **S. Cataldo**, aber vor allem die **Cappella Palatina** sind atemberaubende Wunderwerke, deren tieferes Verständnis Kenntnisse erfordert, die nur ein ausführlicher Kunstführer bieten kann).

Ein dem Publikum wieder zugängliches Monument ist der Palast **La Zisa**. Heute an der Peripherie inmitten häßlicher Großneubauten gelegen, war dies einst (1166) ein Gartenparadies mit Wasserkanälen, Fischteichen und dem Sommerpalast des Königs – äußerlich von der strengen Schlichtheit der normannischen Könige zeugend, im Innern die Eleganz arabischer Architektur verratend, z.B. in Form eines ständig plätschernden Wasserspiels im Zentrum des großen Wohnraumes. Man wird nach Abschluß der Renovierungen kaum mehr erkennen können, mit welcher archäologischen Sorgfalt und Hingabe an die Sache hier ein Stück sogenannten »Kulturgutes« gerettet worden ist – nur wer sich die Mühe macht, das anhand eines umfangreichen dokumentierten Buches nachzuverfolgen (Giuseppe Bellafiore, *La Zisa di Palermo*, Palermo 1978), kann sich dann noch ein Bild davon machen. Der Palast, den schon Gregorovius kaum mehr in seiner einst berühmten strengen und zugleich intimen Schönheit wiedererkennen konnte, war 1971 aufgrund des Erdbebens fast zusammengefallen. Als touristisch konsumierende Reisende sollten wir uns immer wieder daran erinnern, welche Kosten der italienische Staat – bzw. in diesem Falle eine relativ arme Regionalverwaltung wie die von Sizilien – ständig aufzuwenden hat, um wenigstens einen Teil jener Kulturgüter auch für uns zu erhalten: im Falle der Zisa handelt es sich um eine Summe von mindestens 15 Millionen DM (7 000

Millionen Lire), die aus dem Haushalt von 1978 und 1979 zur Verfügung gestellt wurden.

Das arabische Erbe zeigt sich aber keineswegs nur in der Symbiose mit der Architektur der normannischen Eroberer: Sizilien verdankt den Arabern auch und bis heute einen wesentlichen Teil seiner Ökonomie. Zwei Drittel der italienischen Orangen-, mehr als die Hälfte der Mandarinen- und neun Zehntel der Zitronenproduktion Italiens stammen aus Sizilien – und diese hier angesiedelt zu haben war das Verdienst der Araber. Sie brachten aus Persien die Techniken vor allem der künstlichen Bewässerung mit, ohne die der sizilianische Reichtum undenkbar gewesen wäre; eine dieser hydraulischen Anlagen kann man in den Bädern (bagni) von Cefala Diana, Provinz Palermo (11. Jh.) noch in voller Funktion sehen.

Die ältesten Orangen- und Zitronenhaine finden sich in der Goldenen Muschel, der ›conca d'oro‹, dem Hinterland von Palermo Richtung Monreale. Es sind nur noch Überreste zu sehen, ausgedehntere Plantagen findet man noch in der Umgebung von **Bagheria**. Auf dem Weg dahin kommt man am neuen Hochsicherheitsgefängnis vorbei. Der alte, Mitte des 19. Jahrhunderts gebaute Gefängniskomplex des **Ucciardone**, direkt am Hafen gelegen, war – so geht die Legende – in der Hand der Mafia. Eine zweite Legende behauptet, der Architekt dieser Art Festung sei sich später seines Komplizentums mit der bourbonischen, antidemokratischen Repression bewußt geworden und habe sich deshalb das Leben genommen. Etwas, was dem modernen Architekten nicht passiert. Beim Ausflug nach Bagheria kann man den kleinen Fischerhafen **Porticello** besuchen, wo man den besten Fisch in Palermo ißt. In Bagheria steht die berühmte **Villa Palagonia**, die Villa dei mostri, der in Stein gehauenen Phantasieungeheuer. Und es gibt, neben anderen, einst glänzenden Villen, die **Villa Cattolica**, vom Fürst von Cattolica Mitte des 18. Jahrhunderts als Sommerfrische erbaut, aber schon hundert Jahre danach einem langsamen Verfall preisgegeben, zuerst als Kaserne, dann als Konservenfabrik. Heute besitzt die völlig renovierte Villa eine große Sammlung von Bildern des aus Bagheria stammenden Malers Renato Guttuso, der auf einer Terrasse, in einem von Giacomo Manzù gestalteten Sarkophag, auch begraben liegt. Guttuso (1912–1986) ist einer der faszinierendsten

Künstler des modernen Italiens. »Er nahm in seinen Bildern Anteil an dem Schicksal Leidender und Verfolgter, paßte sich den Forderungen des sozialistischen Realismus an, unter Verwendung moderner Stilrichtungen«, so steht es im Brockhaus. Dieser sizilianische Lebemann und Mitglied des ZK der kommunistischen Partei starb schließlich in den Armen Andreottis und der Kirche. Immer lauern in Sizilien hybride Verbindungen und irgendwelche »Mostri«, z.B. unmittelbar neben der Villa ein stillgelegtes Zementwerk. Aber was vor Jahren noch ein ästhetischer Skandal gewesen wäre, bildet heute ein »postmodernes Ensemble«, dem zu entnehmen ist, daß die Industrialisierung, auf die das 20. Jahrhundert seine ganzen Hoffnungen gesetzt hat, am Fuße einer barocken Villa gestrandet ist.

Auf Bagheria verweist auch der gleichnamige Roman von Dacia Maraini, die hier ihre Kindheit verbracht hat und Lucchino Visconti drehte hier den Film *Der Leopard* nach dem Roman von Tomasi di Lampedusa. Als dieses Werk 1958 erschien, war es ein Skandal. Gerade die linke, engagierte Öffentlichkeit lehnte eine Schilderung der sizilianischen Aristokratie ab, die zwar von geradezu soziologischer Genauigkeit war, aber auch eine Verklärung der feudalen Lebensweise bedeutete und in seiner tiefen Skepsis gegen jeden Fortschritt politisch unannehmbar schien. Es waren eben erst zehn Jahre seit den Rebellionen hungriger Landarbeiter vergangen, die mit Hilfe der Mafia und der alten Machtstrukturen niedergeschlagen worden waren. Die historischen Verdienste und Fähigkeiten der sizilianischen Aristokratie schienen sich letztlich darin erschöpft zu haben, mit unnachahmlicher Eleganz und einem Schuß Nostalgie riesige Vermögen durchgebracht zu haben. Was man bei Lampedusa nachlesen und im Film sehen kann. Aber man sieht die Unfähigkeit der Besitzenden, die eigenen Güter produktiv zu bewirtschaften, auch bei der Fahrt ins Innere der Insel schon wenige Kilometer von der Küste entfernt, hinter den vom Baufieber Palermos angefressenen, phantastischen Bergrücken aus Urgestein. Die auf kunstvoller Bewässerung beruhende arabische Landwirtschaft blieb auf den Umkreis der Städte beschränkt, während die von den Normannen eingeführte Feudalisierung den extensiven Weizenanbau begünstigte (wie es einst auch die Latifundien der Römer mit ihrer Sklavenwirtschaft taten). Die für diese Bewirtschaftung benötigten Arbeitskräfte, ein Proletariat landloser Bauern, wohnt in kleinen bis mittleren Städten – in sogenannten »Schlafstädten«, wie man sie im ebenfalls von den Normannen feudalisierten Apulien vorfindet. In den 90er Jahren des vorigen Jahrhunderts, nach dem Ersten und nach dem Zweiten Weltkrieg kam es zu Landbesetzungen und Protesten dieser Bauern, denen Ende der 40er Jahre eine halbherzige Landreform die Spitze nahm. In den 50er und 60er Jahren führte dann die Massenauswanderung zu einer »Entschärfung« der sozialen Not, ohne daß die Bauern ihr Ideal, als Freie auf freiem Grund arbeiten zu können, jemals verwirklicht hätten. Welche Rolle die Mafia in diesem System spielte, werden wir in Corleone sehen. Das letzte Massaker von streikenden Landarbeitern durch die Polizei geschah am 2. Dezember 1968 in **Avola**, südlich von Syrakus. Und nun – zehn Jahre nach dem Erscheinen von *Der Leopard* – löste dieses »lokale« Ereignis in ganz Italien ein ungeheures Echo aus. Doch für eine Landreform, die einerseits die Verödung großer Flächen gestoppt und andererseits die Zersiedelung der besten Landstriche verhindert hätte, war es zu spät.

Ein sichtbares und eindrucksvolles Beispiel einer für die Bedürfnisse feudaler Landwirtschaft geschaffenen »Schlafstadt« ist **Grammichele** (nördlich von Ragusa): eine Stadt für Landarbeiter, am Reißtisch in völlig symmetrischer Form als Sechseck entworfen und auch so ausgeführt (aber nur die Luftaufnahme macht das wirklich deutlich). Die Stadt wurde nach dem großen Erdbeben von 1693 in sicherer Lage und mit nur zwei- bis dreistöckigen Häusern errichtet. Dem gleichen Erdbeben waren große Landstriche bzw. städtische Siedlungen im Dreieck Ragusa, Catania und Syrakus zum Opfer gefallen. In den Städten baute der Feudaladel seine Paläste aufs prächtigste wieder auf. Man besuche unbedingt **Noto**, wo man eine, auf einem rein mathematischen Grundriß konzipierte, geschlossene Barockarchitektur finden wird. Die Stadt mit ihren großen Freitreppen stellt sich wie ein Bühnenbild dar und hat in ihrer Homogenität und Planmäßigkeit kaum ihresgleichen. Leider ist vor wenigen Jahren, wahrscheinlich als Spätfolge von neueren Erdbebenschäden, der Dom von Noto über Nacht eingestürzt und wird immer noch restauriert.

Ausflug nach Marsala. Admiral Nelsons Süsswein und Garibaldis Tausend

Marsala ist eine als solche nicht überdurchschnittlich attraktive Stadt – bis auf zwei Ausnahmen, die eine sichtbar, die andere wißbar. In Marsala landete am 11. Mai 1860 Garibaldi mit seinen berühmten tausend Freiwilligen, den »Mille«, denen fast in jeder italienischen Stadt eine Straße oder ein Platz gewidmet ist, und begann von hier, in dem schnell zusammenbrechenden Königreich beider Sizilien, seinen Siegeszug, der zur italienischen Einheit bzw. zur piemontesischen Monarchie für ganz Italien führte (siehe dazu das Kapitel »Staatsgründung«). Das Tor, durch das er einzog, ist noch zu sehen – und ebenso im Hinterland von **Trapani** bei **Catalafimi** das Denkmal der ersten und im Grunde bereits feldzugentscheidenden Schlacht, vier Tage später. Zwei Jahre später kam Garibaldi noch einmal nach Marsala zurück – nunmehr als Held (»eroe«) und gab diesen Ehrennamen einem Wein der Firma Florio, dem anderen, sichtbaren Anziehungspunkt für Marsala.

Die Firma Florio ist das größte wirtschaftliche Unternehmen Marsalas und ist zu besichtigen einschließlich ihrer Garibaldi-Gedenkstätte, wo sich übrigens später u.a. auch Mussolini hat verewigen lassen. Hier werden der berühmte Marsala-Süßwein und verschiedene seiner Varationen hergestellt – die probiert werden können. Und dieser »Marsala« nun eröffnet uns einen Teil der sizilianischen Wirtschaftsgeschichte wie auch ein Zipfelchen Weltwirtschaftsgeschichte.

Sizilianische Historiker sind stolz auf die Tatsache, daß es neben England nur Sizilien war, das von Napoleon nicht unterworfen wurde; hier hatte Admiral Nelson seinen Flottenstützpunkt, und seinen Nachfahren gehört noch heute ein ihm damals »zum Dank« vermachter Landsitz in der Nähe von **Bronte** am Fuße des **Ätna**. Aber was ihm bzw. seinen Matrosen für die Kampfmoral fehlte, war der Portwein (jeder Ökonom kennt das berühmte Modell Ricardos vom englischen Leintuch und dem portugiesischen Wein ...); damit ergab sich für zwei unternehmerische englische Geschäftsleute, die sich in der Nähe Marsalas befanden, eine Chance, die sie nützten: durch Beimischung verschiedener Ingredienzen und Eigelb produzierten sie den »Marsala«, der dem Portwein in vielem verwandt ist. Die Namen der beiden tüchtigen Engländer, Woodhouse und Ingham, finden sich noch immer unter den Firmenschildern von Florio; man sieht in den Empfangsräumen u. a. auch eine Korrespondenz mit Admiral Nelson, in der dieser sich für den für seine Mannschaft offensichtlich so mutfördernden Wein bedankt.

Die englische Präsenz in Marsala führte dazu, daß von hier der einzige größere Industrialisierungsversuch Siziliens ausging – vor allem mit dem erwähnten Namen Florio verbunden. Als Garibaldi hier landete und die ihn verfolgenden Kriegsschiffe der königlichen Flotte in Marsala einliefen, fanden sie sich konfrontiert mit zwei englischen Fregatten, die ihrerseits hier die englische ökonomische Präsenz schützten. Aber was immer Florio/Marsala als industriell-kommerzielles Zentrum hätten werden können, ging zurück bzw. wurde ein Opfer der italienischen Einigung und damit der norditalienischen Konkurrenz. Sizilien – und mit ihm der Süden – blieb weiterhin unterentwickelt und parasitär regiert; sein Reichtum wurde nicht im Lande produktiv investiert, sondern entweder neofeudal zur Herrschaftserhaltung ausgegeben, oder aber er floß aufs Festland.

Für *Vincenzo Florio* (1799–1868), den ersten (und einzigen großen) Industriellen Siziliens, errichtete die Bourgeoisie auf der **Piazza Kalsa** am **Foro Italico** von **Palermo** ein Denkmal, auf dem es heißt: »Die Arbeiter (!) wollen mit dieser Ehrung zeigen, daß man öffentliche Anerkennung sich nicht dadurch verdient, daß man den Massen schmeichelt, sondern daß man ihnen mit Arbeit hilft.«

Heute stellt sich die Industrialisierung dar in der Form von großen konzentrierten Anlagen vor allem an der Ostküste (zwischen **Siracusa** und **Catania** z. B.), die einen der mineralischen Reichtümer Siziliens ausbeuten: Erdöl und seine Nebenprodukte. Darüber hinaus wird hier nordafrikanisches bzw. arabisches Erdöl weiterverarbeitet, eine große Erdgasleitung nach Tripolis ist im Planungsstadium. Aber was diese Industrien darstellen, ist das, was man hier »Kathedralen in der Wüste« nennt: große, kapitalintensive Anlagen, die gleichzeitig eben wegen ihrer Modernität und Kapitalintensität nur ganz wenige Arbeitsplätze schaffen, also ihren Zweck hinsichtlich der regionalen Entwicklung völlig verfehlen. Und auch hier gehen die wirklichen Profite wiederum außer Landes.

Mafia, Briganten, Rebellen. Besuch in Corleone. Rundfahrt um den Ätna

Für viele verbindet sich Sizilien mit dem mysteriösen Phänomen der *Mafia*. Und gewissermaßen per definitionem handelt es sich um etwas, das unsichtbar ist: sowohl für die öffentliche Gesellschaft als auch und das erst recht für den Touristen. Insofern könnte und müßte ihre Erwähnung hier entfallen.

Aber es gibt dennoch einen Ort, wo die Mafia sichtbar ist: nämlich auf dem Friedhof von **Corleone**. Zwei Gräber repräsentieren hier den sozialen Konflikt, aus dem die Mafia hervorging – denn während bürgerliche, psychologisierende Erklärungen die Mafia aus irgendwelchen sizilianischen Charaktereigenschaften transhistorischer Natur abzuleiten sich immer wieder bemühen, geht es tatsächlich um Klassenauseinandersetzungen.

Das Grab des *Bernardino Verro* steht für den niedergeschlagenen Aufstand der sizilianischen Bauern am Ende des vorigen Jahrhunderts (1894), deren Bewegung zugunsten von Landreformen, Selbsthilfe und gegen die feudalen Grundherren unter dem Namen »Fasci siciliani« in die Geschichte einging (die Faschisten haben damit nichts zu tun). Diese breite und militante Rebellion hatte in Corleone eines ihrer wichtigsten Zentren – sie wurde niedergeschlagen erst durch die Entsendung von mehr als 40 000 (!) Mann starken Truppen unter Crispi und in der Folge niedergehalten durch die Mafia, den örtlichen »Ersatzstaat«, der im Auftrag der (Großgrund-)Besitzenden die Besitzlosen in ihre Schranken verwies und ihnen durch die Gewährung von Arbeit – oder durch deren Entzug – täglich demonstrierte, wer Herr im Haus bzw. auf dem Lande ist.

Die Stärke der Mafia ist die Schwäche der Bauern – und umgekehrt. Der Versuch der »fasci« zur Bildung von Genossenschaften, zur Selbstorganisation, der von den norditalienischen Besatzungstruppen niedergeworfen worden war, wiederholte sich unter veränderten Umständen mit den großen Landbesetzungen nach dem Zweiten Weltkrieg. Der Sekretär der roten Arbeiterkammer von Corleone, Placido Rizzotto, war im März 1948 u.a. angesichts der bevorstehenden Wahlen vom April (die zum erstenmal als antikommunistischer Kreuzzug geführt wurden und dann auch zum Sieg der DC in Sizilien führen sollten) unbequem und gefährlich geworden als Sprecher der kleinen Bauern und vor allem der Landarbeiter – er mußte beseitigt werden. Seine Leiche wurde erst Jahre später in einer Felsspalte gefunden und identifiziert – sein Grab gibt es darum nicht auf diesem Friedhof. Auftraggeber der Tat war einer der mächtigsten Mafia-Bosse der 40er bis Ende der 50er Jahre, *Michele Navarra*. Dessen aufwendige Familiengruft demonstriert, was die Mafiosi sind: ehrenwerte Herren, die darum auch völlig zu Recht für ihre Verdienste um die Erhaltung der Gesellschaftsordnung mit den höchsten Ehren der Republik ausgezeichnet werden. Diese Geschichten und Ereignisse sind von Peter O. Chotjewitz in seinem Mafia-Buch *Malavita* mit journalistischer Spannung aufgeschrieben worden. Über die Transformation der Mafia seit den 70er Jahren zum multinationalen, mit Waffen, Drogen und Menschen handelnden »mafiosen Unternehmen« informiert die hervorragende Studie Pino Arlacchis *Mafiose Ethik und der Geist des Kapitalismus* (Frankfurt 1989).

Deutlich von der Mafia zu unterscheiden jedoch ist der Banditismus oder Brigantismus. Seine Wurzeln reichen – wenn nicht weiter – mindestens bis in die Zeit der Einigung zurück, als die vom Anschluß des Königreichs beider Sizilien an das Königshaus Savoia enttäuschten Bauern angesichts ihrer sich verschlechternden ökonomischen Situation ihre spätfeudale Loyalität zur neapolitanischen Monarchie oder auch allgemein zur alten Ordnung wiederentdeckten. Die Geschichten der Briganten sind farbig, dramatisch, aber vor allem blutig und tragisch, auch wenn sie heute weitgehend nur noch Folklore- oder Filmmaterial abgeben.

Der berühmteste Bandit unserer Gegenwart war *Salvatore Giuliano* – bis heute von einem Mythos umgeben, der im gleichnamigen Film von Francesco Rosi (1961) weiterlebt. Wer in **Pa-**

lermo in das Restaurant »Fico d'India« geht, findet dort – etwas verborgen unter einer Treppe – die Fotografie Giulianos mit handschriftlicher Signierung und einem kleinen eigenen Gedicht. Von der Mafia instrumentalisiert, u.a. zur blutigen Niederschlagung der »wilden« Landbesetzungen – das Massaker von Portella delle Ginestre, 1. Mai 1947, ist noch immer ein Marktstein der italienischen Nachkriegsgeschichte –, wurde er schließlich auch ihr Opfer, nachdem er seine Funktion erfüllt hatte. Um aber die sozialen Verhältnisse einigermaßen erahnen zu können, aus denen ein Giuliano hervorging, mag ein Abstecher in sein Geburtsdorf, **Montelepre** (westlich von Palermo), augenöffnend sein. Denn in aller seiner Widersprüchlichkeit empfand sich Giuliano als eine Art Robin Hood und wurde teilweise auch als solcher gesehen: ein Verteidiger der Interessen der Kleinen gegen die Großen, vor allem aber gegen den römischen Staat.

Konsequenterweise gehört Giuliano auch teilweise in die nach der Befreiung wiederaufflackernde Bewegung eines *sizilianischen Separatismus*. Dieser begann bereits in den letzten Wochen des faschistischen Regimes und wurde von den Alliierten nach deren Landung für eine Zeitlang unterstützt zur Schwächung des faschistischen Italiens. Die Unabhängigkeitsbewegung, unterstützt wiederum u.a. von der Mafia, brach spätestens bei den Wahlen von 1948 zusammen, war jedoch bereits 1945 mit dem Sieg über den Faschismus schon nicht mehr opportun und wurde liquidiert.

Zumindest eine kleine idealistische Gruppe jedoch, »Sicilia e Libertà«, wollte sich damit nicht abfinden und organisierte den bewaffneten Aufstad: zusammen mit einigen seiner studentischen Anhänger fand der Professor für politische Ideengeschichte an der Universität von Catania, Antonio Canepa, am 17. Juni 1945 den Tod bei einem Feuergefecht mit den Carabinieri – ein relativ unscheinbarer Gedenkstein an der Straße von Randazzo an der Weggabel nach **Cesarò** erinnert daran.

Diese Straße – touristisch gesprochen, die »Große Ätna-Rundfahrt« (**Catania–Adrano–Bronte–Randazzo** etc.) – bietet ein imponierendes Bild der großartigen Fruchtbarkeit des **Ätna**-Massivs bzw. seiner Lavaerde. Hier findet man übrigens besonders häufig und dicht die für Sizilien so typischen Kaktuspflanzen, »Fico D'India«, im Sommer an jeder Straßenecke zum

Frischessen angeboten – aber nur mit Handschuhen anzufassen. Auch diese Kakteen sind ein Schlüssel zur sizilianischen Geschichte. Sie wurden nämlich eingeführt von den spanischen Bourbonen aus dem soeben eroberten Mexiko wegen einer spezifischen Funktion: ihre starken Wurzeln haben die einmalige Fähigkeit, das Lavagestein aufzubrechen und damit landwirtschaftlich nutzbar zu machen.

In **Enna**, der höchsten Stadt und dem strategischen Zentrum Siziliens, findet man an der Außenmauer des Kastells eine wenig beachtete, eindrucksvolle Bronzetafel mit der Figur eines seine Ketten sprengenden Mannes, eines Sklaven, gewidmet »Euno – lo schiavo ribelle«: Eunus war einer der Führer jener Sklavenaufstände, die von 136 bis 129 v.Chr. und damit lange vor dem des berühmteren Spartacus weite Teile des römischen Reiches erschütterten. Hunderttausende von Sklaven erhoben sich damals in Griechenland, Mazedonien, Kleinasien und auf Delos, aber auch auf Sizilien, wo jener Eunus, selbst syrischer Abkunft, sie anführte.

Hier, an scheinbar so entlegener Stelle, stoßen wir wieder auf den Appell an das historische Recht auf Freiheitsrevolution – oder sagen wir es vorsichtiger: zur Rebellion gegen Diktaturen – der noch immer zum festen Bestandteil der politischen Kultur Italiens gehört.

E. K./P. K.

Arcadia und Amerika

Nachwort von Cesare Cases

Ein Hauptunterschied zwischen Deutschen und Italienern besteht darin, daß die ersteren Italien genau kennen, die letzteren dagegen kaum. Früher war vor allem die italienische Zersplitterung daran Schuld. Zur Zeit meiner Kindheit verbrachte man auch die Ferien in nächster Nähe, ein Mailänder in der Brianza (wie man bei Emilio Gadda feststellen kann), ein Römer etwa in Fregene, wenn er unbedingt ans Meer wollte, denn sonst war der Sommer in Rom erträglich. Von der Entfernung abgesehen, war den Süditalienern Norditalien zu kalt, den Norditalienern Süditalien zu heiß. Nur Hochzeits- oder Geschäftsreisen ließen meine Landsleute in die Ferne schweifen, aber es handelte sich meistens darum, die nächste Großstadt aufzusuchen. Die großen Fotosammlungen des vorigen Jahrhunderts sprechen eine deutliche Sprache: Der berühmte Graf Gegé Primoli fotografierte weit und breit in Rom und Umgebung, der Mailänder Enrico Noseda (gest. 1930) verließ dagegen nicht einmal das Stadtvierel, in welchem er wohnte. »Voyage autour de ma maison«, könnte man sagen.

Zur geringen Reiselust trug auch die geschichtlich bedingte Trennung von Stadt und Land bei. Wunderbare Villen wurden in der Renaissance gebaut, wie man auch in diesem Buch nachlesen kann. Die Edelleute verbrachten, statt zu reisen, den Sommer in ihren Villen und fächerten sich Luft zu. Der Begriff der Wanderung war ihnen wie dem ganzen italienischen Volk unbekannt, es gibt ja auch kein italienisches Wort dafür. Eine Ausnahme bildeten schon damals die Berufsreisenden, die Journalisten, aber auch diese wollten sich um die Heimat grundsätzlich nicht kümmern. Vereinzelte Vorstöße in die wilden Gegenden des Vaterlands wie etwa die Berichte aus Neapel vom Pisaner Renato Fucini (1878), oder Führer durch die Wunder der italienischen Natur wie das gründliche, noch am Anfang dieses Jahrhunderts viel gelesene Buch des Geologen Antonio Stoppani *Il Bel Paese* (1875), sind vereinzelte Erscheinungen. Von Stoppani ist nur die bekannte Käsemarke »Il Bel Paese« übriggeblieben: Das Wickelpapier trägt das Bild des guten Abbés Stoppani und verewigt seinen Namen erfolgreicher als sein vergessenes Buch.

Erst nach dem letzten Weltkrieg traten Journalisten oder journalistische Schriftsteller auf, die Italien eine Reise wert fanden. So entstanden Bücher wie die von Piovene, Moravia, Ceronetti, Vertone u.a.m., die oft auch in deutschen Übersetzungen vorliegen. Maßgebend war der wirtschaftliche Aufschwung nach den 50er Jahren. Wie weit konnte er dem alten, bunten Kulturland förderlich sein? In den 50er und 60er Jahren fiel die Antwort positiv aus, dann verfinsterten sich die Gesichter der Beobachter, auch wenn sie nicht Ceronetti hießen, gerade zu der Zeit, als sogar Deutsche wie Rolf Dieter Brinkmann die gewohnte Begeisterung fallenließen und in Italien einen einzigen faulen Pfuhl erblickten. Die Italiener waren eigentlich immer dieser Meinung gewesen, und wenn sie nicht von Zeitungen und Verlegern extra bezahlt werden, um sich ans teure Vaterland anzuschließen, ziehen sie es vor, ihr neu erworbenes Geld in Miami oder auf den Galapagosinseln zu verschwenden.

Es ist also eigentlich ein Widersinn, wenn ein Italiener sich erkühnt, ein Nachwort zu einem deutschen Buch über Italien zu schreiben. Freilich hat der Schreiber dieser Zeilen mit der deutschen Kultur Unzucht getrieben, aber zu einer Kenntnis seines Landes, die mit der der Deutschen zu vergleichen wäre, ist er dadurch nicht gelangt. Er gesteht, daß er manche Städte und Ortschaften, die in diesem Buch erwähnt werden, überhaupt nicht kennt. Wenn aber ein Italiener an diesem Buch Geschmack findet, so ist es nicht nur deswegen, weil er dadurch angeregt wird, im eigenen Land wie ein richtiger gebildeter Deutscher zu reisen, sondern weil es methodisch etwas Neues und vielleicht ein Unikum darstellt: Reiseführer und Einführung zugleich, nicht pedantisch und von oben nach unten und von links nach rechts geordnet, sondern nach Schwerpunkten, die selbstverständlich geographisch bestimmt sind, aber auch in Geschichte und Politik eindringen und sogar Interviews enthalten, also mit Journalistischem verquickt sind.

Daß Italien jemals von den Deutschen nur als musealer Wunschtraum aufgefaßt wurde, ist entschieden zu bestreiten. Lebhaftes Interesse für Leben und Wirken des Volkes war sowohl beim »unpolitischen« Goethe – daß seine Politik nur eine andere und vielleicht eine bessere war, haben in letzter Zeit Adolf Muschg und gerade unser Krippendorff in wichtigen Essays nachgewiesen – wie beim überpolitischen Seume zu finden. Aber in der zweiten Hälfte des vorigen und in der ersten des gegenwärtigen Jahrhunderts überwog eine etwas gönnerhafte und herablassende Einstellung dem modernen Italien gegenüber, die mit der grenzenlosen Bewunderung für die Vergangenheit parallel ging. Dies hätte im Schicksal gipfeln sollen, das die Nazis trotz offizieller Brüderschaft für Italien bereit hielten: als Erholungsland für sonnen- und kunstbedürftige Germanen. Aber gerade der Zweite Weltkrieg zeigte den aufgeschlossensten Deutschen, daß aus einem Volk, dem es gelungen war, sich von Faschismus und Krieg loszulösen, ohne den Bürgerkrieg zu scheuen, doch auch für die Gegenwart etwas zu lernen war. In Hans Hinterhäusers *Italien zwischen Schwarz und Rot* (1956) nahm vielleicht zum ersten Mal ein Deutscher Italien auch politisch ernst. Hinterhäuser, der im Kreise Piero Calamandreis verkehrt hatte, sah eben die Möglichkeit, den Gegensatz zwischen Katholiken und Kommunisten zu überbrücken: eine Frage, die sich immer von neuem stellt.

1968 konnte man geradezu vermuten, daß Italien nicht nur etwas zu bieten hatte, sondern das Rezept der neuen Revolution besaß; denn die Revolution war nicht mehr mit Askese verbunden, wie von den Jakobinern bis zur Dritten Internationale, sondern mit noch nicht entfremdeter Sinnenlust. In Peter Schneiders *Lenz* schimmert diese Hoffnung, die sich nicht bewahrheiten konnte, auf. Das *Reisebuch* von Krippendorff und Kammerer erschien erstmalig elf Jahre nach 1968. Italien konnte bestimmt kein Vorbild mehr sein, aber es war immerhin ein politisch interessantes Land, wo allerlei brodelte (leider auch der Terrorismus). Die beiden Autoren wissen von dieser von der Linken getragenen Gärung zu berichten. Das geschieht durch ausgewählte Beispiele: Hier wird auf einen Streik hingewiesen, dort der Fall des Ex-Präsidenten Giovanni Leone aufgerollt, es werden Abgeordnete oder Bürgermeister herangezogen. Das ist übrigens ganz allgemein das Merkmal dieses Buchs: Es greift oft, wie gesagt, auf journalistische Mittel zurück, aber es ist eigentlich das Gegenteil des landläufigen journalistischen Verfahrens.

An Stelle des Eindrucks der Willkürlichkeit der Berichterstattung und der Übermacht der Tatsachen haben wir es immer mit Beispielen zu tun, die ihre relative Zufälligkeit nicht verleugnen, aber immer auf Ähnliches oder Gegensätzliches hinweisen und den Leser in ein Netz von Beziehungen stellen, das ihn nach Ansicht der Autoren dazu befähigt, sich allein weiter zu bewegen. Städte und Landschaften und ihre vergangenen und gegenwärtigen Probleme werden zu Mikrokosmen, die der Leser kennenlernen und auf andere Zustände anwenden soll. Nichts zu isolieren und alles als Teil und Beispiel eines geographischen und geschichtlichen Ganzen zu betrachten, ist das Anliegen der Verfasser.

Der Ertrag ist summa summarum ein positiver: Italien ist nach so vielen Italienreisen noch eine Reise wert. Mit dem *Reisebuch* in der Hand kann sich diese Reise vom scheußlichen Massentourismus gründlich unterscheiden. Dieser folgt Baedeker und seinen schlechten Nachfahren. Bei Kammerer und Krippendorff ist dagegen z.B. Ravenna im ersten Band nur flüchtig erwähnt. Das ist gewiß irgendwie ein Frevel gegen die byzantinische Kunst, aber wenn ich an die unendliche Schlange von Deutschen denke, die ich nicht lange nach dem letzten Krieg vor Theoderichs Grabmal stehen sah und als Zeichen barbarischen Vergeltungswillen deutete, wie er gleichzeitig in Koeppens *Tod in Rom* beschrieben wurde, finde ich die Auslassung ganz in Ordnung. Die Busfahrer der deutschen Reisegesellschaften werden den Weg leicht finden, auch wenn das *Reisebuch* ihn nicht weist. Übrigens hat der Rush auf Theoderich inzwischen etwas nachgelassen.

Also: ein widerspruchvolles, dialektisches, oft zu Verzweiflung treibendes Italien wird hier geschildert, aber gerade aus diesen Widersprüchen geht ein positives Bild hervor, das mit dem gedankenlosen Farbbildtourismus nichts gemeinsam hat. Kammerer und Krippendorff wollen nichts beschönigen, z.B. über die faschistische Entnationalisierungspolitik in Südtirol und über die unsinnige Namensgebung sagen sie, was zu sagen ist. Aber diese und andere Schattenseiten beeinträchtigen ihren festen Glauben nicht, daß Renaissance, Risorgimento und Widerstandsbewegung ein geschichtliches Erbe darstellen, auf das man sich verlassen kann. Die Verfasser teilen den idealistischen Optimismus nicht, der in der Geschichte einen stetigen Fortschritt erblickt, aber Geschichte ist für sie wichtig, und sie können als Vertreter des heute wenigstens in Italien verpönten »Historismus« gelten (vielleicht übrigens gerade deshalb, weil keiner der beiden Autoren Berufshistoriker ist).

Ist es wirklich so, daß Italiens Geschichte im Guten und Schlechten in der Gegenwart weiterwirkt? Manchmal überkommen auch den eingefleischtesten Hegelianer berechtigte Zweifel. Gerade im Augenblick, da ich schreibe, berichten die Zeitungen, daß ein unbekannter Täter die Hufe der Pferde des Neptunbrunnens von Bartolomeo Ammannati neben dem Palazzo Vecchio in Florenz amputiert hat. Das *Reisebuch* berichtet im ersten Band ausführlich über das weit wichtigere Standbild des Perseus von Cellini. Aber auch der Neptun von Ammannati, der auf demselben Platz steht, »groß und klobig«, bleibt nicht unerwähnt, und es werden sogar die Spottverse aus dem florentinischen Volksmund zitiert: »Ammannato, Ammannato, che bel marmo hai rovinato!«. Jemand hat offenbar nach vier Jahrhunderten der Volksweisheit nachgeholfen. Wer war dieser Jemand? Ein touristischer Flegel, sagen die Florentiner, die, uneingedenk ihrer Verdammungsverslein, die Fremden besteuern wollen, um die durch sie entstandenen Schäden zu ersetzen. Waren es wirklich fremde Touristen? Niemand kann es beweisen, aber die Verwahrlosung der italienischen Kunstschätze ist gewiß nicht nur den Touristen anzukreiden. Auch den Italienern nur teilweise, wohl aber der allgemeinen Entwicklung, die aus allen europäischen Ländern amerikanische Wüsten macht. Der Held des letzten Romans Gregor von Rezzoris, ein blasierter und skeptischer amerikanischer Millionär europäischer Abstammung, verläßt Venedig im Zug und stellt beim Erblicken der Industrielandschaft von Porto Marghera und Mestre mit Bedauern fest, daß »unmittelbar nach Venedig Amerika beginnt«.

Ist es so, daß Italien ein Land verwesender Kunststätten ist, das von nicht minder stinkenden amerikanischen Landschaften umgeben ist? Schriftsteller wie Gerhard Roth oder Rolf Dieter Brinkmann scheinen auch in deutschen Landen dieser Meinung zu sein. Vielleicht wird Italien nur in seinen unkultiviertesten Erzeugnissen weiterleben, und auch diese werden einem fremden Stempel tragen. Ferdinand Gregorovius war der Meinung, daß nur die starken Mägen der neapolitanischen Lazzaroni dieses harte Stück, die Pizza, verdauen konnten. Noch in meiner Jugend galt in Mailand Pizza als merkwürdiges südländisches Erzeugnis, das man nur in einigen von »Terroni« geführten Restaurants genießen konnte. Jetzt ist es so weit, daß ein amerikanischer Student den italienischen Professor fragte, wie man eigentlich das Wort Pizza ins Italienische übersetzt.

Wird von unserer Vergangenheit nur eine amerikanisierte Pizza übrigbleiben? Kammerer und Krippendorff haben ein Buch geschrieben, aus dem eine optimistischere Überzeugung spricht und das den Leser dazu auffordert, unser Land als ein entwicklungsfähiges Gebilde zu betrachten. Porto Marghera ist hier nicht der Ort, wo Amerika beginnt, Kammerer polemisiert ausdrücklich gegen den berühmten Architekten Richard Neutra, der wie Rezzoris Held behauptet, daß die Industriezone vor den Toren Venedigs »alle Charaktereigenschaften des Amerikanismus im schlechtesten Sinn des Wortes besitzt«. Nicht der Industrialismus an sich ist nach Kammerer verantwortlich, sondern sein kapitalistischer Mißbrauch.

Der bisherige Erfolg dieses Buchs ist Beweis dafür, daß seine Grundeinstellung, wonach Italien weder als ein totes Museum noch als ein Vorort Amerikas zu behandeln ist, von vielen Lesern geteilt wird. Mögen die Verfasser mit ihrem relativen Vertrauen in die Zukunft unseres Landes, das von unserer fast angeborenen Skepsis absticht, Recht behalten, und möge ihr *Reisebuch* in neuer Ausstattung einen noch größeren Kreis von Lesern erreichen, die mit einem ungewöhnlichen Begleiter nach Italien reisen wollen.

Ortsregister

Fo für alle

DARIO FO bei ROTBUCH
15 Bände, aus dem Italienischen übersetzt von Peter O. Chotjewitz und Renate Chotjewitz-Häfner, und eine Biographie von Henning Klüver

Mamma hat den besten Shit
TB 7

Bezahlt wird nicht!
TB 18

Ruhe! Wir stürzen ab
TB 57

Er hatte zwei Pistolen und seine Augen waren schwarz und weiß
TB 1089

Geschichte einer Tigerin
TB 1010

Hohn der Angst
TB 1028

Einer für alle, alle für einen! Verzeihung, wer ist hier eigentlich der Boß?
TB 1085

Zufälliger Tod eines Anarchisten
TB 1086

Elisabeth – zufällig eine Frau
TB 1087

Isabella, drei Karavellen und ein Scharlatan
TB 1088

Mit Franca Rame:

Nur Kinder, Küche, Kirche
TB 6

Offene Zweierbeziehung / Eine Mutter / Die Vergewaltigung
TB 29

Ein Tag wie jeder andere
TB 1083

Die dicke Frau / Die Heroine – Mater Toxicorum
TB 1084

Sex? Aber mit Vergnügen! – und andere starke Frauen-Rollen
Gebunden mit Schutzumschlag

und:

Henning Klüver
Dario Fo. Biographie
Broschur

ROTBUCH VERLAG · HAMBURG